社会变迁中的

乡村教育

李森　崔友兴◎主编

海峡出版发行集团 | 福建教育出版社
THE STRAITS PUBLISHING & DISTRIBUTING GROUP

目　录

导　论

2015 年，我国颁布《乡村教师支持计划（2015－2020 年）》，指出："发展乡村教育，帮助乡村孩子学习成才，阻止贫困现象代际传递，是功在当代、利在千秋的大事。"在 21 世纪，乡村教育已经成为了国家发展的重大议题，引起了社会的广泛关注。为此，明确我国乡村教育可持续发展的战略意义，梳理我国乡村社会与乡村教育的发展历程，直面我国乡村教育发展过程中存在的诸多问题，并进行理性分析和价值审视，具有重要的理论价值与实践意义。

一

乡村教育对于乡村社会，乃至整个国家和社会的发展与进步都有着举足轻重的作用。尤其是在社会转型时期，我国乡村教育的可持续发展对于新型城镇化建设、城乡教育的均衡与公平发展、乡村文化的传承与创新以及乡村儿童的健康成长和全面发展具有重要的战略意义。

首先，我国乡村教育的可持续发展有助于推进新型城镇化建设。新型城镇化建设并非是外延式扩展的"土木工程"，而是基于人的素质不断提升的内涵式发展。乡村教育可持续发展是实现新型城镇化建设的战略性举措，通过对人口素质的整体提升，为新型城镇化建设提供丰富的人力资源和智力支持，在一定程度上能够满足新型城镇化进程中产业结构优化与升级的需求。

其次，乡村教育的可持续发展有助于推动乡村教育的公平与均衡发展，更好地保障乡村人口的受教育权利。由于受城乡二元社会结构的制约，乡村人口处于相对不利的地位，未获得与城市居民同等程度的社会待遇，尤其是在教育方面，乡村教育更是处于不利地位。与城市教育相比，无论是硬件设施等资源配置，还是师资队伍等软件力量，乡村教育明显处于弱势地位。新型城镇化进程中我国乡村教育可持续发展有利于促进教育资源的优化配置，保障乡村人口的受教育权利，为乡村人口提供更多向上流动的机会和条件，消解新型城镇化对乡村教育的不利影响，确保乡村教育的入学率，让乡村教育充满生机与活力，促进城乡教育的均衡与公平。

再次，作为文化传播的重要途径，乡村教育有助于乡村文化的传承与创新以及国家主流文化价值观的推广与普及。如通过课程设置、教学内容选择以及教师培训等方式，实现乡村教育对乡村文化和民族文化的传承，通过社会主义核心价值体系进入课堂、融入课程等方式，促进国家主流文化和社会核心价值观的弘扬和宣传。新型城镇化进程中乡村教育的可持续发展有助于整合各方力量，充分发挥乡村教育的文化功能，促进传统文化与现代文化、乡村文化与城市文化的融合与互补，为城乡精神文明建设、城镇生态文明发展作出重要贡献。

最后，作为乡村教育主体的有机构成部分，乡村儿童是乡村教育的活力所在，也是乡村社会发展的未来曙光。乡村儿童的健康成长和成人成才是乡村教育存在和发展的根本目的和意义所在。因此，乡村教育的可持续发展有助于整合乡村教育发展的利益主体、汇聚乡村教育发展的多元力量，合理配置乡村教育发展的各类资源，优化乡村教育的课程设置，从而促进乡村教育发展方式的现代转型，有利于提升乡村教育的整体质量，为乡村儿童的健康成长提供优良的文化环境和多样化、优质化的教育支持。

二

本书从社会变迁的视角，遵循历史与逻辑相结合、理论与实践相结合的原则，对我国乡村教育的发展历史和重大现实问题进行系统的专题研究，以期为深化教育领域综合改革、促进乡村教育可持续发展提供历史经验和现实启示。全书共分九章，主要内容如下：

第一章，乡村社会的历史变迁。该章基于时间线索，系统梳理了我国古代、近代和现代乡村社会的历史演变过程，总结了乡村社会变迁的基本经验，探讨了乡村社会变迁与乡村教育之间的内在关系。首先从政治、经济、文化、社会生活、乡村治理等视角对我国远古时期、上古时期和中古时期的乡村社会进行了客观描述。在此基础上，指出古代乡村社会变迁对乡村教育的影响。其次，对旧民主主义革命时期和新民主主义革命时期两个时段我国近代乡村社会的历史变迁进行了探讨，主要涉及乡村宗族问题的发展变迁、乡村士绅问题的发展变迁、乡村权力机构的发展变迁、乡村经济结构的发展变迁、乡村文化制度的发展变迁等范畴。再次，对我国现代乡村社会的发展概况进行了论述，包括：乡村权力机构的变化、乡村经济的变化、乡村文化制度的变化、乡村治理制度的变化、乡村自治组织、社会主义新农村建设等内容。在此基础上，揭示了现代乡村社会发展对乡村教育的影响。

第二章，乡村教育发展历程。该章对我国乡村教育的内涵、特征以及发展历程进行了详细梳理，并揭示了乡村教育发展的基本规律及其借鉴价值。乡村教育是乡村社会的有机构成部分，是指对乡村儿童的健康成长、乡村文化的传承与创新、乡村社会的有序建设以及国家的长治久安与和谐稳定起着奠基作用的一种客观存在的教育形式。乡村教育的特征主要表现为：乡村教育地位的基础性、乡村教育发展的不均衡性、乡村教育形式的多样性、乡村教育空间的分散性、乡村教育文化的多元性、乡村教育内容的实用性。通过对我国古代乡村教育、近代乡村教育和现代乡村教育发展的历史梳理，可以总结出如下基本规律和历史经验：一是就基本规律而言，包括经济发展水平制约着乡村教育发展、社会稳定是乡村教育发展的重要保障、传统文化对乡村教育影响的二重性、完善的乡村教育制度是推动乡村教育发展的重要动力；二是就经验借鉴来说，则涉及乡村教育与乡村发展相结合、乡村教育发展以地方教育为基础、民办教育是促进乡村教育发展的重要力量等基本经验。

第三章，乡村教育价值取向。该章在对乡村教育价值取向的内涵进行解读的基础上，分别探讨了乡村教育的国家价值取向、社会价值取向、育人价值取向，以及乡村教育价值取向的实现理路。乡村教育价值取向是指乡村教育活动关涉主体基于自己的乡村教育价值观，在面对或处理与乡村教育活动有关的矛盾、冲突、关系时秉持的基本价值倾向。乡村教育的国家价值取向涉及乡村教育的人化现代化价值取向、乡村教育的新型城镇化价值取向、乡村教育的国家安全价值取向；乡村教育的社会价值取向包括乡村教育的社会聚合价值取向和乡村教育的社会发展价值取向；乡村教育的育人价值取向则有乡村教育的村民价值取向与乡村教育的公民价值取向。乡村教育价值取向的实现理路主要包括明晰乡村教育价值取向的系统功能、提升乡村教育价值取向的科学水平与设定乡村教育价值取向的合理限度。

第四章，乡村教育目的。该章梳理了乡村教育目的的演变历程，分析了当前乡村教育目的的局限，探讨了乡村教育目的的合理定位。乡村教育目的是指国家对乡村教育所预期达到结果的总要求和人才培养的质量规格和标准。一般而言，乡村教育目的具有导向功能、社会功能、教育功能和评价功能。乡村教育目的的演变经历了从服务政治导向到以经济建设为中心再到以乡村发展为重心的变革过程。在实践中，乡村教育目的存在着诸多偏失，如：乡村教育目的的人文性缺失、乡村教育目的的主体性缺失、乡村教育目的的个性化缺失、乡村教育目的的本土化缺失等。为此，回归乡村教育目的本真，提出了乡村教育目的的改善路向：乡村教育目的的旨归是人的发展，乡村教育目的应寻求文化回归，乡村教育目的应为乡村服务，乡村教育目的应建立学习型乡村，乡村教育目的应呈现多元发展。

第五章，乡村教育主体。该章对乡村教育主体的内涵、类型和角色进行了探讨。同时，直面乡村教育实践中的突出问题，对新型城镇化进程中的乡村教师和乡村学生进行了调查研究。乡村教育主体是指为了实现乡村教育的价值取向，促进乡村教育与城市教育统筹发展，从事乡村教育活动的个人和组织。通过对新型城镇化进程中乡村教师专业发展的现状调查和分析，揭示了其存在的现实问题，并提出了改进策略，如：加大政策倾斜，提高乡村教师的物质生活水平；推进制度建设，构建乡村教师专业发展支持系统；加强机制创新，提升乡村教师的专业素养；实施文化引领，增进乡村教师的学校归宿感和专业幸福感。此外，通过对义务教育阶段乡村学生学习现状的调查分析，提出了优化路径，包括把握规律，有针对性地采取预防措施；各方联动，提高乡村学生学习管理水平；多措并举，提高乡村留守儿童学习水平；

因材施教，提高乡村学校男生学习水平。

第六章，乡村教育内容。该章从乡村基础教育、职业教育和成人教育三个方面分析了乡村教育内容的选择和开发路径。首先，乡村基础教育内容是国家课程地方化的重要载体，乡村基础教育内容是综合实践活动课程实施的重要依托。乡村基础教育内容的开发路径包括：促进国家课程的地方化和校本化、推进乡村基础教育校本课程开发、建设乡村基础教育课程资源库。其次，乡村职业教育内容存在着设置不合理、结构相对滞后、资源利用率较低等问题。为此，乡村职业教育内容的开发需要明确乡村职业教育内容设置的原则、完善乡村职业教育内容体系及结构、更新乡村职业教育内容的领域及资源。最后，乡村成人教育内容是提升乡村居民文化素质的基本保证，是减少乡村地区文盲数量的必要载体以及发挥乡村人力资源优势的重要平台。乡村成人教育内容的开发要立足乡村成人教育的本土实情、整合城乡成人教育的相关资源、结合乡村成人教育与职业教育内容以及拓展乡村成人教育内容的范畴。

第七章，乡村教育组织形式。该章基于现代教育组织理论对乡村基础教育、职业教育和成人教育的组织形式进行了研究。首先，乡村基础教育组织形式包括班级为主的教学组织形式和体验为主的教学组织形式。班级为主的教学组织形式符合乡村基础教育发展的实际，是现在及未来我国乡村基础教育的主要教学组织形式。体验为主的教学组织形式是指教师根据学生的身心特点，结合教学的实际内容，通过创设实际情景，呈现、再现或还原真实的场景，学生通过身临其境的活动，从而建构知识、发展能力，并生成意义的教学组织形式。这种教学组织形式在一定程度上能够丰富乡村儿童的成长经验，提升教学质量。其次，乡村职业教育组织形式主要涉及小班制为主的教学组织形式和探究式为主的教学组织形式。小班制为主的教学组织形式能够有效地促进职业教育培训的开展，尤其是在职业技能的培训中发挥着重要作用。同时，探究式为主的教学组织形式能够提升学员的积极性，提升学员发现问题、分析问题和解决问题的能力。最后乡村成人教育组织形式主要有专题式为主的教学组织形式和参与式为主的教学组织形式。专题式为主的教学组织形式符合我国乡村成人学习者的需求。参与式为主的教学组织形式有助于增强学员的学习积极性，切实提升乡村成人教育的实效性。

第八章，乡村教育治理。该章在对乡村教育治理的内涵、特征进行解读的基础上，对乡村教育治理的现实困境和突破路向进行了详细分析。乡村教育治理是教育治理的有机构成部分，它是指国家各级教育行政部门、各类乡村教育组织、社会团体和公民个体，依据教育法律法规，遵循乡村教育实际，通过一定的制度设计和实践策略进行协商、审议，共同管理乡村教育事务，促进乡村教育可持续发展的过程。乡村教育治理具有整体性、协同性、开放性、自组织性和公平性的特征。在实践中，乡村教育治理面临着治理价值取向的偏失、治理主体单一化、治理力量碎片化、治理过程形式化、治理环境恶劣化等诸多困境。为此，需要从乡村教育治理理念、乡村教育治理目标、乡村教育治理主体、乡村教育治理机制、乡村教育治理评价以及乡村教育治理环境等方面推进乡村教育治理现代化，切实促进乡村教育的可持续发展。

第九章，乡村教育质量监测。该章对乡村教育质量监测的丰富内涵和体系进行了系统研究。乡村教育质量监测是指对教育满足乡村个人及社会发展需要的程度进行测量、评价、反馈并进行有效提升的活动，体现出综合性、区域性、经验性与发展性的特征。在实践中，乡村教育质量监测具有多重功能，如记录、评价、诊断、反馈、指导、导向、管理、研究功能。乡村教育质量监测体系的构建需要遵循科学性、继承性、层次性、引导性和过程性五项原则。完整的乡村教育质量监测体系主要由监测主体、监测内容和监测方法组成。在监测主体方面，涉及乡村外部监测主体和乡村内部监测主体，前者包括县级行政管理人员、县级教育管理机构人员、县级教育科研机构人员、高校教育科研单位人员等，后者包括乡村中小学校长、乡村教师、乡村干部、乡村学生家长代表等；在监测内容方面，包括乡村教育规划监测、乡村教育硬件监测、教学实施监测以及乡村教育效果监测。构建乡村教育质量监测体系主要包括如下实践策略：颁布法规政策保障乡村教育质量监测，保障乡村教育质量监测经费，运用科学的教育质量监测技术，提高乡村教育质量监测服务水平以及构建乡村教育质量监测网。

三

　　本书是集体合作完成的成果，首先由李森拟订编写提纲，然后每位作者分别撰写各章内容，各章执笔者如下：李森（导论），杜尚荣（第一章），汪建华（第二章），王天平（第三章），兰珍莉（第四章），李森、崔友兴、汪建华（第五章），赵鑫（第六章），杨智（第七章），崔友兴（第八章），李怡明（第九章）。最后由李森、崔友兴统稿和定稿。

　　本书能够顺利出版，感谢福建教育出版社成知辛主任以及编辑团队的大力支持，没有编辑团队的辛勤付出，本书难以与读者见面。

　　乡村教育的社会变迁蕴含着极其复杂的历史因素和现实因素，其内容甚为丰富，涉及面广，限于时间和水平，书中不妥之处在所难免，敬请读者批评指正！

李　森

2016 年 11 月于海南师范大学

第一章 乡村社会的历史变迁

我国是一个名副其实的"乡村型"大国，这不仅是因为乡村领域所占的国土面积比例较大，更重要的是因为我国有着悠久的乡村历史。特别是在古代时期，由于国家形势、社会环境、科举制度等多方面的因素，在某种意义上我国传统文化大多是产生于乡村社会的。鉴于此，具体详实地梳理我国乡村社会的变迁历史，对更好地理解我国乡村教育具有重要的历史意义。本章拟将我国乡村社会的发展史划分为古代时期、近代时期和现代时期三个阶段。其中，古代社会又主要涉及远古、上古和中古三个时期；近代社会主要涉及旧民主主义时期和新民主主义时期两个阶段；现代社会主要分为新中国成立至"文化大革命"时期和改革开放至今两个阶段。因此，通过对我国乡村社会发展史的概述，能够简略展示我国乡村社会变迁的大致过程，以及各个阶段乡村社会的发展变化对乡村教育的主要影响。

第一节 我国古代乡村社会

关于我国古代时期的划分，颇有争议，不同学者基于各自不同的认知角度形成了见仁见智的看法。其中，白寿彝主编的《中国通史》（共 12 卷）中将我国的古代时期分为远古时期、上古时期和中古时期①，这是目前认同度比

---

① 白寿彝. 中国通史（第 1 卷）[M]. 上海：上海人民出版社，2015：1.

较高的划分方式。我们基于白寿彝主编的《中国通史》中关于我国古代时期的划分标准，将古代社会划分为远古、上古和中古三个阶段，并对我国古代乡村社会的变迁情况进行简要阐述。

一、远古时期的乡村社会

远古时期，主要是指夏商以前的时期，即大约公元前 2070 年以前的原始社会时期，这是我国社会发展史上的第一个社会形态。原始社会时期大致经历了旧石器时期（公元前 1 万年以前）、新石器时期（公元前 1 万年至前 3500 年）、铜石并用时期（公元前 3500 年至前 2000 年）。

"乡村"一词，严格意义上讲，起源于远古时代的新石器时期。在旧石器时期，无论是早期的类人猿的生活，还是后期的原始部落的生活，都是以农业、狩猎等为主，其无任何现代意义上的乡村概念，因为还没有存在与乡村相对应的城市或中心的概念。只有到了新石器时期，农业和畜牧业开始出现分离，而那些仍然以农业为主要生计的氏族定居下来，成了真正意义上的乡村。如我国最早出现的浙江的河姆渡以及陕西的半坡等。在远古时期的乡村社会，无论是经济、生活，还是个体的发展都是十分落后、低下的，以至有人认为那是一种非常野蛮的非文明时期。①

首先，从政治意义上来说，远古时期主要是处于原始社会状态，其整个社会无所谓阶级，人们之间是一种自由平等的关系。

其次，从经济上来说，远古时期大致分为三个不同的阶段，即旧石器时期、新石器时期和铜石并存时期。在旧石器时代，人们主要以打鱼、捕猎等采集性的方式维持生计，其使用的工具主要是原始的石器。而到了新石器时代，人们在长期的生活实践中积累了一些生活经验，掌握了植物的生长规律，习得了一定的栽培技术，开始从事一些精细的技术活，其使用的工具则需要经过打制、磨练而成。这时，人们的生产品开始出现了剩余，渐渐地人们也学会了将一些一时用不了的农产品存储起来待用。铜石并存时代，由于铜器

① 王炳照，李国均，阎国华. 中国教育通史（先秦卷上）［M］. 北京：北京师范大学出版社，2013：10.

的出现，使得生产工具发生了根本性的改变，大大提高了生产效率。这时人们生产的剩余产品也越来越多，其生活有所富余。当然，也正是这种大量剩余产品的出现，为以私有制为特征的奴隶社会的出现奠定了基础。

其三，从生活上说，远古时期大致经历了原始人群、母系氏族公社和父系氏族公社等阶段。在旧石器时代，原始人群生活杂乱，居无定所，无所谓家的存在。相互间的关系不稳定，完全随着狩猎活动的波动而变化。在新石器早期，开始出现了母系氏族公社，其生活结构几乎都是按照母系的血缘关系而扎堆群聚，这时的男性只是母系群体的亲属单位。新石器晚期，开始出现了父系氏族公社，即以父亲的血缘关系为纽带组建各种生产和生活单位。这时家庭中存在的夫妻、兄妹等关系才逐渐清楚和稳定起来，更重要的是，这时的男子在农业劳作、渔猎部门和手工劳动等方面占据主要地位，妇女则次之。

其四，从个体发展来看，旧石器时代的原始人群就学会了操控自然火种，开始食用熟食。由于熟食有助于个体的消化，增加个体对营养的高效吸收，从而促进了个体的体质变化。如早期猿类的脑量约为 400－600 毫升，而蓝田人的脑量为 778 毫升，北京猿人的平均脑量为 1075 毫升，有的甚至达到了1140 毫升。当然，进入新石器时代乃至铜石并存时代时，由于生产工具的进步，人们长期从事着精细的劳动，身心获得了更好的发展。

由此可见，远古时期的乡村社会主要表现为以下几个特征：一是生产力水平非常低下；二是物质资源（野生事物）虽然很丰富，但难以直接转化为生活资源；三是人们没有开化，缺乏文明的人文气息；四是人们"享受"着自由平等的生活；五是晚期出现了蚩尤、黄帝、尧、舜等著名历史人物。

二、上古时期的乡村社会

上古时期大约指公元前 2070 年至公元前 221 年。这一时期的主要特征是经历奴隶制社会，迈向封建社会，经历了夏、商、西周、东周（春秋、战国）等朝代的先后更替。

我国在上古时期已经实现了由原始社会的公有制向私有制的转变，一个全新的统治阶级主导型社会已经建立起来。这一时期，那些拥有权势的统治阶级所处的经济中心地区逐步独立出来，并以剥削他人劳动而获得剩余价值，或在不平等的商业贸易中获取利益，而与之不同的是非经济核心区域，或称为"乡村"的地方，人们拥有另外一种生活方式，即从事着笨重的体力生产劳动，甚至还吃不饱，穿不暖。

首先，从政治变化来看，原始社会末期，即尧、舜为帝时期，虽然总体上还是一种氏族公社制，而且尧、舜自身的生活都很俭朴（如尧住茅草屋，吃糙米饭，喝野菜汤；舜也亲自耕田、打鱼，同陶工们一起制陶等①），还采取了王位禅让制，然而，由于王权殊荣的诱惑，在氏族内部或氏族之间的斗争也越演越烈，这在夏族禹氏（禹基于之前的夏族部落建立起夏朝）那里表现得尤为明显。据说，禹也曾试图禅让给外族贤人伯益，但终因禹氏家族势力反对，禹之子启最终杀死伯益而继承王位。于是，一种建立在私有制基础上的专权的统治阶级制度开始兴起。夏朝大致经历了 500 余年，后被商族的商汤推翻建立了商朝，600 年后，周武王又推翻了商朝建立了西周王朝，统治了 257 年。公元前 770 年周平王将都城由镐京迁至洛邑（今河南洛阳），史称东周。东周前期从公元前 770 年至前 476 年为春秋时期，而后直至 221 年秦统一六国（东周实际于公元前 256 年被秦国所灭）为战国时期。其中，商鞅变法中提出废井田、开阡陌、制定法律、规定刑无等级等政策推动了封建制社会的确立。

其次，从乡村经济上看，上古时期的最大特点就是首次实现了从公有制的社会形态向私有制的社会形态的转换。据说在神农氏时，"以石为兵"，用以砍伐树木，建造宫室；黄帝时，"以玉为兵"，用来伐树建房和凿地；禹的时代，"以铜为兵"；到了春秋时代，才"作铁兵"。② 商代是青铜器的全盛时期，青铜广泛应用于各行各业，由于青铜农具的广泛使用，加速了井田制农业经济的发展。商代的六畜兴旺，除了食用外，牛马还被广泛使用于驾车、作战。西周沿用了商代的井田制，并在此基础上辅之以亩制，如周制，百亩（约合今 31.2 亩）为一夫（一家或一室）所耕之田，称作一田。③ 西周也是青

---

① 苏连营. 中国通史 [M]. 沈阳：辽海出版社，2009：15.
② 苏连营. 中国通史 [M]. 沈阳：辽海出版社，2009：22.
③ 苏连营. 中国通史 [M]. 沈阳：辽海出版社，2009：48.

铜器极盛时期，诸多西周的艺术都是通过青铜器具遗留后世。春秋时期是我国从奴隶社会向封建社会过渡的重要时期，其原因是由于统治阶级内部争权夺利的矛盾越演越烈，王权的决定领导力逐渐削弱，以致那种土地国有的井田制不得不转向土地私有制。春秋时期，社会生产力有很大的发展，主要表现为铁器和牛耕的出现。铁器牛耕的出现，不仅有利于深耕除草，而且为开垦荒地和兴修水利提供了有利条件。战国时期，铁器广泛运用于各行各业，大大提高了生产力水平。但是，由于战国时期的战乱四起，以致战国时期的整个经济状况也不尽如人意。战国时期，领主经济已成为一种落后生产关系，领主也感到农奴"公作"不如把田地分散给农民去耕作有利。于是，地主经济在战国时就已有了快速的发展。

其三，在社会生活方面，由于阶级社会的出现，一些有权势的贵族逐渐脱离一般部落成员，成为国家的统治核心，他们不仅不直接参加生产劳动，还对一般平民进行残酷剥削，以致上古时期，统治阶级与被统治阶级之间的矛盾异常激烈。事实上，原本平民和贵族都属于同一部落，甚至是同宗同族，但是平民却只能在贵族分配给他们的土地上进行劳动，并接受贵族的剥削。显然，无论是早期的奴隶和奴隶主之间的矛盾，还是后期的平民与贵族，或是封建主与农民之间的矛盾，无不反映了上古时期的社会矛盾。

其四，在乡村治理形式上，上古时期也出现了专门的乡村治理制度。其中，乡里制度就是萌芽于夏商时期。比如商周二代已出现了"里正"、"族尹"等官名。这时期的乡里制度，设有"六乡六遂"。[①] 其中，乡在国都，遂在国都以外的"野"。根据《周礼》记载，在国都的"乡"有五州，"州"有五党，"党"有五族，"族"有四闾，"闾"有五比，"比"有五家；在野的"遂"有五县，"县"有五鄙，"鄙"有五鄮，"鄮"有四里，"里"有五邻，"邻"有五家。西周时期初步确立了什伍之法："五家为比，十家为联；五人为伍，十人为联；四闾为族，八闾为联。"但是，西周时，乡的层级高于州县的行政建制，遂的层级亦高于州县，从治域范围和所处层级看，其时的遂更相当于后

---

① 赵秀玲. 中国乡里制度［M］. 社会科学文献出版社，1998：2.

世州县之下的乡。① 春秋时期，乡里制度继续保留下来，并且出现了新的聚落形式——邑，乡、党、邻、里也开始各有专名，如《论语》中的"互乡"、"达巷党"等。② 战国时期，出现了"郡县制"，并在各国推行，于是乡则沉至县下，成为最基础的组织。③ 可见，上古时期的乡村社会，已经确立了较为明细的管理层级。

其五，就乡村文化而言，上古时期是我国文字广泛运用的时期。据考证，在远古末期就出现了图形文字，如大汶口文化，其图形文字远远早于在河南安阳的殷墟中发现的甲骨文字。文字的出现大大加速了西周文化事业的发展。比如，流传至今的《诗经》所记载的诗歌大多数都是创作于西周时期。春秋时期，由于各诸侯的势力逐渐壮大，以致周天子渐渐失去往日的权威，与此同时，打破了学在官府的局面，养士之风逐渐兴起。于是，各类私学兴起，呈现出百家争鸣之势。当然，这种局势已经改变了过去只有贵族子弟才能享受教育权利的现象，一些生活在乡村、从事着农业或简单手工业的有志平民在闲暇时间也有机会从事学习活动，比如孔子的弟子中就有来自四面八方的各个阶层的人员，自然也有穷人。战国时期，随着各诸侯国的激烈争霸，乡村社会出现两种景象：一方面农民有了相对稳定的土地从事农业活动，使得自给自足式的小农经济发展起来；另一方面各诸侯争霸，频繁的战争加大了农民的负担，甚至使其直接成为战争的牺牲品。此时，由于养士之风的盛行，知识分子的队伍不断扩大，他们著书立说，上说下教，文化学术获得空前的发展。④

总之，上古时期，私有制经济的发展加速了社会阶层的分化，加剧了统治阶级与被统治阶级之间的矛盾。当然，从整体上来说，也正是这种私有制经济的发展，一方面促进了社会资源的集中，才有了部分人员从直接生产劳

---

① 朱宇. 中国乡域治理结构：回顾与前瞻［M］. 哈尔滨：黑龙江人民出版社，2006：54.

② 唐鸣，赵鲲鹏，刘志鹏. 中国古代乡村治理的基本模式及其历史变迁［J］. 江汉论坛，2011（3）：68－72.

③ 唐鸣，赵鲲鹏，刘志鹏. 中国古代乡村治理的基本模式及其历史变迁［J］. 江汉论坛，2011（3）：68－72.

④ 苏连营. 中国通史［M］. 沈阳：辽海出版社，2009：99.

动者脱离出来，专门从事政治、经济、文化等专业性活动，推动着社会的文明和进步；另一方面这也导致了长期生活在乡村的各种群体逐渐稳定下来，形成了与城市不一样的独特的乡村生活。具体来看，在上古时期的早期阶段，是一种纯粹的奴隶制形式，其学在官府的制度，无形中剥夺了处在乡村的平民百姓或长期为奴隶主做工的奴隶的受教育权利；其后期阶段，自春秋时期起，纯粹的奴隶制社会逐渐向封建的小农经济转化，出现了"学术下移"的趋势，大量生活在乡村的有志平民百姓同样有了"自由"接受教育的机会。

三、中古时期的乡村社会

中古时期是指从公元前 221 年秦始皇统一六国建立秦朝起至 1840 年鸦片战争结束，其间经历了秦汉、三国、西晋东晋、南北朝、五代十国、宋、辽、西夏、金、元、明、清等 2000 多年的历史。中古时期反映了我国封建制社会发展的主要历程。在中古时期，长期从事农业活动的农民百姓远离城市，构成了这一时期乡村社会的主要群体。

中古时期的乡村社会主要表现为如下几个方面的特征：① 一是分散的小农经济长期存在。秦王统一六国之后，将战国时逐渐建立起来的土地私有制沿袭下来，那种土地国有式或大庄园式的生产形式渐渐被家庭式的小农形式所代替。这样一来，国家不需要直接管理土地，而是通过各个地主代替国家管理，而后以征税的方式收缴国库。这样一来，各个小农家庭从地主手中租到土地后即有了生产经营的自主权。当然，这种小农经济是一种分散的经济模式，其分散到各个小农家庭。二是宗族式的乡村组织机制。费正清指出，如果我们首先观察旧式地方政府结构，就会发现"县"是一个最关键的行政单位，它是封建官僚体制的最低等级和地方社会的结合点，以致农村社会几乎处于"自治"状态。然而，中国的社会单元是家庭而不是个人，家庭才是当地社会政治生活中的负责的成分，村子里的中国人是按家族制组织起来的。② 韦伯也认为传统中国是"家族结构式的社会"，宗族组织在社会生活中起着重

---

① 朱新山. 乡村社会结构变动与组织重构［M］. 上海：上海大学出版社，2004：33—47.

② 费正清. 美国与中国［M］. 北京：世界知识出版社，1999：22—25.

要的作用，在同一地域生息劳作的家族依靠地缘关系组成村落共同体，构成以共同风俗习惯和规范为纽带的自治群体，这是一个一切以传统为准绳的封闭、自律的社会生活组织。① 显然，这种家族式的自治构成了中古时期封建王朝所辖的乡村社会的重要组织机制。三是国家渗入乡村有一定限度。正是由于拥有国家权力的县官高踞于地方社会之上，以致乡村社会几乎处于"自我控制"状态。乡村社会的这种自治形式，一方面在一定程度上激活了乡村经济；另一方面也反映了国家权力渗透到乡村社会中存在一定的限度。四是士绅在乡村社会扮演着特殊角色。当然，乡村社会的"自我控制"并非绝对的自治，中央政权还吸收地方上的士绅地主阶级或上层人物作为地方上的同盟者。"这样官僚机构的统治浮于表面，使得那些拥有地方基础和影响网络的地方士绅能够管理地方民众。"② 因此，可以说乡村社会生活的维持在一定程度上主要是依靠士绅主导的宗族自治。

四、古代乡村社会变迁对乡村教育的影响

纵观古代历史，不难发现，古代乡村社会的变迁是一个动态发展的过程。首先，从乡村社会的形成过程来看，大致经历了由无乡村概念到乡村概念的形成，再到乡村社会的变化发展的基本历程。在旧石器时期，原始部落主要都是以农业、狩猎或一般采集为主要生计，以致尚无乡村的概念，而到了新石器时期，逐渐出现了劳动分化，一些人群远离农业，从事着其他如畜牧业等副业活动，以至逐步成为原始社会的核心经济区域，于是另一些始终从事农业活动的区域出现了"真正意义"上的乡村。乡村社会的形成意味着社会层级的分化，这在某种意义上也为社会劳动分工和私有制阶级社会的形成奠定了基础。自从夏朝建立了私有制社会经济体制后，这种远离城市、远离中心的乡村社会越来越稳定，只是在之后的各朝各代中乡村生活的治理方式有所不同，其经济状况也在不断变化和发展。其次，从乡村社会的治理方式来

---

① 苏国勋. 理性化及其限制——韦伯思想引论［M］. 上海：上海人民出版社，1988：153.

② 费正清，罗德里克·麦克法夸尔. 剑桥中华人民共和国史（1949—1965）［M］. 上海：上海人民出版社，1991：43.

看，经历了由随性治理到乡里制治理，再到保甲制治理的过程。^① 夏商以前，我国的乡村治理方式是一种随意性的部落自治，没有权威的国家权力参与管理，夏商时期才开始出现了乡里制度。乡里制度一直沿袭到北宋时期，王安石变法则提出了保甲制的乡村治理方式。显然，这既体现了我国古代乡村社会变迁历程的复杂多变，也反映了我国古代乡村社会的发展与变化的历史价值。正是这种历史价值造就了我国古代时期的乡村教育的历史脉络。或者说，我国古代时期，乡村教育的发展与变化紧紧随着乡村社会的历史演变而发生改变。具体来说，我国古代时期的乡村社会的历史变迁对乡村教育的影响主要表现在如下几个方面：

第一，远古时期的"生存型"社会决定了生活化的乡村教育。我国远古时代，尤其是旧石器时代原始人群的存在主要是为了获取食物供自己及子女能够生存下去。那时，人们为了生存不得不以采集、狩猎等最为原始的方式获取食物。这种原始的生存方式，自然会经常面临着捕获不到食物而导致饥饿的情况，而且这种生活方式也是不稳定的，经常随着采集、狩猎生产而到处迁移不定，一般是逐水草而居。^② 随后，人们渐渐地学会了群居，并采取群体捕猎行动。显然，在这种群体活动中，人们学会了交流和传递经验，以便能更好地获取食物。毫无疑问，这时期专门性的教育活动还未形成，还只是一种简单的口耳相传式的生活化教育。直到远古末期，随着新的生产工具出现，对一些专门性的技术学习活动提出了要求，否则难以传承类似于制作陶器和铜器等复杂性的技术活动。当然，随着新的生产工具的出现，剩余劳动产品的出现，一些年长者以及小孩就不用亲自参加生产劳动。通常，年长者会将一群小孩集中到某个特定的地方，既照顾孩子的安危，又传给孩子一些生活技能。这便是最初的乡村学校。

第二，不同的乡村社会结构造就了不同的乡村教育形式。我国古代乡村社会的发展经历了远古时期、上古时期和中古时期不同社会形态的发展过程。

---

① 唐鸣，赵鲲鹏，刘志鹏. 中国古代乡村治理的基本模式及其历史变迁［J］. 江汉论坛，2011（3）：68—72.

② 王炳照，李国钧，阎国华. 中国教育通史（先秦卷上）［M］. 北京：北京师范大学出版社，2013：9.

用现代意义上的乡村概念来理解，我国在远古早期还没有真正意义上的乡村，因为那时的原始人群还经常随采集和狩猎场地的变化而迁移不定，以至还没有与之对应的城市和中心的说法。而到了远古晚期，出现了部分人群脱离农业活动，而长期处于社会的中心或城市区域，于是出现了真正意义上的乡村社会。而此时的乡村教育主要是有关生产工具和生活技能方面的学习。当然，也涉及一些生活中饮食、穿戴以及居住等习惯方面的习得。① 上古时期，我国主要处于奴隶制社会和奴隶制社会向封建制社会过渡的时期。其中，夏、商时期是完全的奴隶制时期，奴隶主阶级享有绝对的受教育权利，而奴隶是没有受教育的权利的，因此，当时的学校教育主要是"学在官府"。当然，奴隶可以在生产需要时接受一些简单的技术性知识，以及接受一些非正式的奴化思想的灌输。然而，进入封建社会以后，随着小农经济的不断发展，一般农民百姓除了可以在租来的土地上自由种地之外，也有了可以自由从事学习活动的权利。尤其是科举制度兴起以后，想借助于科举考试改变命运的平民比比皆是，出现了一大批寒窗苦读的有志青年。

第三，官学无力，导致私学的兴起。"学在官府"是我国历史上统治阶级试图推行的专断性的教育行政行为。诚然，统治阶级实施教育的目的主要有两个方面：一是培养能人贤士参与管理国家事务，二是教化平民百姓，使其安作顺民，服从国家的管理。在奴隶制社会里，只有贵族子弟才有享受教育的权利，以致所有的教育活动都是在国家的上层阶级中进行的，其办学宗旨是为统治阶级服务的。到了春秋战国时期，由于周天子的权力渐渐弱化，各方诸国纷纷参与争霸行动，此时的王权已是名存实亡，加上常年战乱四起，国家根本无力顾及教育活动。但是，各方诸侯为了在争权称霸中占据优势，纷纷招揽贤士。这样一来，官学难办，而养士之风盛行，于是导致了学术下移，各方私学纷纷兴起。这时的私学则成了乡村教育的主要表现形式。在我国古代社会，尤其是学前和小学教育，不管城市还是农村，都是由民间来举办的，它们的设立几乎完全是自发的、独立的。这种私学的经费投入，大部

---

① 王炳照，李国均，阎国华. 中国教育通史（先秦卷上）［M］. 北京：北京师范大学出版社，2013：21—24.

分靠民间自己筹集，或由宗族承担，或由办学者自己承担，同时受教育者也缴纳一部分学费，共同支撑和维持着私学的发展，担负着广大民间子弟的教育任务。[①]

第四，乡里士绅对乡村教育的积极贡献。从行政管理体制来看，我国古代时期主要是一种小农经济形式，最低一级的行政管理大多设为县级，县以下的管理虽设有乡里或保甲等形式，但几乎都是一种乡村自我控制的自治形式。然而，在这种国家没有直接参与乡村社会管理的情况下，国家出台了一些鼓励性政策，支持各乡里的士绅作为沟通国家管理与乡村社会自治管理之间的桥梁。因为各地方上的士绅有其特殊的身份，大多是曾经有过官爵、功名，或当下比较富有，他们既是乡村社会的文化象征，具有一定的权威，又是国家的功臣，享有特殊的权利。自然，由他们来担任乡村社会的教育活动的组织者和主导者再适合不过。以至于，历代乡村教育中士绅都扮演着极其重要的角色，既为乡村的经济发展培养了大批技术人才，也为国家输送了不少能人贤士。

第五，对功名的追求激起了乡村社会的自学浪潮。在我国古代社会，自从国家确立了向社会各界招揽能人贤士以后，随之而来的是学术下移，各方私学纷纷兴起，通过学习获取功名的思想观念植根于全民心中。正如孔子所言："学而优则仕。"尤其是自隋唐时期确立了科举制度之后，通过自学、参加科举来改变命运，已成为乡村社会中人们的基本梦想。也就是说，在我国古代的乡村社会里，对于没有机会接受正规学校教育的平民百姓来说，自学则是人们追求功名的主要途径。因此，可以说追求功名激起了古代时期乡村社会的自学浪潮。

第二节　我国近代乡村社会

关于我国近代时期的划分颇有争议，有学者认为："我国近代史应该从

---

① 杨卫安，邬志辉. 中国古代乡村初等教育供给制度解析 [J]. 华南农业大学学报（社会科学版），2014 (1)：140－147.

1840 年至 1919 年，五四新文化运动的爆发，昭示着我国近代史向新的方向发展。"① 但也有学者认为，中国近代史是从 1840 年鸦片战争到 1949 年中华人民共和国成立，也是中国半殖民地半封建社会的历史，……中国近代史分两个阶段，从 1840 年鸦片战争到 1919 年"五四"运动前夕，是旧民主主义革命阶段；从 1919 年"五四"运动到 1949 年中华人民共和国成立，是新民主主义革命阶段。② 近年来随着研究的不断深入，大多数学者都赞同将我国近代史确立为 1840—1949 年，这样更便于保留我国近代史的连续性。鉴于此，我们以 1840 年到 1949 年的时间跨度来分析我国近代乡村社会的变迁及其对乡村教育的影响。

一、旧民主主义革命时期的乡村社会（1840—1919 年）

1840 年鸦片战争爆发，我国陷入半殖民地半封建主义社会。直至 1919 年的五四运动前夕，革命者在争取民族独立的同时，试图在我国建立不符合我国基本国情的资本主义社会，由于其违背了我国历史发展的基本规律和趋势，最终以失败告终，因此被称为旧民主主义革命时期。这一时期，由于帝国列强的强制侵入，致使我国乡村社会发生了极大变化。基于这段时期我国乡村社会变迁历程的复杂性，我们拟从下列几个方面进行阐述。

（一）乡村宗族问题的发展变迁

宗族一直是我国历史上乡村社会治理力量不可缺少的重要组成部分。所谓"宗族"，是指"由聚居在一定区域内的同一祖先的若干后裔所组成的，具有血缘性、地缘性的宗族毋庸置疑地充当了这一角色，对宗法乡里产生着无可替代的约束力，并承担了中国乡村社会秩序维护、教化民众的重任，成为封建社会最基本的组织……它不属于行政体系，但它所起的作用是行政组织远远不能比拟的"。③ 由于宗族参与社会治理，其与国家组织共同构成了我国

---

① 白寿彝，陈其泰. 中国史学史：近代时期（1840—1919）［M］. 上海：上海人民出版社，2006：1.

② 《中国近代史》编写组. 中国近代史［M］. 北京：高等教育出版社和人民出版社，2012：2—3.

③ 贾学政. 近代私塾教育与宗族社会［J］. 理论月刊，2005（3）：70—72.

自夏朝以来长期沿用的宗法制度。近代时期，我国乡村社会同样沿袭了这种传统的宗法制度，以至宗族自然成了我国近代时期乡村社会治理的主要方式。尤其是鸦片战争打开了国门后，帝国列强纷纷入侵我国，我国乡村社会的安宁之日渐行渐远。与此同时，反对入侵的声音也愈加强烈。这时的宗族体系扮演着十分重要的角色，大大加强了宗族成员之间的凝聚力，以致我国近代时期乡村社会的宗族参与治理也更加深入。当然，由于宗族具有对乡村社会控制的直接性、亲和性和封闭性特征，决定了其必然对封建儒家思想和封建纲常积极维护，同时也对异端文化摒弃与排斥。①

（二）乡村士绅问题的发展变迁

近代社会的士绅继续发挥着参与乡村社会治理的作用。如王先明认为，"士绅不能没有土地等财产，但士绅的地位并不取决于或不直接取决于财产占有量。附着于功名、身份、社会地位的文化权威要素对于乡间权势阶层有着重要的作用。士绅作为一个地方权势力量，其角色、功能并未发生质的变化，士绅话语仍然揭示着民国乡村权力的结构性特征。"② 可见，士绅在近代乡村社会的影响作用也是不可忽视的。然而，近代以来的捐纳制度造成了相当数量的"异途"士绅不仅控制了乡村的事务，也逐渐扩散到城市寻求出路。比如，"洋务人才"功名虽然不高，却容易在城市新兴事业中趋于权力中心。自然，随着士绅群体的不断扩大，造成乡村精英的大量流失，以致一些边缘人物开始占据乡村基层权力的中心。③ 由此可见，近代社会的士绅并非绝对稳定于乡村社会中。随着近代新型经济关系的产生和发展，整个社会结构的变化，已由原来的"士农工商"社会结构流向开放型社会结构，与之相应的是近代士绅阶层的流变，由于开放型社会结构的兴起，近代士绅阶层逐渐转向"绅商"（绅与商的渗透）或由传统的士绅转向近代的知识分子或自由职业者。20世纪初，随着科举制度的废除，近代的士绅也不仅仅是简单的"绅—官"或

① 贾学政. 近代私塾教育与宗族社会 [J]. 理论月刊，2005（3）：70—72.

② 翁有为，徐有威. "近代中国乡村社会权势国际学术研讨会"综述 [J]. 史学月刊，2004（11）：111—115.

③ 翁有为，徐有威. "近代中国乡村社会权势国际学术研讨会"综述 [J]. 史学月刊，2004（11）：111—115.

"绅—商"式的流动，而逐渐渗透到教育、文化、法政、行政、实业等，有些士绅甚至流向了基层士兵、秘密社会等。显然，这种结构性流动最终导致整个士绅阶层走向消亡。①

（三）乡村权力机构变迁

清政府虽然没有专门设立管理乡村社会的政府机构，但清政府对乡村社会的统治和管理，从未松懈过。近代时期，清政府为了加强对乡村社会的有效管理，除了支持和鼓励一直在乡村社会治理上发挥积极作用的士绅的合法存在外，还设立了"公局"，以代清政府管理乡村事务。所谓"公局"，也称"公所"，指清代团练的办事机构，因此也有说法是"团练公局"的简称。根据龙启瑞的《大冈埠团练公局记》记载，"秦汉以降，井田废而乡学不立，至不幸用，则乡民聚而为社。如宋时定州有弓箭社，近日广东御夷，名乡亦分立为社。至广西盗贼蜂起，各府州县官吏、荐绅先生，率其乡之所属，日从事于团练。而各村镇关市，始有公局之设。"中山大学邱捷在《晚清广东的"公局"——士绅控制乡村基层社会的个案研究》中指出："公局适应了清皇朝把统治延伸到县以下基层社会的需要，局绅和大多数乡村居民之间存在着尖锐的阶级矛盾。到了 19 世纪末 20 世纪初，公局的作用日益衰微。"② 可见，公局代表政府在治理乡村社会问题上曾发挥着不可替代的重要作用。

（四）乡村经济结构的发展变迁

鸦片战争打开国门以后，西方资本主义各国以不平等条约为依据，向中国不断地倾销商品、掠夺原料，打破了中国自给自足的自然经济局面，致使中国逐渐陷入世界殖民主义体系。

近代中国乡村社会经济的变化不是单方面因素的影响，而是内外因素共同作用的结果。从外来入侵的角度看，近代中国乡村社会经济关系的结构性变化主要体现在四个方面：一是由于外来商品的流入，导致中国小农业与家庭手工业密切结合的传统自然经济开始发生解体；二是由于中国商品的大量

---

① 王先明著. 近代绅士——一个封建阶层的历史命运 ［M］. 天津：天津人民出版社，1997：146—175；244—256.

② 翁有为，徐有威. "近代中国乡村社会权势国际学术研讨会"综述 ［J］. 史学月刊，2004（11）：111—115.

出口，促成了中国商品生产对国外经济的依赖，逐渐成为西方经济体系的附庸；三是由于商业活动的发展，出现了一大批专门从事推销国外商品和收购中国土货的买办商人，从而为近代中国乡村社会注入了特殊的新生力量；四是外国商人办起了现代企业，雇佣中国工人，造就了第一批中国近代产业工人。这些经济关系所诱发的社会结构性变化，决定了近代中国半殖民地半封建的复杂型社会经济结构。就国内因素的变化来看，尽管外来入侵致使我国自给自足的自然经济结构逐渐被破坏，但在整个过程中，长期积淀起来的自然经济体系本身就对外国商品的输入具有强大的抵抗力，以致近代中国自给自足式自然经济的瓦解也不是一下子就完成的。与此同时，或许正是这种开放型社会经济的兴起，乡村社会中"地商"得到了快速的发展。所谓"地商"，是封建商业高利贷资本与土地相结合，以修渠灌地、收粮顶租、贩卖粮食谋取高额利润的商人，其主要经营手段就是以商业获取暴利后，一方面从事商业经营，另一方面通过放高利贷等途径，获取土地经营使用权，再转租给个体农民，以对农民进行高额地租剥削获取高额利润。① 可见，高利贷经营模式在我国近代的乡村社会已发挥着重要的作用，大大刺激了近代时期乡村经济的向前发展。

（五）乡村文化制度的发展变迁

近代时期，随着外来势力的入侵，西方文化逐渐渗透到中国社会，形成中西文化对峙的局面，刺激了中国传统社会形成的宗法制度、封建经济和儒学教化的三角构架之势，最终导致民众实现极端排外和传统教会机构的几何增长。② 其中，表现最为激烈的是新式学堂的兴起，这令保守的封建士子和忠臣顺民甚为恐慌。尤其是尊崇宗族体系的民众更是认为，洋学堂必将诱惑孩子们崇洋媚外，因此集体相约，不许孩子入洋学堂就学。在宗族体系里，明确反对新式学堂，而支持私塾学校，在当时无经费、无教员的情况下，③ 宗族用于发展教育的族田仍在不断壮大。比如："广东番禺沙湾留耕堂的族田康熙

---

① 翁有为，徐有威．"近代中国乡村社会权势国际学术研讨会"综述 [J]．史学月刊，2004（11）：111—115.

② 贾学政．近代私塾教育与宗族社会 [J]．理论月刊，2005（3）：70—72.

③ 丁钢．近世中国经济生活与宗族教育 [M]．上海：上海教育出版社，1996.

时达 16409 亩，乾隆年间续增达 31676 亩，民国九年竟达 56575 亩……新会何世堂嘉靖二十三年，仅有族田 0.9 亩，到光绪十七年增至 2189 亩。"① 鉴于此，西方列强不得不承认："没有一个民族像中国人那样更齐一，更团结，更被古老的带子和魅力拴在一起的了。"②

同时，根据中国人民大学张鸣对科举制废除后私塾的消亡对近代中西文化冲突与乡村文化权势的转移的关系问题的研究发现，事实上，于近代中晚期，随着科举制度的废除，私塾学校也逐渐走向消亡。

二、新民主主义革命时期的乡村社会 (1919—1949 年)

1919 年 5 月 4 日，中国青年学生发起的五四运动，标志着中国的旧民主主义革命的结束，开启了新民主主义革命的征程。自此，中国革命的领导权由小资产阶级转向了无产阶级及其政党，其革命宗旨是通过无产阶级的领导、人民大众参与，进行反对帝国主义、封建主义和官僚资本主义的革命。此时，由于西方文化对中国的持续冲击，中国乡村社会的经济生活、生态环境、乡村宗教、乡村治理都被卷入了这场革命当中，更是激起了大批的农民反抗斗争运动。

（一）乡村经济生活

新民主主义革命时期，中国经济结构相当复杂，是多种经济形态的综合体。根据毛泽东对新民主主义社会性质的认识，这一时期既不是老资本主义社会，也还不可能是社会主义社会，它是由老资本主义社会向社会主义社会过渡的中间阶段，可以算是一种"新资本主义"。③ 这一时期的乡村经济，从经济形态来说，大致涉及国营经济、个体经济、合作社经济、私人资本主义经济等；从经济领域来说，主要包括农业、手工副业、乡村借贷等。此时的乡村经济，既有公有制成分，如国营经济（虽然当时国营经济成分的量较小，但其前途不可限量），也有私有制成分，如个体经济和私人资本主义经济等，

① 朱有献. 中国近代学制史料（第 2 辑上册）[M]. 上海：华东师范大学出版社，1987.

② 贾学政. 近代私塾教育与宗族社会 [J]. 理论月刊，2005（3）：70—72.

③ 李金铮. 近代中国乡村社会经济探微 [M]. 北京：人民出版社，2004：52.

还有半社会主义成分，如合作社经济，它是"以私有制为基础的在无产阶级领导的国家政权管理之下的劳动人民群众的集体经济组织"。① 事实上，说它复杂，还远不止这些。从其经济区域来看，有共产党领导的无产阶级革命区的复杂经济体系，也有国民党掌权区域的官僚资本主义经济体系。抗日战争时期，还有日战区的殖民地经济体系。显然，正是如此复杂的乡村经济结构决定了这一时期复杂的乡村生活。

（二）农民反抗斗争

有关近代中国的乡村问题，是属于政治问题，还是经济问题，不同的政党对此看法是有差异的。由无产阶级及其政党所领导的新民主主义革命的宗旨是反帝、反封建、反官僚主义这三座大山，其在解决乡村问题上就与国民党有所不同。比如，"在国民党看来，农村问题主要是经济不发展问题，因而主张用'造产'的经济方式解决农村问题；而在中共看来，农村问题主要是土地不平均问题，是地主和富农剥削农民的阶级问题、压迫问题，因而主张用斗争地主、打土豪分田地的土地重新分配方式解决农村问题"。② 对于农民来说，他们在处理乡村社会中的问题时的应对是比较复杂的，在不同时期、不同地域也是有所不同的。在共产党领导的无产阶级革命辖区的农民是在党的领导下进行积极的土地革命，实施斗地主、分土地的策略；而在国民党辖区的农民则不一定，虽然他们对国民党处理乡村问题的风险较小的温和政策略有认同，但这还取决于国民党政府是否能切实地解决农民身边的实际问题，否则反抗斗争同样是少不了的。这一时期有著名的三大农民起义，即 1927 年8 月的南昌起义、1927 年 9 月的秋收起义和 1927 年 12 月的广州起义。这些起义虽然有成功也有失败，但是从总体上来说，大大坚定了革命者必胜的决心和意志。

（三）乡村治理

乡村治理是乡村社会的运作动脉，无论是乡村治理水平的高与低，它都是维系乡村社会的基本保障系统。然而，土地管理一直是封建地主阶级乃至

---

① 李金铮. 近代中国乡村社会经济探微 [M]. 北京：人民出版社，2004：54—55.
② 翁有为. 从 20 世纪三四十年代乡村的生存与出路看社会转型问题 [J]. 史学月刊，2013（11）：15—17.

整个近代时期的乡村社会十分关注的核心问题，以至土地制度以及城市化进程中出现的城乡地价差距较大，自然也就成了中国社会发展的根本性问题。新民主主义革命时期，问题的焦点在于乡村社会的整体衰落。尤其是 20 世纪 30 年代，我国乡村生活已衰落至极。其中，社会、政治、经济和教育等方面都无一例外。① 在乡村社会治理问题上，除了完善土地制度、管理好土地之外，乡村社会的治理机构也是人们关注的焦点。比如中山大学张伟等的《"官意"与"民意"之间——1930 年代广西的村街民大会》指出，1930 年代新桂系在广西大力加强基层建设，其中的一个重要举措就是设立村街民大会。② 所谓"村街民大会"，是指"以曾经训练合格的村街长为中心，以全体村街民集会的方式，以实际建设为内容，而进行对人民实施训练，以培养人民'自卫'、'自治'、'自给'之认识和能力，并以实际的从事'自卫'、'自治'、'自给'工作为目标"。③ 尽管此时的村街民大会从根本上是为了传达一种官意，而非真正反映民情，但是它还是带有几分"民主化"的色彩，能在一定程度上适应当时的乡村经济形势，具有一定的现实意义。显然，此时的乡村街民大会并非是构筑一个新的乡村社会，而反映的是一种新型的乡村治理模式。

（四）乡村文化

进入新民主主义革命时期后，新式教育已经运行多年，此时的乡村文化结构较传统乡村文化结构已经发生了根本性的变化。在传统的乡村社会里，城乡都是建立于农业和手工业生产之上的，以至传统城市在文化上不存在太多优势，正如有学者所言，原来中国社会是以乡村为基础，并以乡村为主体的；所有文化，多半是从乡村而来的，又为乡村而设，法制、礼俗、工商业莫不如是。城市和乡村的建筑物及日常生活其他方面差别极小，甚至连印刷

---

① 王先明. 从《东方杂志》看近代乡村社会变迁——近代中国乡村史研究的视角及其他［J］. 史学月刊，2004（12）：5—7.

② 李琴，张伟. 官意与民意之间：1930 年代广西的村街民大会［J］. 史学月刊，2006（8）：73—80.

③ 亢真化. 村街民大会与地方自治［M］. 南宁：民团周刊社，1939：13.

业都是城乡一体化的。① 然而，自从新式教育兴起以后，由于西方教育思想的引入，产生了传统教育与现代教育的碰撞，改变了旧学一统天下的教育模式，人们的道德观念和价值取向受到了强烈的冲击，以至整个乡村文化发生了翻天覆地的变化。在传统社会里，乡村文化的流变模式主要是：产生于乡村，流动到城市，再回归到乡村。② 比如当时最具乡村文化象征的乡村士绅，他们几乎都是在乡村接受教育成为知识分子，然后通过科举考取功名，出仕之后，告老还乡，成为乡村社会最具文化影响力的士绅群体。近代的城市化发展，无论是经济、文化还是人才都急速向城市看齐，尤其是新式教育的兴起，更是助长了乡村文化资源向城市流动，从而导致乡村文化的衰减，如梁漱溟等人多认为乡村的教育和文化在兴学以来彻底地衰落和破产了。可见，乡村文化在近代已经衰落，已成为学界的共识。③

三、近代乡村社会变迁对乡村教育的影响

近代时期，由于外有帝国列强的入侵，内有封建势力的加剧剥削，致使我国在古代社会长期积淀下来的乡村社会结构发生了根本性的变化，城市化的发展已成一种趋势。与此同时，西方教育思想和科学技术的广泛引入，大大刺激了我国传统教育体系，在一些积极人士的大力推动下，新式教育在我国开始兴起。在这样的背景下，我国近代时期的乡村教育自然也出现了诸多变化。

（一）近代乡村经济结构的变化对乡村教育的影响

鸦片战争后，大量的外来商品引入和一些中国土货的出口，商业贸易加速发展，以致中国传统社会原有的自给自足的自然经济结构受到严重破坏。与此同时，近代经济的逐渐集中，形成更多更大的近代化城市，自此城乡经济发展的差距也逐渐拉大。乡村社会的诸多知识分子纷纷流向城市，导致乡

---

① 郝锦花，王先明. 从新学教育看近代乡村文化的衰落 [J]. 社会科学战线，2006 (2)：128—133.
② 王钧林. 近代乡村文化的衰落 [J]. 学术月刊，1995 (10)：49—57.
③ 郝锦花，王先明. 从新学教育看近代乡村文化的衰落 [J]. 社会科学战线，2006 (2)：128—133.

村文化结构的逐渐崩溃。更重要的是在帝国列强的控制下，各类新式学堂纷纷兴起。当然，这些新式学堂更多的是在城市里，乡村社会里排外思想严重，为了抵制洋式教育，各种私塾学校在乡村快速兴起。因此，可以说，与城市相比，近代的乡村社会接受新式教育的途径和能力都要滞后些，近代的乡村教育中私塾学校发挥着极其重要的作用。

（二）近代乡村文化的崩溃对乡村教育的影响

近代乡村经济结构的变化，改变了"从乡村到城市，再到乡村"的传统文化模式，即古代时期的文化大多产生于乡村，流向城市，再回归乡村。然而，随着近代商业社会的发展，由于乡村经济的日益贫困及科举制度的废除，传统农村士绅为主导的领导精英向城市流动或日趋没落，乡村土豪劣绅势力日益增长，从而形成乡村文化及政治危机。① 显然，乡村文化的衰减，对乡村教育造成了极大的影响，一方面乡村文化的衰减意味着乡村知识分子的流失，这直接降低了乡村教育的水平；另一方面乡村文化的崩溃，进一步加剧了乡村人们对西洋学堂的抵制心理，这也是近代私塾广泛兴起的主要原因。

（三）近代乡村治理方式对乡村教育的影响

中国乡村治理的方式都是"皇权不下县，县下惟宗族，宗族皆自治，自治靠伦理，伦理造乡绅。"② 同样，中国历代封建政府受财力限制，对民间教育基本没有设专门机构负责管理，清政府设立的正规学校也只到县一级，其职责是为国子监输送贡生，为科举乡试提供考生。因此，宗族社会便肩负起了以儒学教化维持秩序、兴学重教的责任。与之相应，私塾作为中国乡村存在数量最多、分布最广的儒学教育机构，是儒家文化传递、儒生培养的重要场所。由此可见，近代新式学堂大多设在县一级，而乡村社会很少设有学堂，其原因主要有两个方面：一方面，乡村社会主要依赖中介力量参与管理，比如近代早期所设的公局负责处理乡村事务，近代后期，广西设有"村街民大会"，具体负责代理国家管理乡村事务；另一方面，宗族式的乡村社会发

① 李成军. 学术短论士绅势力的没落与近代乡村文化危机［N］. 邵阳日报，2012—05—20.

② 刘宏伟. 中国乡村基层自治变迁的历史轨迹及启示［J］. 东南学术，2012（2）：188—194.

展，决定了乡村人民对外来西洋教育思想的抵制，随着帝国列强的入侵，更是加大了乡村宗族群体的凝聚力以及他们对传统儒学思想的坚守，于是才有了大量私塾学校的存在。因此，近代的乡村教育从根本上说，体现了一种传统与现代并存与冲突的状态。

（四）近代的城市化发展决定了城乡学堂不均衡布局

随着近代商业活动的快速发展，城市化集中发展也成为近代时期的一大显著特色，这是不争的事实。然而，也正是近代城市化的快速发展，造成了城乡学堂的布局严重不均衡，学堂主要集中在城市，而在乡村社会则只是零星点缀而已。比如，1930 年，全国 34 省市小学幼稚园的平均密度为每一千平方公里 9.6 所，上海、北平、青岛、威海、南京这 5 座大城市密度最大，分别为每一千平方公里 295.5 所、124.2 所、95.6 所、95.0 所、86.1 所，而内陆省份宁夏、绥远、青海、西康、新疆 5 省小学幼稚园的密度每一千平方公里只有 0.5 所、0.3 所、0.2 所、0.06 所、0.02 所，与前述 5 市有上百倍、上千倍，甚至上万倍之差。[①] 1922 年，全国中小学校共 178847 所，平均每 6 村才有一所学校；至 1931 年，全国中小学校共 262889 所，平均每 4 村才有一所学校。由此可见，新式学堂的布局，导致大城市对中等城市，中等城市对小县城的文化支配，基本上将农村排挤出去了，"教育变成了城市中的新专业"。

（五）新式教育的实施造就了一大批乡村教育家

近代时期，西方教育思想的引入，助长了新式教育在中国大地上兴起，同时由于近代时期的新式学堂大多集中在县以上的中心城市，从而导致了城乡教育水平的差距越来越大。这在一定程度上，更加突显了乡村教育的问题所在，同时也出现了一大批如晏阳初、陶行知、梁漱溟等热心关注中国乡村教育的教育家，长期思考着我国乡村教育的发展问题。

---

① 郝锦花，王先明. 从新学教育看近代乡村文化的衰落 [J]. 社会科学战线，2006 (2)：128－133.

第三节　我国现代乡村社会

新中国成立后，我国历史进入了现代时期，这一时期大致经历了社会主义的三大改造、"文化大革命"、改革开放和跨入新世纪等重大事件。我国现代时期的乡村社会经历了从贫穷到富有、从落后到文明的发展过程。相应地，我国现代时期乡村社会的进步性变化，为我国乡村教育的快速发展营造了一个良好的社会环境，培养了许许多多的乡村知识分子。

一、新中国成立至"文化大革命"时期的乡村社会

自新中国成立到"文化大革命"结束，也就是至改革开放前夕，是我国乡村社会发展的比较复杂的时期，不仅经历农业、工商业和手工业的三大社会主义改造，而且也经历了人民公社的乡村管理过程，更重要的是经历了"文化大革命"的特殊阶段。从整体上而言，这一时期的乡村社会主要表现为三个方面的特征：一是为了提高人民生活水平，大力发展农业生产；二是在对外问题上相对较为封闭，主要学习苏联的生产技术；三是受"文化大革命"的影响，乡村经济处于极度萧条状态。我们将从乡村的权力机构、经济状况、文化制度等方面具体阐述新中国成立至"文化大革命"期间的乡村社会变化情况。

（一）乡村权力机构的变化

自 1949 年新中国成立至 1956 年是我国社会主义改造时期，主要对农业、资本主义工商业和手工业三个方面进行了社会主义改造，从而顺利走上了社会主义道路。这一时期的乡村政治、经济和组织体制主要是沿袭革命根据地的运行模式。1958 年，谭震林在郑州主持召开"冀、鲁、豫、陕和北京市农业协作会议"时提到农业合作社的变革问题，指出"像遂平县卫星社已经不是农业合作社，而是共产主义公社"。1958 年 8 月 29 日，中共中央政治局在北戴河会议上，作出关于在农村建立人民公社问题的决议，要求全国各地尽快地将小社并大社，转为人民公社。① 其主要内容涉及：确定人民公社，实行

---

① 若拙. "人民公社"沉浮录［J］. 晚晴，2015（6）：46.

政社合一，工农兵学商相结合；强调小社并大社的方法，首先由原来的各小社联合选出大社的管理委员会，把人民公社的架子搭起来；在并社过程中，要以"共产主义精神"去对待各个小社的公共财产和债务方面的差别；指出人民公社目前是集体所有制，以后可以变为全民所有制，并为向共产主义过渡作准备。可见，人民公社实质是一种工农结合的基层合作单位，其具体负责组织和管理乡村的具体日程事务。直到 1982 年运行了 25 年的人民公社制度才被取消，① 重新把乡确立为农村基层行政单位。

（二）乡村经济的变化

新中国成立后，一方面，通过土改对乡绅地主等地方精英的改造，形成了以广大农民即小私有者为主导力量的乡村社会结构；另一方面，通过实施"互助组——初级社——高级社——人民公社"运动，又对小私有者进行了改造，形成了以国家为主导和控制的公有化的乡村。然而，这种公有制实施的初期，由于各乡村都在搞平均主义、吃大锅饭，以致村民的劳动积极性受到抑制，其结果是政权组织的权力极度膨胀、无限扩张和经济组织功能的极度萎缩，乡村公共领域随之消失殆尽。② 由此可见，公有制度的强制建立严重制约着乡村的经济活力，导致中国乡村社会再次进入一个衰败期。③ 尤其是"文化大革命"时期，乡村社会的经济结构更是受到了毁灭性的打击。1978 年 2 月 26 日华国锋在"五届人大一次会议的政府工作报告"中指出："从一九七四年到一九七六年，由于'四人帮'的干扰破坏，全国大约损失工业总产值一千亿元，钢产量两千八百万吨，财政收入四百亿元，整个国民经济几乎到了崩溃的边缘。"④ 实际上，关于对"文化大革命"期间经济状况的认识，有的认为是处于崩溃的边缘，有的认为是已经崩溃，也有的认为是虽然打击严

---

① 若拙. "人民公社"沉浮录 [J]. 晚晴，2015（6）：46.

② 刘娅. 解体与重构：现代化进程中的"国家—乡村社会" [M]. 北京：中国社会科学出版社，2004：54.

③ 唐晓腾. 从经济发展史看近代以来中国乡村治理结构的变迁 [J]. 中共宁波市委党校学报，2007（5）：35—41.

④ 团结起来，为建设社会主义的现代化强国而奋斗——五届全国人大一次会议上做的政府工作报告 [EB/OL]. 2015-12-29. http：//www. huaguofeng. org/cn/book － look. aspx？id＝1448.

重，但还是有所发展。① 然而，尽管人们基于不同立场对"文化大革命"期间的认识有所差异，但可以肯定地说"文化大革命"时期，我国乡村社会的经济结构受到了极大的影响。

（三）从"大跃进"到"农业学大寨"

1956 年社会主义三大改造结束以后，基本明确了我国走社会主义的道路。1958 年 5 月，中共八大二次会议，正式通过了"鼓足干劲、力争上游、多快好省地建设社会主义"的总路线，即党的"大跃进"运动。尽管这条总路线的出发点是要尽快地改变我国经济文化落后的状况，但由于忽视了客观经济规律，根本不可能迅速地改变我国经济文化落后的状况。于是，在全国范围内兴起了一股"浮夸风"热潮。然而，正当我国乡村经济处于危机时刻，山西大寨精神跃入众人眼里，兴起了全国"农业学大寨"的思潮。所谓"农业学大寨"，是指中国于 20 世纪 60 年代所开展的一种让全国人民学习山西大寨的生产劳动精神的变革运动。大寨原本是山西省昔阳县大寨公社的一个贫穷小山村。农业合作化后，经过大寨村社员的自立自强、艰苦奋斗，实行开山造田，粮食亩产大大增长。1964 年 3 月 28 日，时任山西省委书记的陶鲁笳向毛泽东汇报了大寨的先进事迹，得到了毛泽东的高度肯定。同年 12 月 21 日，周恩来总理在《政府工作报告》中也对大寨的做法专门进行了表扬，并把大寨精神概括为八个字——"自力更生，艰苦奋斗"。随后，在全国范围内兴起了"农业学大寨"的运动，几乎持续到 70 年代末。这在一定程度上调动了广大农民的生产积极性。然而，"农业学大寨"运动也曾被一些极"左"思潮所利用，比如受"大跃进"期间所兴起的浮夸风等不良作风的影响，一些地方只是将"农业学大寨"的活动停留在口号上，更重要的是"农业学大寨"活动被严重教条化了，难以真正结合地方实际，从而形成一种"左"倾主义思想。

（四）乡村文化制度的变化

新中国成立后，党和国家领导就非常注重乡村文化建设，一些接受过马克思主义思想的知识分子、经受过新思想改造过的"旧"知识分子以及国家兴起的教育培训机构所培养出来的新生知识分子，这三类知识分子在乡村社

---

① 陈东林. "文化大革命"时期国民经济状况研究述评 [J]. 当代中国史研究，2008（3）：63－72.

会里发挥着重要的作用。1957 年后，为了加强乡村建设，国家出台了诸多政策，为乡村社会引进了许多"特殊"知识分子，一是被打为右派的"右派分子"被派到乡村去支持农村的建设活动，同时接受社会改造，成为了一支特殊的乡村知识分子；二是在党和国家的号召下，一大批城市知识青年上山下乡支持乡村建设，同时接受贫下中农的再教育，如 1962 年至 1966 年有 129 万城镇知识分子被派到乡村去，而 1967 年至 1976 年则有 1640 多万知识青年上山下乡，为乡村社会的文化建设作出了极大的贡献；三是为了进一步填补乡村文化人才的缺口，党和国家还积极鼓励大中专毕业生到农村去锻炼，同时还培养了"赤脚医生"和"五七大学"的学生以补充乡村文化人才的不足。①

二、改革开放以来的乡村社会

1978 年 12 月 18—22 日在北京召开的十一届三中全会，确立了我国的改革开放道路，即：一方面国家积极主动地扩大对外经济交往；另一方面放宽政策，放开或者取消各种限制，不再采取封锁国内市场和国内投资场所的保护政策，发展开放型经济。显然，自我国实施改革开放政策以后，我国乡村社会，乃至整个国家的经济得到了飞跃式的发展。在乡村社会发展方面，大力发展乡村经济、文化和教育，在新型城镇化背景下，着重加强对社会主义新农村的现代化建设。

（一）乡村治理制度的变化

"文化大革命"结束后，我国乡村社会的发展进入及时恢复和快速发展时期，一方面对内变革了乡村社会的管理制度；另一方面对外兴起了开放的政策。就乡村社会的管理制度变革来看，上世纪 70 年代末 80 年代初，我国乡村社会的人民公社制度开始瓦解，开始实行家庭联产承包责任制，农村中的一些重要权限开始下放给村民和自治组织，由其负责本村的经济社会发展的

---

① 雷家军. 二十世纪中国乡村文化中坚力量变迁问题论纲 [J]. 文化学刊，2015 (2)：58—68.

具体事务。① 这样一来，由于把以前的生产大队才可以用的土地承包给各个村民家庭，村民们的生产劳动积极性有了大幅度提升。

家庭联产承包责任制迫使人民公社不得不改弦易辙，同时，由于国家从经济领域的退出，乡村社会处于自在状态。为了应对这种乡村社会的自在状态所带来的管理失范问题，1980 年代初，广西宜山县农民自发组织"村民委员会"。这是中国农民在改革中的又一伟大创举。② 为了方便村民委员会在全国范围内的广泛实施，1982 年我国宪法确认了村民委员会的法律地位，为村民自治提供了法律依据。1988 年 6 月 1 日大陆《村民委员会组织法》开始试行；1998 年《村民委员会组织法》修订稿正式颁布实施，从民主原则到公民行为经历了巨大的历史跨越。

（二）乡村自治组织

所谓"乡村自治组织"，是指"农民为了更好地实现、保护和促进自身的政治、经济利益或完成某种社会保障功能而联合起来的，除村民委员会之外的其它各种经济、政治、文化等具有现代特性的民间社团"。③ 新中国成立后，我国乡村自治组织逐渐呈现出多样化发展的趋势，其主要涉及的有经济性的乡村社会自治组织，如由乡村农民自由组建的专业协会、专业合作社和合作基金会等；政治性的乡村社会自治组织，其主要是在政治上代表农民的利益，通过对政府施加压力，影响政府的立法和决策，使国家的相关立法和政府决策对农民的利益更加有利，或者至少不至于损害农民的利益，比如村民公开民主管理工作小组、村民理财小组、能人会、老人协会等；文化性的乡村社会自治组织，如戏班、戏团等，其主要是乡村一些具有说、唱、跳、演传统戏曲等技能的人自主组合在一起的团体；社会保障性的乡村社会自治组织，比如希望工程、扶贫工程、农民合作医疗保险组织、农民合作建路组织、农

---

① 刘宏伟. 中国乡村基层自治变迁的历史轨迹及启示 [J]. 东南学术，2012（2）：188−194.

② 唐晓腾. 从经济发展史看近代以来中国乡村治理结构的变迁 [J]. 中共宁波市委党校学报，2007（5）：35−41.

③ 王海峰. 当代中国乡村社会自治组织对乡村政治发展的影响 [D]. 武汉大学硕士学位论文，2005：2.

民合作治安组织等，其主要是为了解决乡村的公共利益或存在的社会问题。①

（三）乡村文化制度变迁

改革开放后，国家放宽了知青返城的条件，激起了大批在乡村支农的知青返城，于是乡村文化人才逐步衰减。同时，由于大量知识分子被平反等多种因素，导致知识分子社会地位逐渐提升，以致在国家的积极鼓励下，大批的大中专毕业生纷纷深入乡村文化体制内工作。进入 90 年代以后，由于市场经济的作用，加上改革开放的春风，不仅将大批乡村劳动力吹向了沿海开放地区，而且大批乡村知识分子也纷纷下海，造成乡村文化的失衡。鉴于此，文化部于 1998 年 11 月 26 日在《关于进一步加强农村文化建设的意见》中，指出："搞好农村文化建设，发展农村文化事业，对于丰富农民的文化生活，提高农民的思想道德素质和科学文化素质，对于促进农村经济发展和社会全面进步，具有重要的作用。"② 这在很大程度上加速了乡村文化建设的进程，比如不仅通过"三下乡"、"四进社区"等活动为乡村社会输送了大批人才，还积极刺激和鼓励在乡村社会工作的文化人才的骨干带头作用。进入新世纪后，为了加强乡村社会的文化建设，党和国家出台了一系列政策措施。2003 年 1 月，胡锦涛在中央农村工作会议上的讲话中指出："要注重解决农村教育、科技和文化发展水平明显低于城市，农村社会事业建设明显滞后的问题。"③ 2005 年 11 月，中共中央办公厅、国务院办公厅制定的《关于进一步加强农村文化建设的意见》中提出"高校毕业生到农村服务计划"，鼓励应届大学毕业生深入广大农村从事文化信息传播、活动组织和人员培训等活动，并强调充分发挥农村中小学在开展农村文化活动方面的积极性作用。④ 随后，在国家"十一五"时期的文化发展规划纲要中，开始将城乡、区域文化的协

---

① 王海峰. 当代中国乡村社会自治组织对乡村政治发展的影响 [D]. 武汉大学硕士学位论文，2005：7－8.

② 文化部印发关于进一步加强农村文化建设的意见的通知 [EB/OL]. 法律图书馆，1998－11－26. http：//www. law-lib. com/law/law _ view. asp? id＝98139.

③ 胡锦涛. 在中央农村工作会议上的讲话（2003 年 1 月 8 日）[A]. 中央文献研究室. 十六大以来重要文献选编（上）[C]. 北京：中央文献出版社，2005：123－124.

④ 雷家军. 二十世纪中国乡村文化中坚力量变迁问题论纲 [J]. 文化学刊，2015（2）：58－68.

调发展作为重要原则，"十二五"时期文化改革发展规划纲要进一步把加快城乡文化一体化发展作为重要任务。①

（四）社会主义新农村建设

社会主义新农村建设是指在社会主义制度下，按照新时代的要求，对农村进行经济、政治、文化和社会等方面的建设，最终实现把农村建设成为经济繁荣、设施完善、环境优美、文明和谐的社会主义新农村的目标。2005 年10 月 8 日至 11 日，中国共产党十六届五中全会通过《十一五规划纲要建议》，提出要按照"生产发展、生活富裕、乡风文明、村容整洁、管理民主"的要求，扎实推进社会主义新农村建设。社会主义新农村建设的主要任务在于提升人口素质、统筹城乡发展、加快农村市场化融合等。② 有学者认为，农村文化的相对滞后，是制约农村发展、农业增长和农民增收的重要原因之一，以致加强农村文化建设，是解决社会主义"三农"问题的重要着力点。③ 目前，就我国新农村文化建设的实际情况来看，至少尚存三个方面的问题：一是我国新农村文化建设的基础设施和条件普遍存在着设施落后，基础条件差等情况，严重影响了社会主义新农村文化建设的进度，制约着社会主义新农村文化的繁荣与发展；二是相关体制机制还存在着一定的问题，如管理体制没有落到实处，相应的规章制度还有待完善等；三是一些经济条件相对贫乏的地区，社会主义的新农村文化建设普遍存在着形式单一、文化建设内容层次较低等现象。④ 这就需要我们在社会主义新农村建设方面，多下点功夫，真正实现乡村社会的政治、经济与文化的全面创新。

---

① 雷家军，刘晓佳，宋立华. 关于新时期乡村文化建设的几点思考［J］. 江汉大学学报（社会科学版），2015（2）：58—64.

② 杜寿松，何睿. 社会主义新农村文化建设的意义和任务［J］. 改革与开放，2015（6）：112—113.

③ 杜寿松，何睿. 社会主义新农村文化建设的意义和任务［J］. 改革与开放，2015（6）：112—113.

④ 包圣高. 基于社会主义新农村文化建设现状的思考［J］. 大众文艺，2015（5）：19.

三、现代乡村社会发展对乡村教育的影响

新中国成立以后，我国乡村社会的发展历史既复杂多变，又丰富多彩。然而，正是这些丰富多彩的变化，对现代时期的乡村教育的发展提供了丰富的营养。具体来说，新中国成立后，我国乡村社会的发展对乡村教育的影响可概括为如下几个方面：

（一）人民公社制推动了与生产劳动相结合式的乡村教育

1956 年社会主义三大改造结束后，1958 年我国乡村社会开始实施了人民公社制。由于战争给乡村社会造成了非常大的损害，以致建国后，一方面党和国家领导人希望尽快恢复国民生产，提高国民生活水平，另一方面也希望通过社会主义的三大改造，尽快踏上社会主义道路，甚至恨不得立马实现共产主义。于是，属于集体所有形式的人民公社制很快被党和国家以及全国劳动人民所接受。显然，实行人民公社制以后，大家一起劳动，一起生活。此时，乡村社会的所有精力都投入到了集体劳动上去了，人民关注的重心则是如何在集体劳动中寻求生活的意义。在这样的情况下，乡村的教育活动自然也赋予了集体生产劳动的意义，乡村教育要为集体生产劳动服务，也需要紧密融入到集体生产劳动中去。比如毛泽东于 1957 年提出："我们的教育方针，应该使受教育者在德育、智育和体育几方面都得到发展，成为有社会主义觉悟的有文化的劳动者。"[1] 1958 年，国务院发布指示，提出："党的教育方针是教育为无产阶级的政治服务，教育与生产劳动相结合。"[2]

（二）"文化大革命"导致乡村教育的断层

20 世纪 60 年代，已实施的公有制制度严重制约了乡村的经济活力，导致中国乡村社会再次进入一个衰败期。[3] 尤其是"文化大革命"时期，乡村社会的经济结构更是受到了毁灭性的打击。比如，有学者认为，"60 年代出现的

---

① 中共中央马恩列斯著作编译局. 毛泽东选集（第五卷）［M］. 北京：人民出版社，1977：385.

② 陆定一. 中共中央国务院关于教育工作的指示［N］. 人民日报，1958-09-20.

③ 唐晓腾. 从经济发展史看近代以来中国乡村治理结构的变迁［J］. 中共宁波市委党校学报，2007（5）：35—41.

"文化大革命"，使中国一度处于动乱之中，教育被迫中断，科学家被从实验室赶到农村去劳动，美其名曰接受再教育。称为'红卫兵'的年轻活跃分子，搞乱了城市和乡村。"① 可见，"文化大革命"时期，虽然党和国家领导人在不同场合都有涉及教育振兴和改革等方面的论述，如：1968 年 8 月 26 日，《人民日报》发表文章传达了毛泽东的最新指示："在农村，则应由工人阶级的最可靠的同盟者——贫下中农管理学校"；1972 年 10 月 14 日，周恩来在接见美籍华裔科学家李政道时，认为"对学习社会科学理论或自然科学理论有发展前途的青年，中学毕业后，不需要专门劳动两年，可以直接上大学，边学习、边劳动"。② 但是，由于"文化大革命"导致的一度失控状态，实际上已经造成了我国乡村教育处于一种极度混乱的状态，几乎达到一种断层的地步。

（三）乡村文化的滞后要求全面实施乡村素质教育

20 世纪 80 年代末 90 年代初，随着改革开放政策的推行，一些开放城市得以快速发展，而对于乡村社会，一方面由于诸多乡村知识分子纷纷下海，另一方面很多新生代知识青年不愿意深入农村，更愿意选择留在城市，导致城乡差距越来越大，即是说，与城市文化的日益发展相比，乡村文化显得较为滞后。这便引起了党和国家领导人的高度重视，先后出台了系列文件以确保乡村社会的文化与教育快速发展。比如，文化部于 1998 年 11 月 26 日在《关于进一步加强农村文化建设的意见》中提出要"搞好农村文化建设，发展农村文化事业，丰富农民的文化生活，提高农民的思想道德素质和科学文化素质"。③ 1999 年的《中共中央、国务院关于深化教育改革全面推进素质教育的决定》进一步细化了在乡村实施素质教育的要求。

（四）改革开放政策推动了多样化创新人才的培养

改革开放政策的实施，不仅实现了在政治上的对外多边交流，更是在思想上实现了对外开放。这使得我国无论是党政领导，还是人民大众，在认识

---

① （美）汤·巴来伯格，尹华奇. 袁隆平和杂交水稻 [J]. 杂交水稻，1990 (3)：46—48.

② 彭秀良，季秀丽. "文化大革命"中关于"教育革命"的不同声音 [J]. 百年潮，2012 (11)：41—44.

③ 文化部印发关于进一步加强农村文化建设的意见的通知 [EB/OL]. 法律图书馆，1998—11—26. http：//www.law-lib.com/law/law_view.asp? id=98139.

上已经对外来科学文化知识有了一个客观合理的批判性接受，在发展形式上，实现了国际化发展。显然，这种国际化发展对我国社会主义建设者提出了多样化的发展要求。历史教训告诉我们，不能再封闭自守，我们应该在继承中国优秀传统文化的基础上，大胆借鉴国外先进的文化经验，从而实现我国社会主义人才培养的真正创新。因此，只有创新我们才发展，只有创新才有进步，也只有创新才有文明。1999年6月15日上午，在北京展开的全国教育工作会议的开幕式上，江泽民同志发表重要讲话并指出："我们必须全面贯彻党的教育方针……以提高国民素质为根本宗旨，以培养学生的创新精神和实践能力为重点。"

（五）新世纪的"农村服务计划"为我国乡村教育培养了大量人才

2005年11月，中共中央办公厅、国务院办公厅制定的《关于进一步加强农村文化建设的意见》中提出"高校毕业生到农村服务计划"，鼓励应届大学毕业生深入广大农村从事文化信息传播、活动组织和人员培训等活动，并强调充分发挥农村中小学在开展农村文化活动方面的积极作用。① 根据《中共中央国务院关于推进社会主义新农村建设的若干意见》和《中共中央办公厅国务院办公厅印发〈关于引导和鼓励高校毕业生面向基层就业的意见〉的通知》精神，2006年5月15日，教育部、财政部、人事部、中央编办联合下发了《关于实施农村义务教育阶段学校教师特设岗位计划的通知》，指出："按计划招聘的特设岗位教师，于2006年秋季开学前准时到校任教。"从此，"特岗教师"作为一支特殊的在乡村教育中扮演着重要的角色。为了进一步支持乡村教育，促进义务教育均衡发展，2007年5月9日，国务院办公厅转发教育部等部门关于《教育部直属师范大学师范生免费教育实施办法（试行）》的通知中提出，"从2007年秋季入学的新生起，在北京师范大学、华东师范大学、东北师范大学、华中师范大学、陕西师范大学和西南大学六所部属师范大学实行师范生免费教育。"此外，国家还通过实施国培计划、省培计划、乡村教师支持计划、名师工作室等，为乡村教育造就大批优秀的教师队伍。

---

① 雷家军. 二十世纪中国乡村文化中坚力量变迁问题论纲 [J]. 文化学刊，2015（2）：58－68.

第二章 乡村教育发展历程

第一节 乡村教育概述

一、乡村教育的内涵

概念的界定是研究的起点，学者们在研究乡村教育时，大多对其进行了概念界定。从已有的概念界定来看，多是将乡村教育等同于农村教育。在论及乡村和农村时，也是将这二者混同使用，没有进行严格的区分。概念的模糊不利于研究的深入开展，因而，有必要对相关概念作一梳理。

（一）乡村与农村

在近代以前，"乡"和"村"是两个独立的名词，这两个词的联用始于近代。喻谟烈在其《乡村教育》一书中指出："乡村"二字之联用，则为近代之译名，所以别与城市者。① 赵质宸也在《乡村教育概论》中认为，"乡村"二字联用系近代之名词，为别与城市者。就中国而言，即全国之最大多数民众所居住之场所也。② 因而，在古时候的中国，"乡"与"村"是两个不同的概念。《周礼·地官·大司徒》有言：令五家为比，使之相保；五比为闾，使之相受；五闾为族，使之相葬；五族为党，使之相救；五党为州，使之相赒；五州为乡，使之相宾。③ 不难发现，我国古代的"乡"是指以"家"为基本单

---

① 喻谟烈. 乡村教育 [M]. 北京：商务印书馆，1927：4.
② 赵质宸. 乡村教育概论 [M]. 北京：京城印书局，1933：1.
③ 《周礼·地官·大司徒》.

位的区域名称，即"万二千五百家为乡"；由于古时候交通不便，所以一"乡"的范围非常大，且人口比较多。南宋毛晃、毛居正父子在《增修互注礼部韵略》中将"村"字解释为：聚落也，字从邑从屯，经史无"村"字，俗通用。① 晋代田园诗人陶渊明较早在其诗词中提及"村"字，其在《归园田居》中有"暧暧远人村，依依墟里烟"之句；在《桃花源记》中又有"村中闻有此人，咸来问讯"之说。可见，古时之"村"并非和"乡"一样，但可以断定的是，"村"作为一种聚落或居住地，应该是人烟稀少，远离城市的偏远之地。

近代的"乡村"一词，主要是对城市之外的所有地区的指称，是相对于城市而言的概念。王先明认为，"以社区结构的视角来看，乡村是相对于城市的包括村庄和集镇等各种规模不同的居民点的一个总的社会区域概念"。② "今'乡'，则市以外之名称也，举凡同在一地人口数目不及一市者概为乡。"③ 例如，湖南省曾规定：以人口满二十万以上者为一等市；人口满五万以上不及二十万者为二等市；人口满五千以上不及五万者为三等市；人口不及五千者属于乡。④ 浙江省也曾规定：以人口满一万以上者为市，其余为乡。⑤ 国民政府县组织法曾规定：凡百户以上村庄地方为乡。⑥ 虽然近代相关的文件中往往以人口较少的地方称作"乡"，但由于我国特殊的社会经济以及地理环境等原因，又恰恰大多数民众都居住在乡村之所，因而，近代的乡村也就是区别于城市的大多数民众居住的场所。

"农村"是以产业结构为主要依据进行的区域划分。在工业革命推动城市快速发展的同时，以工业为主要产业的城市日新月异，人们的生活方式发生了巨大变化；以农业作为主要产业的区域发展逐渐落后。而以农业为第一产业的地区主要是城市以外的区域，俗称"乡村"。然而，"农村"是"乡村"

---

① 《增修互注礼部韵略》.
② 王先明. 中国近代乡村史研究及展望 [J]. 近代史研究，2002（2）：288.
③ 喻谟烈. 乡村教育 [M]. 北京：商务印书馆，1927：4.
④ 赵质宸. 乡村教育概论 [M]. 北京：京城印书局，1933：1.
⑤ 喻谟烈. 乡村教育 [M]. 北京：商务印书馆，1927：4.
⑥ 赵质宸. 乡村教育概论 [M]. 北京：京城印书局，1933：2.

在工业为主导的发展模式下，作为落后分子的、相对"光鲜"的称谓。作为一个经济概念，"农村"一词自诞生开始，就意味着它是一个不如"城市"的区域的总称，"农村"一词夹带着浓厚的歧视。在工业进一步主导社会发展的过程中，这种歧视进一步加剧。然而，似乎这一切又是理所当然的。在20世纪90年代以前，"乡村"与"农村"这两个名词概念通常通用或混用，学界很少有人对这两个概念进行区分。在中国百科大辞典中的解释是："乡村又称农村，区别于城镇的一类居民点总称。居民以农业为经济活动的基本内容，村落是村民的生活处所和生产活动基地，一般没有服务职能，或只在中心村落有日常生活需要的低级服务，即最低级的中心地职能。"① 因此，当"乡村"被冠以"农村"的帽子之后，乡村便也成了落后的代名词，乡村再也不是以前的乡村。但应该说，在当时市场经济尚不发达的时期，城市之外的乡村确实主要以从事农业生产为主，那时的"乡村"在这点上可以说确实就是"农村"。

现代出版的《辞海》中没有关于"乡村"和"农村"的词条。其他相关辞书认为，"乡"的本义是"相对饮食"②，即两个人相向就食。《新华大字典》中将"乡"解释为：农村，乡村，城市外的地方；出生的地方或祖籍；我国行政区划的基层单位，由县或县以下的区领导。③ 在现代汉语字典中，"乡"字有三种解释：乡村（与"城"相对）；家乡；我国行政区划的基层单位，由县一级行政单位领导；姓。"乡村"则是指主要从事农业，人口分布较城镇分散的地方。④ "农村"则是指从事农业生产的人居住的地方。⑤ 从以上解释不

① 中国百科大辞典编委会编，袁世全，冯涛主编. 中国百科大辞典［Z］. 北京：华夏出版社，1990：766.

② 《新华大字典》编委会. 新华大字典（第三版·彩色版）［Z］. 北京：商务印书馆国际有限公司，2015：986.

③ 《新华大字典》编委会. 新华大字典（第三版·彩色版）［Z］. 北京：商务印书馆国际有限公司，2015：986.

④ 中国社会科学院语言研究所词典编辑室. 现代汉语字典（第六版）［Z］. 北京：商务印书馆，2012.

⑤ 中国社会科学院语言研究所词典编辑室. 现代汉语字典（第六版）［Z］. 北京：商务印书馆，2012：955.

难看出，"乡村"与"农村"有相互重合之处，若以产业结构来划分，在我国，从事农业生产的人大多居住在乡村，因而，"农村"与"乡村"在这一点上的指称是一致的，但很明显乡村这一概念包含着农村，因为"乡村里的人民，除去种地的农夫而外，还有渔夫樵夫，小工小商，一个乡村的居民，或纯为农者渔者，或纯为工者商者，这得看乡民所处的乡村环境怎样"。①

从行政区划的角度来看，在我国现代的省、市、县、乡、村的行政区划中，村是农村居民的自治单位，乡是农村基层的行政区划单位。1999 年，国家统计局制定并发布了《关于统计上划分城乡的规定（试行）》中对乡村概念的解释是："指城镇地区以外的其他地区，包括集镇和农村。集镇是指乡、民族乡人民政府所在地和经县人民政府确认由集市发展而成的作为农村一定区域经济、文化和生活服务中心的非建制镇；农村指集镇以外的地区。"② 在我国，镇往往是城市和农村的中间体。镇又分为县镇（县政府所在地，又称县城）、乡级镇及少数村镇。县镇作为重要的基础行政区划单位，有农、工、商、党、政、财、文等系统，是一个社会及经济功能比较完整的基本单元，它具有工业社会的特点。乡镇和村镇在城市化发展程度不高时称为集镇，它是农村基层的区域性经贸集散地。至于发展程度较高的乡级镇，已具有小城镇的特点，也已成为城乡结合部。③ 因此，不难看出"乡村"并不等于行政区划中的"乡"和"村"的集合，它还包括集镇（非建制镇）；乡村也不等于农村，农村只是乡村的一部分。政府文件中所指的乡村是指城镇以外的广阔区域，具体包括广大乡镇、村镇以及农村；从行政区划上来说，也即县以下区域。需要指出的是城镇并不等于城市，城市主要是指经国务院批准设市建制的城市，包括：设区市的市区和不设区市的市区；镇主要是指经批准设立的建制镇的镇区。城市只是城镇的一部分，城镇不仅包括城市，还包括县镇。在这之后，国家统计局对城乡的划分又进行了一些调整，最近的一次是 2008

---

① 王培祚. 乡村社会与今后之乡村教育 [J]. 山东民众教育月刊，1934 (3)：16.

② 转引自刘冠生. 城市、城镇、农村、乡村概念的理解与使用问题 [J]. 山东理工大学学报（社会科学版），2005 (1)：54—57.

③ 庞守兴. 困惑与超越：新中国农村教育忧思录 [M]. 桂林：广西师范大学出版社，2003：6.

年颁布的《统计上划分城乡的规定》，这个规定依然将我国的地域划分为城镇和乡村。城镇包括城区和镇区。城区是指在市辖区和不设区的市，区、市政府驻地的实际建设连接到的居民委员会和其他区域。镇区是指在城区以外的县人民政府驻地和其他镇，政府驻地的实际建设连接到的居民委员会和其他区域。乡村是指本规定划定的城镇以外的区域。① 因此，乡村是县级区划以下的广阔区域。

事实上，我们常说的"乡村"与政府文件上关于"乡村"的界定并不一致。当我们提到"城市"，总会对应地想到"农村"，但我们只会说"城乡"，而不会说"城农"。这说明与"城市"相对的概念应该是"乡村"；从历史发展来看，中国传统社会的统治是"皇权止于县政"，国家的行政机构设置仅仅到县为止，县以下的社会控制乃至行政管理等各方面主要靠乡绅来维持。因而，我们习惯上说的"乡村"是对城市以外地区的总称，我们通常把县镇也包含在乡村这一概念范围中。

综上所述，自"乡村"这一概念诞生以来，从最初作为与城市相对应的区域的总称，到现在作为与城镇相对应区域的总称，其指称范围越来越小。因此，现在所说的"乡村"，在行政区划上仅仅是指县级以下的区域，包括乡镇、村镇以及农村。

（二）乡村教育与农村教育

学者们基于不同的视角，对乡村教育的解读可谓是见仁见智。有学者认为，"乡村教育特指农村地区的教育活动"。② 也有学者拓展了乡村教育的外延，指出，"从乡村实际和教育规律来看，乡村教育至少还应该包括职业教育和技术培训，如果更宽泛一点理解乡村教育，还应该包括乡风文明方面的教育"。③ 还有学者认为："乡村教育是指借助于在农民共同的生活世界中长期积

---

①　国家统计局. 统计上划分城乡的规定［EB/OL］. http：//www. stats. gov. cn/tjsj/tjbz/200610/t20061018_8666. html.

②　丰箫，丰雪. 近十年中国现代乡村教育国内研究综述［J］. 河北师范大学学报（教育科学版），2013（8）：22—27.

③　陈全功，李忠斌. 努力办人民满意的乡村教育：湖北长阳土家族自治县乡村教育支持体系的调查［J］. 教育与经济，2009（1）：16—22.

累起来的背景资料和乡土知识，比如村规民约、村落传统、宗教信仰和仪式以及农业劳动等载体，实现对村民春风化雨般的教育，帮助村民个体顺利实现乡村社会化并帮助其主动地纳入到与他人一起构造的记忆共同体和情感关联中。"① 由此可见，尽管学者们对乡村教育的内涵进行了独到的界定，但仍然存在着外延混乱、内涵不清、主体模糊等弊病。

　　一般而言，理解乡村教育包括两个视角：一是空间视角，即从地域的维度解读乡村教育，基于城乡二元结构的划分，认为乡村教育是相对于城市教育而言的。这里的"乡村"是指"城镇地区以外的其他地区，包括集镇和农村。其中，集镇是指乡、民族乡人民政府所在地和经县人民政府确认由集市发展而成的作为农村一定区域经济、文化和生活服务中心的非建制镇。农村指集镇以外的地区"。② 此外，国家统计局《关于统计上划分城乡的规定》（2008 年）指出，"乡村是指本规定划定的城镇以外的其他区域，包括乡中心区（乡、民族乡人民政府驻地的村民委员会地域和乡所辖居民委员会地域）和村庄（指农村村民居住和从事各种生产活动的区域，以及未划入城镇的农场、林场等区域）"。③ 基于此，从地理区域的角度而言，乡村教育是指乡中心区和村庄的教育，一般包括乡中心区的中小学和村小，此外，部分经济发达的乡还设有中等职业学校和成人教育组织。二是价值视角，即从价值划分和价值取向的维度解析乡村教育，包括两种观点，其一是肯定的视角，认为乡村教育所具有的特殊品质（如朴实无华、天人合一、自成体系）、绵延的历史传统和厚重的文化底蕴不仅是乡村教育之于城市教育的天然优势，更是治理现代教育弊病的良剂和未来教育发展的趋向。其二是否定的视角，指出乡村意味着贫穷、落后、野蛮，传统的乡村文明被排斥于"现代文明"的视野之外，因而乡村亟须重建，乡村教育需要改造。乡村教育的改革与发展需要以

---

　　① 朱启臻，梁栋. 村落教育价值与乡村治理秩序重构 [J]. 人民论坛，2015（5）：24—27.

　　② 耿涓涓. 乡村教育研究的转向 [J]. 广西师范大学学报（哲学社会科学版），2015（2）：110—113.

　　③ 国家统计局. 关于统计上划分城乡的规定 [EB/OL] http://nhs.saic.gov.cn/wcms2/actsociety/normal/html/1219.htm.

城市教育为模板，无论是学校标准化建设、课程设置，还是教学方式的变革都应该向城市教育看齐，并努力趋向之。基于历史考察和辩证分析，可以发现乡村教育对于国家、社会和个体都发挥着积极的价值。无论是对于国家的安定团结、社会的和谐有序，还是个体的文化涵养和人格塑造都起着重要的促进作用。基于此，从价值的维度而言，乡村教育是乡村社会的有机构成部分，是指对乡村儿童的健康成长、乡村文化的传承与创新、乡村社会的有序建设以及国家的长治久安与和谐稳定起着奠基性作用的一种客观存在的教育形式。

　　具体而言，乡村教育的涵义有宏观、中观及微观之说，宏观的乡村教育是指为乡村建设和发展服务的一切教育，它既包括乡村的学校教育，也包括其他非正式、非正规的乡村教育活动，以及城市里的直接或间接服务于乡村发展需要的普通高等教育与中等、高等职业教育等[①]，其教育对象不单单是广大乡村的学龄儿童和村民。中观的乡村教育是指乡村地区的教育，它包括乡村的学校教育，也包括乡村地区其他的非正式、非正规的一切文化、风俗等教育活动。它主要以广大乡村的学龄儿童和村民为教育对象，旨在以教育为主要手段，促进乡村儿童和村民的自我发展，促进乡村文化的传承和乡村社会的建设。微观的乡村教育主要是指乡村的学校教育，指在县级行政区划以下的、作为正式的社会机构的学校内所开展的对乡村入学者进行有目的、有系统、有组织地以影响其身心发展为直接目标的实践活动。本书中讨论的乡村教育特指中观层面的乡村教育。

二、乡村教育的特征

　　特征是指一事物异于其他事物的特点。事物的特征是事物基本性质的体现，是一事物区别于其他事物的关键特质。通过对事物特征的剖析，有助于全面深入地理解事物的深刻本质。乡村教育作为整个教育的重要组成部分，具有一般教育的共同特征，但也有其自身的特殊性。

---

　　① 田静. 教育与乡村建设：云南一个贫困民族乡的发展人类学探究［M］. 北京：中央编译出版社，2013：26.

（一）乡村教育地位的基础性

我国乡村教育地位的基础性主要表现在三个方面。其一，从发展阶段来看，我国乡村教育处于低文化层次阶段，其主要任务是普及小学、初中义务教育以及对村民进行文化启蒙。从历史发展来看，我国的乡村长期处于封建主义、帝国主义和官僚资本主义的压迫和剥削之下，广大乡村基本处于一种贫困和愚昧的状态。新中国成立后，经过中国共产党领导的各级政府和广大人民群众的努力，乡村取得较大发展，特别是改革开放以来，乡村的面貌发生了根本性变化，人民群众的文化水平有了很大提高。但是，由于乡村的经济基础较差，生产方式落后，人口基数过大，人口增长过快，农村经济、文化发展相对来说仍然比较缓慢，特别是一些偏远特困地区表现得尤为明显。因此，乡村教育在我国的广大乡村所起的最基本的作用应该是基础教育普及以及文化启蒙。其二，从我国人口的分布来看，乡村人口远远多于城镇人口，乡村人口素质提升的根本在于乡村教育。第五次人口普查资料显示，大陆31个省、自治区、直辖市和现役军人中，居住在乡村的人口有 80739 万人，占总人口的 63.78%。全中国一半以上的常住人口在乡村，其所接受的正式教育基本来源于乡村学校教育。因此，可以说我国人口整体素质提升的关键在乡村，乡村教育在促进我国公民整体素质的提升中起着基础性作用。其三，从我国复杂的地理形态来看，我国国土面积广阔且地形复杂，乡村应该是一种永久的存在形式，特别是在一些边疆地区，乡村教育在这些地区往往发挥着举足轻重的战略作用。边疆地区由于其特殊的地理位置，因而也担负着固疆守土的重要责任。边疆地区存在大量的乡村，从某种意义上说这些乡村的村民们就是站在"固疆守土"第一线的战士，因此，这些地区的乡村教育不仅仅是一种普及教育和启蒙教育，它更应该兼具国防教育的性质。从这一点来说，边疆地区的乡村教育在国防安全上也起着一种基础性作用。

（二）乡村教育发展的不均衡性

乡村教育发展的不均衡性突出表现在城乡之间和乡村与乡村之间。城乡之间的不均衡主要是指城镇和乡村之间在经济文化水平和社会经济上的差异。城乡差别是自有城乡以来人类社会发展的普遍现象，我国的城乡差距问题在解放前就已存在。新中国建立后，我国提出了加速实现工业化的奋斗目标。

但在当时的历史条件以及西方国家的封锁下，要实现工业化只能从农业中取得资本的原始积累。因此，政府通过政策和制度手段，通过工农业产品价格的"剪刀差"，将资本从农业转向工业。"剪刀差"的长期存在，是造成我国城乡差距持续拉大的最直接的原因。而始于1958年的以城乡分割为特点的户籍制度，不仅在身份上强化了城乡的先天差别，更进一步成为加大城乡差距的重要因素。近年来的改革在消除城乡差别方面取得了明显成效，但城乡二元体制尚未从根本上发生改变。城乡之间的差距表现在多个方面，教育发展上的差距就是其中重要的一个方面。城乡教育发展的不均衡主要是由于教育资源在城乡分配上的不均衡状况，致使城乡居民受教育程度和水平差异明显。城乡教育资源分配失衡主要源于两种不同的教育投资体系，城市教育主要是以政府投资为主，乡村基本是以农民自己投资为主。长期以来，乡村教育的经费基本是由县和乡镇两级政府来承担。乡村的办学条件差，部分经济落后地区农村中小学危房情况尚有存在，校园面积狭小，一些必要的教学和实验设施设备缺乏，优质师资严重不足。在一些经济欠发达地区，个别家庭无力承担子女上学的费用，初中生辍学状况堪忧，致使乡村青少年接受教育的程度和质量远落后于城镇。乡村教育发展的城乡差距比较明显。

我国乡村地域辽阔，社会、经济、人文、地理等情况十分复杂，客观上又形成了区域间发展程度的差异。改革开放以来，在经济发展的"梯度推移理论"的推动下，又加速并加剧了各地区经济发展的不平衡性和差异性[①]，从而导致乡村区域教育发展的不平衡性与差异性。我国目前经济区域划分有不同的标准：按地理位置可分为东部地区、中部地区、西部地区；按经济发展水平可分为发达地区、中等发达地区、欠发达地区和贫困地区。不同地区的经济发展水平存在着不同程度的差异，总体而言，东部地区属于发达地区，西部地区的发达程度相对较低。表现在教育上也呈现出同样的规律。相比而言，东部乡村的教育发展水平要高于中西部地区，而一些贫困地区的乡村教育水平则更低。乡村教育发展存在着乡村与乡村之间的显著差异。

---

① 王肃元，姚万禄，付泳. 当代中国农村教育发展研究［M］. 兰州：兰州大学出版社，2006：82.

（三）乡村教育形式的多样性

教育的类型、结构及形式主要是根据社会经济结构、文化层次的发展变化而发展变化的。目前我国乡村经济结构正在由单一的、粗放型的传统小农经济结构与形式转向多元的、科学型的现代大农业经济结构与形式，乡镇工业的崛起，农业生产方式的联合以及农作物科技含量的提高是这种转变的重要标志。随着乡村第一、第二、第三产业的发展，以此为基础的乡村社会结构也发生了重大变化，农民不再仅仅是乡村的农民，他们成为了亦农亦工亦商的现代农民，成为现代乡村社会先进生产力的代表乃至乡村社会进步的领头人。随着乡村经济、社会结构的变化，乡村教育的形式也日益呈现出丰富性和多样性的特征。从教育类型来说，除了普通性质的基础教育外，还有各种专业性质的职业教育和成人教育；从文化层次来说，有扫盲教育、初等教育、中等教育；从教育空间来说，有学校教育、家庭教育和文化教育机构的社会教育；从教育时间来说，有全日制学校、业余学校、短期训练学校和夜校；从教学组织形式来说，有函授、广播电视学校、自学等形式；从教育模式来说，有农科教结合模式、乡村社区教育模式、企业教育模式、普教、职教、成教结合模式、厂校、企业联合模式等。从办学体制来看，有公办、民办、中外合资办学等多渠道办学形式。这些充分体现了乡村教育形式的丰富性与多样性，随着乡村经济、社会的发展，这种多样性必然会更加丰富。

（四）乡村教育空间的分散性

乡村教育空间的分散性是我国乡村地广人稀、情况复杂造成的必然结果。我国乡村地域辽阔，地理环境复杂，人口居住比较分散，交通十分不便。我国960多万平方公里的土地，乡村占80％以上，跨热带、亚热带、暖温带、中温带和寒温带五个地带。就地理环境而言，有沿海地区、平原地区、高原地区、丘陵地区、草原地区、沼泽地区、山区、盆地和沙漠。在这样广阔复杂的地理空间发展教育事业，无疑是一个巨大的挑战。从目前的人口分布来看，全国农业人口密度平均每平方公里已超过100人，且95％以上集中在东南湿润地区（每平方公里达 700 人以上）①，其余则分布在西南、西北地区。据原国务院发展研究中心马洪教授统计，如果从东北满洲里向云南昆明市划一条直线，我国有 84％的人口集中在东南沿海地区，也就是说，我国仅有 16％的人口分布在占全国三分之二的土地上。全国 55 个少数民族有 8800 万人，分布在约占全国土地 64％的地区。西北五省总人口 7900 余万，却占有全国 31.3％的土地，而且大都集中在大中城市。甘肃省总面积 45 万平方公里，平均每平方公里有 47 人，其中有的县平均每平方公里不足 2 人。可见我国乡村，特别是西南、西北地区的乡村，地广人稀是一个不争的事实。

乡村地广人稀，地形复杂，人口分散，必然造成乡村教育空间的分散性。乡村教育不仅要覆盖所有乡村地区和乡村全部人口，而且，还要涵盖农村经济、社会的方方面面，形成全社会、全方位、全民性的教育空间布局，如此，才能全面发挥教育的功能和效应。因此，便导致了乡村教育空间的分散性。其突出的表现就是乡村学校布点的分散性。乡村学校曾经一度除少数集中在县城或较大的乡镇外，绝大多数分散在农村，特别是小学，一般是一村一校。每个学校学生多则 100－200 人，少则 10－20 人。乡村学校分散，布点多、规模小、学生少，是我国乡村，特别是西南、西北省区乡村学校教育的共同特点，它不利于形成教育规模，难以提高规模效益。因而，国家提出了"撤点并校"政策，但由于政策实施过程中的"一刀切"，导致一些偏远地区教学点盲目被撤，致使学生遭遇新的"上学难"，不少地区学生因此而辍学。这也充分说明由于我国特殊的地理环境等因素的影响，乡村教育在空间上的分散性具有一定的合理性。

（五）乡村教育文化的多元性

我国是一个多民族国家，在悠久的历史发展过程中形成了中华民族多元一体的灿烂文化。我国乡村教育文化深深扎根于中华民族文化的土壤之中。教育与文化实质是同一事物的两个方面，二者相互交融。一方面教育能够传承和创新文化，使文化代代相承；另一方面，文化又制约着教育的基本倾向

---

① 王肃元，姚万禄，付泳. 当代中国农村教育发展研究 [M]. 兰州：兰州大学出版社，2006：84.

和发展路向，使教育发展符合民族文化的要求。

教育文化的多元性决定于文化的多元性。我国的传统文化，是以儒家文化为主体，但同时也融合佛、道文化的内容。我国社会主义文化是以提高人民大众文化水平为目的的、民族的、科学的、大众的文化。在遵循社会主义文化要求的同时，还必须审慎地对待各民族文化的特点和各地城乡文化的差异，尤其是民族习惯、宗教信仰、生活方式、语言文字等对教育的影响。譬如，在回族、维吾尔族等地区，由于深受伊斯兰教文化的影响，他们不赞成消极避世，注重商业精神和积极进取的态度，但其重男轻女意识较重，因此在教育上，女童入学率比较低。因此，在制定民族教育政策时，要充分考虑各民族所具有的不同文化特点对教育的影响，不可一律强求。在构建富有中国特色社会主义教育文化的过程中，既要着眼于现代文化的创新，又要着眼于民族传统文化的继承与改造，同时还要广泛吸纳世界优秀文化的精华。

（六）乡村教育内容的实用性

乡村教育的功能是多维的，它既可以传承文化，又可以普及最基本的科学文化知识等。但相对村民们而言，他们关心的是切身利益的需要，他们特别关注的是教育的经济功能，农民送子女上学的目的主要是为了学到一定的知识和才能，直接为改善自身境遇和提高生活质量服务，即"以教育之渠，引科技之水，浇农业之田，收丰收之果"。这充分表达了村民们对科学技术知识的渴求，但同时也反映出农民群众往往重视教育功能的实效性，这也必然要求乡村教育内容具有一定的实用性。

我国九年义务教育在校学生中有 80％在农村，他们读完义务教育后能够升入高一级学校的是少数，绝大部分仍将选择务农或进城务工。因此，在办学指导思想和培养目标上，应该要充分考虑对农村实用人才的培养，切实解决农村学生"升学无望，就业无路，致富无术"的问题。因此，乡村教育不仅要培养乡村学生作为未来公民所应该具备的知识、能力以及价值观，还要重视教育的实用性，教育内容既要具有面向未来的"前瞻性"，又要有回归乡土的"实用性"。

第二节　乡村教育发展沿革

自从有了人类社会，便有了人类的教育活动。中华民族具有重视教育的优良传统，中国的乡村教育历史悠久，自古乡村教育就有乡学、私学、义学、社学、庙学等多种形式。因此，在对当代乡村教育的考察中，有必要对传统的乡村教育历史进行梳理、反思与总结。

一、古代乡村教育的发展

我国乡村教育的起源可以追溯到远古时期的奴隶社会，虽然那时候没有"乡村教育"一词，但最初的教育与人类的生产活动密切相关。在漫长的原始社会里，生产力水平低下，人类社会组织比较简单，城市还没有出现，教育是和整个人类社会的生产和生活结合在一起的，没有城市教育与乡村教育之别。传说中的伏羲、神农、黄帝、尧、舜等都亲自教人如何劳动和生存。随着生产工具的改进，生产力水平的提高，人类生存环境有所改善，并逐渐进入了牧猎——农耕时代，教育也有了相应的发展，这时的教育可以说是原始社会的乡村教育。因此，从这一点上可以说乡村教育的诞生应该早于城市教育。

西周以前是我国乡村教育的萌芽时期。在夏商以前，远古先民由采集经济到渔猎经济，进而到种植（农业）经济，教育也由教民"钻木取火"到"教民以猎"，进而"制耒耜，教民农作"，并由"结绳而治"到"易之以书契"。① 在夏商时代，我国不仅有了国学，而且已出现了乡学。关于乡学，《孟子·滕文公上》曰："夏曰校，殷曰序，周曰庠，学则三代共之。"② 朱熹在《四书集注》中指出庠、序、校皆为乡学。商代是我国奴隶制社会的发展时期，国家制度更加完备，并出现了地域性组织：邑、郊、牧、野等。农业方面实施井田制，已有公田与私田之分。当时世人嗜酒成风，这反映了农业生

---

① 徐辉，黄学溥. 中外农村教育的发展与改革 ［M］. 重庆：西南师范大学出版社，2000：1.

② 《孟子·滕文公上》。

产的发达。畜牧业在商代经济生活中也占有重要地位，马、牛、羊、猪、犬、鸡等已俱全。从农牧业生产的状况，不难想象商代农业生产劳动教育的活跃。

西周至秦代是我国乡村教育的形成与发展时期。西周以后，随着社会经济的发展，乡村教育初具雏形。《礼记·学记》中记载：古之教者，家有塾，党有庠，遂有序，国有学。[①] 西周时实行六乡六遂的建制，各乡建立乡学。由大司徒"掌施十二教，以乡三物教万民而宾兴之"。[②] 大司徒以下由乡师、乡大夫、州长、党正等行政官员兼管乡学。此外，父师、少师等退休乡里的大夫或士也在乡学供职施教。春秋战国时期，"天子失官，学在四夷"，私学兴起是当时教育领域的新现象。随着私学的兴起，出现了儒、墨、道、法、名、农诸家，各家各派都办有私学，聚徒讲学。农家许行有"徒数十人"。[③] 各家讲学内容各不相同，有的会讲授一些耕战之类的知识。

秦汉至宋代是我国古代乡村教育的确立与巩固时期。秦汉时期官私并设的乡村教育体系的出现标志着我国古代乡村教育的确立。秦统一后，在乡设三老，以掌教化，"三老掌教化，凡有孝子、顺孙、贞女、义妇、让财、救患及学士为民法式者，皆扁表其门，以兴善行"。[④] 两汉时期官私并立的乡村教育体系正式确立。汉代的乡、聚设立的官学分别叫庠、序，庠、序各置《孝经》师一人，乡的《孝经》师隶属于司隶校尉。[⑤] 同时，还设乡三老对人民进行教化，灌输封建道德。可见，《孝经》师和乡三老都是从事乡村教化的教师。秦汉时期，我国的乡村教育主要有三种形式：一是以书馆为主要形式的蒙学教育，属于较低水平的教育，教师称"书师"，学习的主要内容为识字。二是以"乡塾"为主要形式的一般经书学习，教学要求是对经书"粗知文义"或"略通大义"，不要求有精深的理解，主要方式是"诵读"。[⑥] 三是以"精

---

① 《礼记·学记》。

② 《礼记·学记》。

③ 《孟子·滕文公上》。

④ 李建兴. 中国社会教育发展史 [M]. 台北：三民书局股份有限公司，1986：36.

⑤ 《后汉书·百官四》。

⑥ 张传燧. 中国农村教育学 [M]. 重庆：西南师范大学出版社，1994：229.

庐"或"精舍"为主要形式的专经教育，它带有研究与教育相结合的性质。①
另外，汉代家学也很盛行，其所教内容十分广泛，程度也高低不一。有的只
是启蒙教育；有的在父辈指导下，与诸兄弟一起诵读一般经书。家学中不仅
传授知识、技能，而且讲究治学态度和方法，尤其重视为人处世、待人接物
等伦理道德教育。三国时魏国有官立乡学。曹操掌政后，于建安八年令郡国
各修文学，县满五百户置校官，选择本地子弟入学。三国时期的私学规模比
较小，教授的内容主要是儒家经学。西晋的地方官学有乡校等乡村学校。两
晋的乡村私学也有很多，设立私学者多是当时学术上很有造诣的学者。如，
杜夷"世以儒学称，为郡著姓。博览经籍百家之书，算历图纬，靡不毕究，
寓居汝颖之间，十载足不出门。年四十余，始还乡里，闭门教授，生徒千
人"。② 南北朝时期，北魏献文帝天安元年九月开始普遍设立乡学，规定郡置
博士二人，助教二人，学生六十人。南北朝时期，私学相当发达，许多著名
学者纷纷创立私学。如，南朝的沈道虔，"少仁爱，好《老》、《易》，居县北
石山下。乡里少年相率受学，道虔常无食以立学徒"。③ 北朝的李铉，"年二十
七，归养二亲，因教授乡里，生徒恒数百人，燕、赵间能言经者，多出其
门"。④ 唐高祖武德七年下诏兴学，令"吏民子弟有识性明敏，志希学艺，亦
具名申送，量其差品并即配学，州县及乡各令置学"。⑤ 唐代一些名流学者，
涉猎经史，远离官场，开设学馆，从事著述和讲学活动。如王恭，"少驾学，
博学《六经》。每于乡里教授，弟子自远方至数百人"。⑥ 自此，我国古代乡村
教育官学与私学相互补充，形成了较完整的乡村教育体制。隋唐以后，随着
我国封建社会的发展与繁荣，乡村教育也更趋完备。

宋代至明清是我国古代乡村教育的发展并由盛转衰直至瓦解的时期。从
宋代开始直到明清，是古代乡村教育的发展时期，但随着中国封建制度的逐

---

① 毛礼锐，沈灌群. 中国教育通史（第二卷）［M］. 济南：山东教育出版社，1986：
109.
② 《晋书·杜夷传》。
③ 《南史·沈道虔传》。
④ 《北史·李铉传》。
⑤ 《旧唐书·礼仪志四》。
⑥ 《旧唐书·王恭传》。

步衰落和瓦解，古代乡村教育也随之由盛转衰。这一时期的乡村教育，一方面积极维护社会的稳定，另一方面十分注重劝导生产。无论是乡学、私学，还是社学、庙学、义学等，都极力宣传封建伦常礼教，培养顺民，并出现了一些"乡约"、"宗规"、"家规"、"家训"以及一些有关农业生产方面的书籍。譬如"乡约"、"宗规"方面，明代王守仁曾制订《南赣乡约》、王孟箕曾订立《宗约会规》等；"家规"、"家训"方面，北宋司马光撰写了《居家杂议》，南宋陆九韶写有《居家正本制用篇》等；农业书籍方面，有元代大司农司的《农桑辑要》，明代徐光启的《农政全书》，明清时的《沈氏农书》《农言著实》等。宋朝初年，乡村有乡党之学。"盖州县之学，有司奉诏旨所建也，故或作或辍，不免具文。乡党之学，贤士大夫留意斯文者所建也，故前规后随，皆务兴起。"[1] 宋仁宗庆历四年兴学，规定凡立学者可赐学田，使得乡村办学进一步兴盛。南宋时农村设有乡校、村学和冬学。宋朝私家设置或私人聚徒讲学的学校很多，主要有两类：一类是教授识字和日用基本知识的小学或蒙学，主要有宗族设立的义学，或富人家的家塾。另一类是为年龄较长、程度较高的乡村青年学子设立的研究学问或准备科举的书院和经馆。[2] 元代开办乡村教育的一个重要措施是创立了社学。至元七年，元政府下令在全国立社。据《新元史·食货志》记载："先是大司农卿张文谦奏上立社，规条十五款。至元二十三年命颁于各路，依例施行。"[3] 元政府颁布了立社法令共114条，对社的体制及内容作了明确规定，并责令全国各地以自然村为基础编社。"诸县所属村疃，五十家为一社，择高年晓农事者立为社长。""每社立学校一，择通晓经书者为学师，农隙使子弟入学，如学文有成者，申复官司照验。"这是由中央政府规定在农村基层组织"社"中普遍建立学校的起始。它是在元代乡村经济恢复和发展的条件下，在以农产品为主要原料与商品的手工业和商业的刺激下，采取的普及乡村教育的一种特殊形式，含有强迫入学的成分，同时又含有很大比重的职业教育成分。社学的教师，必须是通晓经书的人。社学的教学内容除了经史等典籍外，还要教以农桑耕种等方面的技术知识，

---

① 《文献通考·学校考七》。

② 张传燧. 中国农村教育学［M］. 重庆：西南师范大学出版社，1994：231.

③ 《新元史·食货志》。

且规定"社长专以教劝农桑为务"，教材使用的是大司农司编印的《农桑辑要》一书。辽、金、元时私学形式多样。这一时期的乡村教育在宋代奠定的基础上，进一步制度化，诸如"庙学"被广为提倡，庙学专门宣传儒家的基本道德伦理学说，在民间产生了相当大的道德和礼法教育的影响，促进了社会稳定。明朝建立后，明太祖在洪武八年诏令天下立社学，"乡社之民未睹教化，有司其更置社学，延师儒以教民间子弟，导民善俗，称朕意焉"。① 于是，每五十家设社学一处。明初社学主要由各级地方官吏兴办。明朝还有一些乡校、村学、义学、家熟以及私设的经馆和书院，这些学校对于善乡俗、育人才以及教育普及也起了一定的作用。清初沿袭明制，设有社学。顺治九年令"每乡置社学一区，挥其文义通晓、行谊谨厚者，补充社师，免其差役"。② 康熙九年规定，凡近乡子弟年十二以上二十以下入学肄业，有能文入学者，优赏社师。雍正元年命"各省改生词书院为义学，延师授徒，以广文教"。③ 随后，义学取代社学成为乡村主要的教学形式。义学，是明清时期为民间孤寒子弟而设立的教育机构。清代的义学是从旗人子弟和边省地区义学发轫的，乾隆以后内地亦广泛设置义学，直至清末，义学一直为清代乡村蒙学的重要组成部分。清代的私学教育，也非常兴旺。尤其是私塾在民间广泛设立。到清朝末年，随着近代新式学堂的建立，古代农村教育形式逐渐瓦解。

　　我国古代乡村教育经历了形成、确立、发展直至瓦解的发展历程。在这一过程中，乡村教育的规模不断扩大，内容不断丰富，形式逐渐多样，制度不断完善，取得了一定的成绩。但古代的乡村教育仍然比较落后，广大农民受教育的权利还十分有限，他们所受到的教育大多是社会伦理道德教化以及关于生产生活的基本知识。

二、近代乡村教育的发展

　　鸦片战争后，西方列强对我国大肆侵略掠夺，我国民族资本主义缓慢发展，封建自给自足的自然经济逐渐解体。在这种背最下，以"中学为体，西

---

① 《续文献通考·学校考》。
② 《钦定学政全书》。
③ 《钦定学政全书》。

学为用"为指导的近代新式学堂建立起来，古代乡村教育逐渐瓦解并开始向近代转化。1901 年清政府开始实行"新政"，1902 年颁布了第一部具有近代资本主义教育性质的学制《钦定学堂章程》，但没施行。1903 又颁布《奏定学堂章程》，规定每四百家应设初等小学校一所，并开始在全国实行四年制义务教育。此外，还开设了初等农业学堂、中等农业学堂、高等农业学堂以及农业教员讲习所等。这两个章程既是近代资本主义学校教育体系建立的标志，也是古代乡村教育向近现代乡村教育过渡的重要标志。

近代乡村教育思潮和运动，在中国乡村教育史上有着重要的影响。它产生于多灾多难的中华民国初期，即北洋军阀统治后期，蹒跚发展于危难丛生的中华民国中期（1927—1937 年），转轨于抗日战争和解放战争时期（1937—1948 年），最终融入新民主主义教育之中。① 上个世纪二三十年代，中国大地上曾掀起了一场波澜壮阔的乡村教育运动。一大批知识分子走向乡村，试图通过乡村教育、乡村建设的途径，挽救中国的危亡。如黄炎培、余家菊、陶行知、晏阳初、梁漱溟、余庆棠等学者纷纷到广大乡村开展调查，对乡村教育问题展开激烈讨论，并在广大乡村开展乡村教育实验。黄炎培曾指出："吾尝思之，吾国方盛倡普及教育，苟诚欲普及也，学校十之八九当属于乡村；即其所设施十之八九，当为适于乡村生活之教育。"② 陶行知认为："教育是国家万年根本大计"，"中国以农立国，十之八九住在乡下，平民教育是到民间去的运动，就是到乡下去的运动"。乡村教育家余庆棠认为，"吾国是以农立国，而农民又占中国人口的最多数，所以中国农村衰落与农村经济崩溃，就是全国经济的崩溃。……希望此后政府注重乡村教育，增进农业教育，实行劳动教育，使各个农民都受教育。"③ 近代乡村教育先哲们试图通过教育救国的道路没有走通，但他们致力于发展乡村教育的论述依然闪耀着智慧之光。

近代辛亥革命、国民革命成果落入新旧军阀之手，致使在传统乡村社会实现中国乡村近代化的努力成为泡影，更谈不上中国乡村教育的现代化了。

---

① 苗春德. 中国近代乡村教育史 [M]. 北京：人民教育出版社，2004：14.
② 周谷平，陶炳增. 20 世纪乡村教育思想形成的历史回顾与思考 [J]. 河北师范大学学报，2004 (9).
③ 茅仲英，唐孝纯. 余庆棠教育论著选 [M]. 北京：人民教育出版社，1992：53.

中国现代乡村教育的生成，是伴随着中国政治革命以及近代乡村社会的改造而形成的。在这一过程中，主要推动者当是中国共产党。因此，考察近代乡村教育的生成与发展，必然要从中国共产党领导的乡村教育谈起。中国共产党领导的乡村教育，发端于革命根据地教育，是在战争环境中逐渐发展起来的。党的创始人之一李大钊很早就意识到乡村教育问题的重要性。1919年李大创在《晨报》上发表《青年与农村》一文，指出中国是一个农业国，大多数的劳动者都是农民，他号召青年知识阶级去开发农村，"同劳动阶级打成一片"，"把现代的新光明，从根底输入到社会里面"，用教育去解除农民的痛苦和黑暗。① 中国共产党创立之后，共产党员沈玄庐1921年在浙江萧山地区开展农民运动的过程中，创办衙前农村小学，通过农民学文化的过程，传播革命思想。② 1921—1923年彭湃领导广东省海丰地区农民运动时，为"图农民生活之改造，图农业之发展，图农民之自治，图农民教育之普及"③，创办了十余所农民学校，不仅教农民识字、写字，还进行革命教育。1924年，毛泽东离开上海回家乡韶山养病，开始领导农民运动的实践。他在家乡创办农民夜校，组织农民协会。国共合作破裂后，共产党人在全国展开了武装斗争，建立农村革命根据地。在党的导下，农村教育进入到了一个新时期。各革命根据地以面向劳苦大众，为土地革命战争、社会解放服务，教育与生产劳动相联系为指导思想，④ 在农村开展扫盲教育、职业教育、干部教育、社会教育，并开始对根据地旧私塾进行改革，使其成为国家小学的重要组成部分，为新中国建立后乡村教育的改造与现代教育的生成开辟了道路。革命根据地教育以革命政治教育为主轴，对农民进行思想政治教育、阶级教育，教育农民积极参加革命，革命教育是当时农村教育的主要内容。革命根据地教育的开展途径灵活多样，采取多种方式对广大农民及其子女进行教育。

① 李大钊. 李大钊选集 [M]. 北京：人民出版社，1959：146－149.
② 姜兴雷. 中国革命史 [M]. 北京：人民出版社，1990：126.
③ 李春涛. 海丰农民运动及其指导者彭拜 [J]. 晨光，1924（4）.
④ 戴伯韬. 解放战争初期苏皖边区教育 [M]. 北京：人民教育出版社，1982：8.

三、现代乡村教育的发展

1949 年中华人民共和国建立后，全国教育事业百废待兴，当时全国大学、中学、小学总共只有 35 万余所，学生 2577 万余人，全国 80%以上的人是文盲，乡村地区文盲的比重更大。因此，发展乡村教育是重中之重，在中国共产党的领导下，我国乡村教育进入了新的发展时期。

1950 年 9 月 20 日，第一次全国工农教育会议在北京召开，会议修订通过了《工农速成中学暂行实施办法》，并通过了《关于开展农民业余教育的指示》，决定通过多种形式发展乡村教育。这次会议标志着中国现代乡村教育的全面开始。此后，各地广泛开展多种形式的乡村教育。工农速成中学、农民业余学校、农业中学、农民中等专业学校、半农和半读的高等或中等农业院校如雨后春笋般在全国涌现。应该说建国初的这一系列举措，对发展乡村教育起到了重要的作用。这一时期的乡村教育虽然主要还是一种扫盲教育和技能训练类的教育，但其对整个乡村社会经济的发展、对整个人口素质的提高起到了不可估量的作用。

新中国的乡村教育在社会主义教育方针指导下，紧紧围绕教育的政治方向、培养目标、教学内容，进行了旨在适应社会主义革命和建设需要的教育改革。但 1951 年反右倾斗争严重扩大化，"左"倾错误的发展，使乡村教育遭受严重挫折。此后，乡村教育起起伏伏，并一度陷入困境。党的八届三中全会后，社会主义教育在"大跃进"和反"右倾机会主义"的政治氛围中受到严重损害。1961 年提出"八字"方针，为改变教育和国民经济不相适应的状况，调整教育事业，缩小教育规模，提高教育质量，协调教育内部各种关系，使乡村教育重新走上了正轨。但好景不长，1963 年开始的"社会主义教育运动"使农村教育受到越来越大的政治冲击。1966—1976 年，在全国范围内开展的"文化大革命"运动，把社会主义教育推向灾难的深渊。十年政治动乱，把本来就不发达的国民经济推向全面崩溃的边缘，也给发展中的乡村教育事业造成严重损害，先是"停课闹革命"，使学校教育秩序陷入混乱，接着"夺权斗争"，又使教育机关陷入瘫痪。乡村教育几乎到了崩溃的边缘。

1976 年 10 月，党中央结束了"文化大革命"带来的混乱局面。1978 年召开的十一届三中全会，恢复了实事求是、一切从实际出发的思想路线和政治路线。会议确定全党工作的重点转移到以经济建设为中心的社会主义现代化建设上来。1977 年 5 月，邓小平发表"尊重知识，尊重人才"的重要讲话，并开始了教育战线的拨乱反正。1983 年，邓小平发出教育要"面向现代化，面向世界，面向未来"的重要指示，确定了新时期教育改革与发展的根本指导方针。1985 年，中共中央做出《关于教育体制改革的决定》，明确基础教育实行"分级办学、分级管理"的体制，提出以国家为主体，社会、企业和个人等多渠道筹措教育经费的措施和办法。这一系列改革措施给中国乡村教育发展注入了新的活力。1986 年，《中华人民共和国义务教育法》的颁布，标志着乡村教育的发展进入了新的历史时期。1993 年中共中央发布《中国教育改革和发展纲要》，明确了到 20 世纪末中国基础教育的发展方向和基本方针。1999 年初国务院批准教育部制定的《面向 21 世纪教育振兴行动计划》，计划经济体制的教育模式开始向市场经济体制的教育模式转型。

第三节　乡村教育发展的经验

一、乡村教育发展的基本规律

规律是事物之间本质的、必然的联系。乡村教育发展的基本规律是乡村教育系统内部各要素以及乡村教育系统与其他相关系统在运动与发展过程中存在的本质的、必然的联系。乡村教育作为一种具有区域性特征的教育，有其自身发展的基本规律。

（一）经济发展水平制约着乡村教育发展

乡村教育发展要以社会经济发展水平为基础，这是一条客观规律。这一规律，首先表现在社会经济发展水平制约着可用于乡村教育的物力和人力，社会经济发展水平影响着人们的教育观念。乡村教育的发展，在很大程度上取决于一定的社会经济条件的成熟，因而，乡村教育也不可避免地要打上时代和环境的烙印。经济发展水平对乡村教育的影响突出地表现在：经济发展水平决定着乡村教育发展的规模、速度及结构；经济发展水平制约着乡村人才培养的规格；经济发展水平也决定着乡村教育的内容、方法及组织形式。

一般而言，经济相对发达的地区，教育投入有保障，教育发展水平较高；经济欠发达地区，教育投入不足，教育发展水平就相对较低。乡村经济是制约乡村教育发展的重要因素。在"以县为主"的管理体制下，县域经济的发展水平基本上决定了当地乡村教育的发展水平。在县域经济不发达的地区，教育发展水平远远低于经济发达地区。在经济发达地区，就业机会较多，对技术工人的需求也较高，因此，在这些区域除了义务教育发展水平较高外，职业教育和成人教育也蓬勃发展起来。可以说，经济因素是制约乡村教育发展的第一要素。从乡村教育的发展历史来看，凡是在和平时期，经济发展水平较高，乡村教育的发展水平也会相对较高。但经济因素只是教育发展的必要条件，而不是充分条件，不可一概而论。乡村教育的发展，对培养乡村所需人才，提升乡村人口素质起着不可替代的重要作用，乡村教育通过培养乡村发展所需的人才，间接地促进乡村的发展进步。因而，乡村教育的发展也在一定程度上推动着乡村经济的发展。

（二）社会稳定是乡村教育发展的重要保障

教育是整个社会系统的组成部分，因而，社会的变迁与发展不可避免地影响着乡村教育的发展。社会的动荡不安必然会造成教育事业发展的不稳定乃至倒退，稳定的社会环境是教育发展的重要保障。乡村教育的发展同样依赖于稳定的社会环境。教育的发展具有连续性的特征，动荡的社会环境往往极易打断教育活动的正常秩序。古代的王朝更迭、近代的各种革命运动无不影响着当时的教育发展。在动荡不安的社会环境中，往往经济凋敝，民不聊生，教育发展谈何容易！只有社会环境安宁，人民安居乐业，教育事业才能获得长足发展。纵观我国乡村教育的发展，每逢战争和政治运动时期，社会呈现出不稳定乃至混乱的局面时，乡村教育发展便步履维艰；政治清明，社会稳定，乡村教育则呈现出欣欣向荣的景象。

当然，乡村教育的发展繁荣也有利于乡村社会乃至整个社会的稳定与发展。《礼记·学记》有云："建国君民，教学为先。"意即治国安民，第一要务就是推行道德教化。可见，教育教学对维护社会稳定的重要性。乡村教育通过培养具有较高文化素养和领导才能的政治人才和管理人才直接或间接地介入社会管理；通过开设一定的课程，将社会政治意识贯穿于教学内容和教学过程中。通过这些手段传递社会主流价值，从而达到教化民众、维护社会稳定的作用。

（三）传统文化对乡村教育的影响具有二重性

中国是一个历史悠久的文明古国，中华民族在形成和发展过程中所形成的传统文化极为丰富。其中不少优秀的传统文化，对中华民族的繁荣和发展，对我国现代化建设起着非常重要的作用。但也有不少传统文化已经不适应时代的需求，成为社会进步和发展的阻力，这就是传统文化的二重性。传统文化形成于持续了几千年的农业社会，因此，与城市相比，乡村思想文化的变迁相对较慢，而且总是保留着更多的传统文化。由于传统文化的二重性，使得乡村教育的发展深受传统文化的影响。例如，传统文化中的重仁义、讲宽和，以诚待人、以信接物，以国家、民族、集体利益为重，助人为乐，勤俭朴素，尊师重教，尊老爱幼，家庭和睦，邻里相亲等优秀文化往往通过乡村教育潜移默化地传承下来。我国历来是农业大国，乡村人口占据大多数，乡村教育在传承传统文化过程中起着重要的作用，而文化又对教育观念乃至教育内容产生重要影响。

乡村教育的发展深受传统文化的影响。优秀的文化推动着乡村教育的发展，一些陈腐落后的传统文化则阻碍乡村教育的发展和乡村社会的进步。例如，重男轻女、男尊女卑的思想观念。在乡村，这种观念一度盛行，表现在教育上就是男孩读书，女孩不读书。所以古代的乡村教育其实只是男性的教育，这一观念也曾一度使得家长不愿让女童入学，在一定程度上影响着教育的普及。另外，封建迷信也对乡村教育的发展产生不利的影响，不少乡村居民宁可相信"菩萨"，也不相信科学文化知识。这些都说明传统文化对乡村教育的发展有利有弊，要去其糟粕，取其精华。

（四）完善的乡村教育制度是推动乡村教育发展的重要动力

教育制度是一个国家各级各类教育机构与组织体系有机构成的总体及其正常运行所需的种种规范、规则或规定的总和。它包含有学前教育机构、学校教育机构、业余教育机构、社会教育机构等，还包括各机构间的组织关系、各机构的任务、组织管理等。

教育发展需要规范的制度来保证。我国古代的官学和私学都有着较为严密的制度体系，近代时期，我国深受西方列强侵略，工业文明的入侵使得建立在农业文明基础上的封建教育土崩瓦解，并逐渐建立起"新式"教育。虽然也形成了一定的教育制度，但这种近乎一夜之间形成的教育制度难以适应乡村的现实状况。虽然近代众多仁人志士改造农村教育的努力一直没有间断过。例如，1929年留学归来的晏阳初先生带着他的平民教育理论，将中华平民教育总会迁入河北定县，积极倡导"四大教育"；1931年，梁漱溟先生在山东省邹平县创办山东乡村建设研究会，研究乡村建设问题，培养乡村建设人才，大力开展政教合一的"乡农学校"，致力于通过乡村教育改造落后的农村。这些名人支持的乡村教育实验在当时的影响很大，但由于没有变成普适的教育制度，对我国以后的乡村教育并没产生实质性的影响。因此，乡村教育的发展需要一套适合乡村的教育制度。

二、乡村教育发展的经验借鉴

乡村教育在我国有着悠久的历史，我国自古以农业立国，历代统治者都十分重视农业发展，重视乡村教育。乡村教育对我国乡村人民文化程度的提高，对乡村乃至整个社会的发展起过重要的推动作用，并且这种作用还在持续。在我国乡村教育发展史上，有着丰富的乡村教育思想和实践值得我们反思与借鉴。因而，总结我国乡村教育发展的经验，对改革和发展当前以及今后的乡村教育大有裨益。

（一）乡村教育与乡村发展相结合

我国以农立国，在"无农不稳"的观念指导下，我国古代统治者都比较重视农业发展。古代乡村的发展突出地表现为农业的发展，我国古代的乡村教育十分重视农业教育。《周礼》中曾记载："以土宜教稼穑。"这体现了当时利用初级形态的社会教育指导农业生产的思想，对其后两千多年的农村教育产生了较大影响。[①] 中国古代也出现了许多重视农业教育的著作，如：北魏贾思勰的《齐民要术》、宋代秦观的《蚕书》、元代司农司的《农桑辑要》、明代

---

① 王肃元，姚万禄，付泳. 当代中国农村教育发展研究［M］. 兰州：兰州大学出版社，2006：61.

徐光启的《农政全书》，等等。这些著作对古代农业生产经验进行了系统总结，同时也体现了作者的农业教育思想，对当时广大农业教育的普及具有相当重要的意义。例如，北魏贾思勰认为"田者不强，囷仓不满，官御不励，诚心不精"，因此，需要"采捃经传，爰及歌谣，询之老成，验之行事，起自耕农，终于醯醢，资生之业，靡不毕书，号曰《齐民要术》"。① 春秋战国时期，甚至产生了农家学派。秦始皇焚书坑儒，但其对农商医等书籍则注意保护，汉代更是推行重农抑商的治国之策。可见，古代乡村教育的推行是与乡村发展（农业发展）紧密联系的。

我国古代的乡村教育也特别重视乡村居民的发展，这突出表现在乡村教育不仅重视社会教化，也重视向乡村居民传递农业生产方面的知识。清代学者颜元就主张教育必须从经济实用出发，提出以"垦荒、均田、兴水利"七字富天下，认为办学要培养"经世致用"、"利济苍生"之才，为富国强民安天下服务。② 清代著名思想家方苞也在其《齐民四术》一书中提出农民应该从农业、风俗、法律等各方面注重学习，从而富己。③ 这些重视农民教育的思想对促进我国古代农业发展乃至整个社会的发展有着积极的作用。

（二）乡村教育发展以地方教育为基础

我国古代乡村教育的发展与古代国家权力向以乡村为主的地方延伸有很大关系，但乡村教育的发展却主要以地方教育为基础。秦统一六国后即在基层乡一级行政区划中设立三老，他们"掌教化"，负责在乡、里推行秦政权的"行同伦"等政策。这一方面加强了秦政权对基层乡村的政治控制，另一方面也促进文化在乡村的传播。汉代重农抑商，汉平帝元始三年，颁布地方官学学制，要求各级地方政府普遍设学：郡曰学、县曰校、乡曰庠、聚曰序。地方官学的主要任务是推行教化，县以下庠序"农闲时召集民众进行宣讲演习礼仪，及时对儿童进行启蒙教育"。隋初大兴学校，建立了较完善的州县学制度。唐承隋制，更加重视地方官学教育。武德七年（619 年）下令州县乡里并置学；开元二十六年（738 年）正月下诏：天下州县，每乡一学。唐代乡里教

---

① 《齐民要术》。

② 李少元. 农村教育概论 ［M］. 南京：江苏教育出版社，1996：11.

③ 方苞. 齐民四术 ［M］. 北京：中华书局，1986：2.

育有较大发展，但"师资、生徒、经费均无统一规定，一部分学校的经费依靠捐献。① 宋朝的地方官学不仅有普通性质的地方学校，还设有各种专科学校，如州医学和县医学，并设置诸路提举学事司掌管地方官学事宜。元承宋制，并且创立了社学，规定农村每 50－100 户划为一社，每社立学校一所，择通晓经书者为社师，农隙时使子弟入学。社学的学生都是普通农家子弟，因而，其对乡村教育的发展具有重要意义。明清时期是我国地方官学的完善时期，建立起了更为完备的地方官学制度。明代地方儒学教育非常发达，学校种类有府学、州学、县学、社学、义学等，并且首次在少数民族地区设立土司儒学。清政府则在全国各地设立主管教育的官员，代表朝廷管理地方学务。通过以上阐述，不难发现我国古代统治者十分重视地方教育的发展与管理，但古代的乡村教育多以地方教育为主体，国家则注重对地方教育的管理。

（三）民办教育是促进乡村教育发展的重要力量

虽然我国古代乡村教育以地方官学的形式获得了较大发展，但乡村教育的形式仍然是丰富多样的，不局限于官学，以私学为主的民办教育也广泛存在，例如，义学、私塾、乡约等一度曾成为乡村儿童接受启蒙教育的主要形式。

义学最早出现于宋代，原是宗族内为穷苦子弟而设的教育机构。一些地方世家大族为使本族子弟能够在当时社会中出人头地，光宗耀祖，纷纷设置义田、义庄和义学以团结族人，接济本族贫困子弟接受教育。清朝则把这种方式变为由国家提倡，地方官或士民为贫寒子弟和少数民族子弟举办的学校。这种官办义学的学生是免费入学的，成绩优异者还可参加乡试。义学的办学机制十分灵活，义学经费管理强调民主公开的原则，发挥群众的监督作用，以防止各种势力挪用。义学教师一般由当地的生员、贡监担任，品行成绩优良的学生也可充当，但必须取得官学生或官学后备生的资格。教师任用遵循品学兼优的原则，大多要经过董事、乡绅公议后，报地方官考查决定等手续。义学有比较固定的上学时间和假期。② 私塾是一种由民间个体设立的基层教育机构，从春秋战国私学诞生到 19 世纪末，它一直是被历代统治者承认并倡导

---

① 王志民，黄新宪. 中国古代学校制度考略［M］. 北京：首都师范大学出版社，1996：123.

② 马镛. 中国教育制度通史（第五卷）［M］. 济南：山东教育出版社，2000：285.

发展的一种教育组织形式。其具体形态前文有所阐述，这里不再赘述。我国古代乡村教育主要是靠私塾来具体举办，在数量和分布上，私学比官学要多得多，可以说私塾是古代乡村教育的基础。乡约始于宋代，原是群众自定的行为规条和规范，明代地方官则把乡约作为推行教化的重要手段。清代则将乡约作为成年人的社会教育制度，这种教育方式也是古代乡村社会教育的重要形式。乡约教育不仅促进了封建道德在乡村的传播，也对培养农民尊老敬贤等传统社会公德具有重要意义。作为私学的高级层次的书院教育也是乡村教育的重要力量。书院是中国封建社会特有的教育组织形式，书院教育形成于唐代，发展于宋、元，兴盛衰亡于明、清，其前后存在1000多年，对乡村教育的发展具有一定的积极作用。

　　因此，不难看出我国自古重视民办教育，且历史上民间有着丰富的民办教育资源和深厚的民办教育底蕴。发展乡村教育，需要充分发掘民间教育资源，多渠道办学，同时应重视民间教育资源的整合，发挥民办教育的社会效益。

第三章　乡村教育价值取向

　　在统筹城乡经济社会发展的大背景下，新型城镇化、社会主义新农村建设、美丽乡村建设等都对乡村建设提出了美好的期望，迫切需要乡村社会实现华丽转身，从而妥善解决三农问题，实现农业现代化。不过，现实的情况是：与蓬勃发展的城市建设相比较，乡村建设出现了式微，一定程度上出现了乡村社会空心化、乡村经济边缘化、乡村文化城市化、乡村教育荒芜化等现象。而乡村教育对乡村社会发展具有不可替代的内在凝聚力，彰显着乡村的社会特色，反映着村民的精神面貌。在社会发展转型期，乡村教育在城市文明和乡村文明之间出现错位、传统的乡村文化出现异化和断裂，不能地影响着乡村社会的发展。这首先涉及乡村教育的价值问题。只有恰当地定位乡村教育的价值，厘清乡村教育的价值取向，才能有效地引领乡村教育实现健康、持续、和谐的发展，为乡村社会可持续发展提供必要的精神引领、文化认同和智力支持，从而构建新时代的美丽乡村。

第一节　乡村教育价值取向界说

　　要理解乡村教育价值取向，就有必要理清价值、价值观、价值取向等基本概念与及其内在逻辑，在此基础上厘清教育价值、教育价值观、教育价值取向等基本概念，然后才能准确地分析乡村教育价值取向，从而为进一步审视乡村教育价值取向提供分析框架。

一、教育价值

关于价值，存在着不同的理解，诸如观念说、实体说、属性说、关系说、实践说等。通常认为，价值是对象性客体对于主体需求的满足程度。这实际上是基于主客体关系说的。也就是说，价值是主客体关系的基本内容和要素，产生于人按照自己的尺度去认识世界和改造世界的现实活动，是对象性客体属性同人的主体尺度之间的统一。① 主体是对象性行为中作为行为者的人，具有相对于对象性客体的主体性，这种主体性说明人在自己对象性行为中的地位与作用。而客体是对象性行为中的对象，既可以是物，也可以是人，具有一种与主体相对立的自身的规定性。主体与客体都具有自身的客观性，主体表现为人自身的现实结构和规定性，而客体表现为不以主体的意志为转移的属性与规定性。在主客体关系中，在认识活动和实践活动中主客体相互作用的内容，一般涉及两个基本过程，一是主体客体化，指客体对主体的作用与影响，二是客体主体化，指主体对客体的作用与影响，后一方面就是所谓"价值"的实质内容。②

客体主体化指主体依据自身的尺度，从物质与观念上去接触、影响、改造客体，在客体身上显现和直观自己的本质，使客体具有主体所赋予的特征，从而实现主体自己的发展。客体主体化具有鲜明的主体特征，具体表现如下：一是为我性。"当物按人的方式同人发生关系时，我才能在实践上按人的方式同物发生关系。"③ 这表明在建立主客体关系时，主体基于自身的内在规定性，按照自己的尺度对客体的自在规定性进行选择与改造，使得客体在特定意义上成为"为我"而变化的客体。但是这种为我性不是随意的，而是需要按照客体的内在尺度而构建的主客体关系。马克思在分析劳动时就指出，"动物只是按照它所属的那个种的尺度和需要来构造，而人按照任何一个种的尺度来

---

① 李德顺. 价值论：一种主体性的研究 [M]. 北京：中国人民大学出版社，2013：29.

② 李德顺. 价值论：一种主体性的研究 [M]. 北京：中国人民大学出版社，2013：43—45.

③ 马克思恩格斯全集 [M]. 北京：人民出版社，2002：304.

进行生产，并且懂得处处都把内在的尺度运用于对象"。① 这实质表明只有人才能作为主体，才能将主体的内在尺度与客体的内在规定性统一起来，在遵照客体的内在规定性基础上以主体的内在尺度选择和改造客体。二是需要性。"'需要'产生于主体自身的结构规定性和主体同周围世界的不可分割的联系，是人的生存发展对外部世界及自身活动依赖性的表现。"② 正是这种需要使得主体对客体产生作用，促使主体基于自身的规定性而选择与改造客体，通过主体对客体的"人化"而满足主体的需要。而目的是"更集中更现实地体现了主体需要与客体特性之间的具体联系。"③ 作为需求的具体化与现实化，目的更为有效地促进客体主体化，使得主体对客体的作用更明确和更活跃。三是效益性。当主体的需求与目的得到满足时，主体的需要与目的就通过客体转化成为现实的客观形态，客体主体化已就成为现实，主体对客体的作用就回到了主体身上，这对主体而言就产生了效益，客体同化于主体，客体为主体服务，价值得以实现。由此可见，审视客体主体化的本质及其特征，从主客体关系及实践的角度出发，价值是"客体的存在、属性和合乎规律的变化与主体尺度相一致、相符合或相接近的性质和程度"。④

在教育领域，关于价值的认识，受到广泛认可的也是基于马克思主义的关系说的，即克服价值的理解上的"客体属性说"和"主体需要说"，将二者联系起来，在主客体关系范畴中理解价值。一是认为价值是一种主客体关系。"价值取决于客体，但又不单纯指的是客体，是客体的主体效益；价值取决于主体，但又不能完全归结为主体，是主体对客体需要所产生的一种关系。"⑤ "所谓价值，是指作为主体的人的需要与作为需要的对象的客体的属性之间的

---

① 马克思恩格斯全集［M］. 北京：人民出版社，2002：274.

② 李德顺. 价值论：一种主体性的研究［M］. 北京：中国人民大学出版社，2013：44.

③ 李德顺. 价值论：一种主体性的研究［M］. 北京：中国人民大学出版社，2013：44.

④ 李德顺. 价值论：一种主体性的研究［M］. 北京：中国人民大学出版社，2013：53.

⑤ 黄济. 教育价值与人的价值［J］. 教育研究与实验，1989（3）：1—4.

一种特定的关系。"① 二是这种主客体关系不是一个平衡性的关系，价值主体占据着主导地位。"我们不是希望在两者之间寻找一种平衡，而是明确表示应该从主体的需要去说明对象的价值，在价值关系中主体的需要是主导方面，是积极方面，客体的属性，则是被说明的方面，是消极方面，在这两个方面中，我们更为关注主体的需要，并把它作为研究价值问题的突破点。"② 由此看来，教育研究者更多地接受价值的关系说，并在一定程度上强调主体的地位与作用。在对价值的认知与理解的基础上，可以发现教育价值也属于一种关系范畴。典型的定义如，"所谓教育价值，指的是教育活动的属性、特点、功能、效果与教育活动主体需要的适合或满足。"③ 从进一步强调主体的角度出发，教育价值是"教育作为社会系统中的一种客体，对社会主体和个体主体的发展需要的一定满足（适合、一致、促进等）"。④

结合前述关于价值的分析，基于主客体关系说对于教育价值基本内涵的通常理解，教育价值属于关系范畴，客体是教育活动，主体是与教育活动关涉的个人与社会，与教育活动关涉的主体的需要与教育活动这一对象性客体的属性之间的关系。从客体主体化的角度来看，教育活动关涉的主体依据自己的需要及目的、自己的主体结构及其规定性，从观念、行为、活动等方面构建、影响、变革教育活动，使得教育活动显现和直观与教育活动关涉的主体的本质、特性等，在此过程中使得教育活动关涉的主体进步与发展。这就是教育价值的实现过程。同样，教育价值也具有为我性、需要性、效益性等特征。为我性表明教育活动作为一种育人的活动，是人类在长期的发展过程中按照人的认知规律及发展过程、人类社会的发展规律等内在尺度而构建的一种社会活动，而且教育活动的客观规定性也是基于人的内在尺度而建立起来的，这进一步说明与其他改造物化客体的实践活动相比较，教育活动具有更强的为我性。需要性表明为了更好地实现人类社会的延续与发展，将年轻

① 王坤庆. 现代教育哲学 [M]. 武汉：华中师范大学出版社，1996：171.

② 马凤歧. 教育价值的理论问题 [J]. 北京师范大学学报（社会科学版），1994 (6)：35－42.

③ 扈中平. 教育目的论 [M]. 武汉：湖北教育出版社，1997：99.

④ 王卫东. 教育价值概念的历史考察与理论分析 [J]. 北京师范大学学报（社会科学版），1996 (2)：29－35.

一代培育成为社会所需要的社会人，也为了让个人更好地生存与发展，实现未成年人更好的社会化，在多种多样的人类活动中，教育活动作为培养人的社会活动，能够更好更快地满足社会存在与发展、个人生存与进步的需求。效益性表明，当按照社会的教育需求及个人的发展需求将受教育者社会化，培养成为社会所需要的人，让个人能够很好地生存与发展，与教育活动关涉的主体对教育活动的作用就得以实现，或者说教育活动就实现其目的，服务于社会发展和个人进步。在这个意义上，教育价值对社会发展及个人进步的效益就得以实现。

二、教育价值观

"任何价值现象的特点，都依主体的特点而形成，并主要表现出来自主体一方的规定性。"① 价值是以主体的尺度为基准而进行的客体主体化，因此价值具有"主体性"，这在认识上、观念上就表现为价值观。价值观是主体基于自身的特定需求、主体所处的不同情境等对客体的"有用性"做出的判断。在实践中，同一个客体对于不同主体具有不同的价值。主体大致可以分为人类总体、特定时代的主体、特定社会的群体、特定的个人等，这些不同类型和层次的主体的需求不同，对于同一客体的价值判断就是不同的。同样，同一客体对于同一主体的不同方面有不同的价值。原因在于主体的需求是多方面的，不存在某一个客体能够有效地满足主体的这些多方面需求，通常意义上一个客体能满足主体的某一方面的需求、甚至某几方面的需求。这使得主体的价值观呈现出综合的、立体的形态。此外，同一客体对于同一主体在不同时间上也具有不同价值。由于主体的需求存在一个流变的过程，随着时间推移，同一个需求的大小、强度、方向等都会发生变化，这使得同一客体对于主体在不同时期的需求的满足程度是不一样的，相应的价值观也发生变化。显然，不同主体、不同需求呈现变动不拘的特点，使得价值观具有鲜明的多样性、多元性、丰富性、动态性。

---

① 李德顺. 价值论：一种主体性的研究 [M]. 北京：中国人民大学出版社，2013：57.

教育价值呈现出更为复杂的主体性。因为教育活动是由人类所创生的、改造受教育者的活动，比其他以改造物质世界为基点的人类活动表现出更多的主体性属性。如教育目的是将年轻一代培养成为社会所需要的合格人才，教育活动的实施者如教师、学生、教育管理者等体现出特有的主体性，具有非常强烈的主观性、能动性等，使得教育实践呈现出非常鲜明的主体性。由此看来，从人类到具体的个人来看，教育活动中的价值主体涉及人类、国家、社会、学校、家庭、教育管理者、教师、学生等，这些多层次多类型的价值主体都有各自的教育需求和教育目的，对于教育活动的价值判断就存在差异、甚至非常大的差异，也就形成了内涵不一的教育价值观。同样，教育活动对于同一主体的多方面需求的满足度不同，也使得这一主体感知到的教育价值观具有立体性和系统性。如对于社会而言，教育活动能够满足社会劳动力再生产、社会主流观念和意识的传递、优秀文化传统的弘扬与发展等需求，不过对这些需求的满足程度不同并且社会对此的认知也是不同的，从而使得社会的教育价值观呈现出一个立体的、综合的观念体系。此外，从时间维度上来看，教育价值观也是一个流变的过程。如从终身教育的角度来看，一个人的教育价值观是会发生变化的。在青少年阶段，教育价值主要为个人的未来生活做准备，为个人的生存与发展奠定基础。而在成年以后，在某种意义上，教育价值就表现为教育活动是一个人工作和生活的助力，甚至不再需要系统的、特定的教育也可以很好地工作和生活，从而基本的教育价值观就可能是教育活动是处于非核心地位，是可替代的。

三、教育价值取向

作为价值哲学的重要范畴，价值取向是"一定主体基于自己的价值观在面对或处理各种矛盾、冲突、关系时所持的基本价值立场、价值态度以及所表现出来的基本价值倾向"。[①] 首先，价值取向与价值观密切相连，是特定的价值主体在价值观方面的集中表现，秉持特定价值观的主体在面对由不同的

---

① 徐贵权. 论价值取向 [J]. 南京师范大学学报（社会科学版），1998（4）：40—45.

需求所导致的矛盾、冲突和关系时所表现出来的与价值相关的立场、态度、思想、倾向等。其次，价值取向是为价值主体所认可的优势价值观念，甚至某些价值观成为一定文化所选择的优势观念形态，或为个体所认同并内化为人格结构中的核心部分，具有评价事物、唤起态度、指引和调节行为的定向功能。作为一种社会文化所呈现的倾向，价值取向对价值主体的行为具有特定的导向功能。此外，价值取向具有实践品格，比价值意向更加明确、稳定，它的突出作用是决定、支配主体的价值选择，而价值选择体现价值取向，是价值取向的具体化和现实化，对价值主体自身、价值主体间关系、其他价值主体等均产生重大的影响。

价值取向具有主体性、制约性、先在性、稳定性等特征。主体性指价值取向是主体的价值取向，是基于价值主体的利益需求及选择而做出的权衡、抉择、判断等，在自身价值取向的确立与价值取向的功能上，价值主体具有很大的自主性、自觉性、自由度，并且价值取向还深刻地烙上主体的价值偏好、价值好恶等。比如，当在外在环境的作用下主体被强制地进行价值选择，主体所秉持的价值取向也会有效地控制这种价值选择的方式及强度。制约性指价值取向不是主体随心所欲的，而是受到各种因素的制约的。如主体的价值取向不是空穴来风，是受到特定的历史条件的制约，因为"人们自己创造自己的历史，但是他们并不是随心所欲地创造，并不是在他们自己选定的条件下创造，而是在直接碰到的、既定的从过去继承下来的条件下创造"①。又如主体的价值取向也受到其他主体的制约，是不同的利益关涉者基于自己的需求及目的而在价值层面上矛盾妥协、关系协调、冲突化解的结果。这种结果也正如恩格斯所言，"总是从许多单个的意志的相互冲突中产生出来的……又可以看作一个作为整体的、不自觉地和不自主地起着作用的力量的产物"②。先在性指价值取向一旦形成，就内化为主体的一部分，作为价值标准、思维结构等对主体未来的行动与行为进行价值判断与价值选择，成为主体价值活动的把关人，对主体的活动与行为具有支配性和一定程度的强制性。稳定性

---

① 马克思恩格斯全集（第 8 卷）［M］. 北京：人民出版社，1979：121.
② 马克思恩格斯全集（第 4 卷）［M］. 北京：人民出版社，1979：478.

指价值取向不是瞬间而为的，是在长期的价值选择、价值冲突、价值实践中形成的，一旦形成，使得主体表现出某种价值惯性，在较长时间内表现为主体核心价值观的相对一致性和连续性。

关于教育价值取向的定义，主要的出发点是基于价值取向的功能——引导价值主体进行价值选择，代表性的观点是"教育主体在教育活动中根据自身需求进行教育选择时所表现出来的一种价值倾向性。"① 这类观点虽然点明了教育价值取向的核心功能是价值选择，但是问题在于功能通常是事物本质在实践层面的外在表现，能表达事物及与之相关联的现象，却在某种程度上不能直达事物本质。并且，在一定意义上，教育价值取向更多地涉及认识层面和观念层面的问题。因此，对教育价值取向的认识需要抓住与之相关的核心要素，如主体需求、客体属性、主客体关系等，循着教育价值、教育价值观、教育价值取向的认知路径，形成教育价值取向的概念，然后从教育价值取向的功能的角度进行调整。在这个意义上，教育价值取向是与教育活动关涉的主体基于自己的教育价值观，在面对或处理与教育活动有关的矛盾、冲突、关系时秉持的基本价值倾向。当然这些矛盾、冲突、关系是由不同主体需求之间、主体的不同需求方面之间、主体的前后需求之间相互作用而产生的。教育价值取向也是与教育活动关涉的主体根据自己的需求，在自身条件、所处环境、文化传统、社会背景等规约下形成的优势的教育价值观念。教育价值取向是基于教育活动的客观属性且可能实现的。当然，教育价值取向的核心功能是决定、支配与教育活动关涉主体对于教育价值的选择，将教育价值取向具体化和现实化，引领教育朝着特定的方向发展。"教育要发挥什么功效，受教育者向什么方向发展，创造什么类型的教育，培养什么类型的人才，无不受教育价值观决定，所以，教育价值取向是教育工作的出发点和落脚点"。②

教育价值取向具有主体性、制约性、先在性、稳定性等特征。主体性表明在教育价值取向的内涵确立与功能实现方面，与教育活动关涉的主体表现

---

① 刘旭东. 论教育价值取向 [J]. 青海师范大学学报（社会科学版），1992（1）：94—99.
② 孙扬，朱成科. 新世纪以来我国农村基础教育研究价值取向研究综述 [J]. 教育学术月刊，2011（12）：34—36.

出特有的自觉性、自为性等。制约性表明教育价值取向受到与教育活动关涉的主体所处的时代环境、社会条件等的限定，而不是随心所欲的。先在性说明教育价值取向一旦形成，就自动地内化为主体的人格特质、思维范式、行动模式等，对未来的教育活动起着明确的价值判断与价值导引的作用。稳定性表明教育价值取向是在长期的对教育活动的认知与实践中形成的，当与教育活动关涉的主体确定了某种教育价值取向，通常维持相对较长的时间，并且难于发生根本性的改变。在很多情况下，当受到特定事件、活动、现象、问题等的剧烈冲击时，与教育活动关涉的主体在教育价值观念上产生巨大的认知落差时，教育价值取向才可能发生根本性改变，而且对于与教育活动关涉的主体而言，这种教育价值取向的深度调整与根本变革通常需要经历一个非常痛苦的过程。

综上所述，基于主客体的关系视角及实践立场，教育价值作为客体主体化的过程，从与教育活动关涉的主体的需要及目的的角度使得教育价值观呈现出独特的主体性，而符合及满足主体核心需求及目的的教育价值观在长期的教育认知活动与实践活动中则被凝结成为教育价值取向。

四、乡村教育价值取向

乡村指乡村地区各种形式的村民居住场所，通常指人口稀少和分散的村落，以农业生产为主要经济基础，在行政区域规划上与城市及城镇相对应。乡村教育指乡村中与村民的生存与发展相关的教育体系，包括乡村学校教育、乡村成人教育、乡村职业教育等，其核心是乡村学校教育。乡村教育价值指与乡村教育活动关涉的主体的需要与乡村教育活动这一对象性客体的属性之间的关系，即教育主体依据自己的需要及目的、主体结构及其规定性等，从观念、行为、活动等方面构建、影响、变革乡村教育活动，使得乡村教育活动显现出与乡村教育活动所关涉的主体的本质、特性等，在此过程中促进乡村教育活动所关涉的主体进步与发展。乡村教育价值也具有特定的主体性，与乡村教育相关的主体包涵国家、社会、家庭、村民、学校、教师、学生等，这些主体的需求及目的存在差异，对乡村教育价值的认知就表现出不同的样态，这就形成了乡村教育价值观。

乡村教育价值取向就是与乡村教育活动关涉的主体基于自己的乡村教育价值观，在面对或处理与乡村教育活动有关的矛盾、冲突、关系时秉持的基本价值倾向。这些矛盾、冲突、关系等是与乡村教育关涉的主体、主体的不同方面及不同时间在有关乡村教育的需求及目的、所面临的条件及环境方面所存在的综合性联系。在功能上，乡村教育价值取向主要引领着与乡村教育活动关涉的主体进行价值选择，指导着这些主体在参与及关注乡村教育活动中的教育认知及教育行为。同样，乡村教育价值取向也具有主体性、制约性、先在性、稳定性等特征，在乡村教育这一特定对象上表现出典型性和个案化。如在有数千年的农耕文明的中国社会中，乡村一直作为社会的最基本组成单位，这在一定程度上使得乡村教育价值取向在传承乡村文化、延续乡土文明等方面，具有超长期的稳定性。

五、乡村教育价值取向的时代境遇

乡村教育价值取向作为一种优势的、为社会大多数人所认可的教育价值观，必然要反映时代进步和社会发展的现状与特征。同时，乡村教育价值取向的作用是引导乡村教育在特定的时代背景下走向何处。因此，分析乡村教育价值取向，需要理解乡村教育发展所处的时代背景和社会条件。这样可以比较确切地发现乡村教育价值取向的真实走向，有效地回答"为什么乡村教育价值取向会是这样"。在当下，乡村教育价值取向面临着国家现代化、新型城镇化、人的生存与发展等现实需求，需要关照这些重大的现实问题，为了这些方面的可持续发展而引领乡村教育持续、健康地发展。

自鸦片战争以降，现代化是中华民族孜孜以求的伟大理想，是中国近代以来的历史主题，而教育是中国现代化发展的基本推动力量。从清末开始，中国的现代化进程基本是实现第一次现代化，从农业走向工业，从农业经济走向工业经济。洋务运动的指导思想是"中学为体，西学为用"，"师夷之长技以制夷"，期望学习西方在工业革命以来所生发的技术，达到捍卫国家的目的，与之相应的教育价值取向就是在新式学堂中学习西方的先进技术。20世纪上半叶，除了推动以工业化与城市化为核心的现代化，面对中国广大的乡村社会，按照现代化的要求改造乡村就成为现代化的一个重要组成部分。这就要求当时的教育价值取向、尤其是乡村教育价值取向就是为改变乡村社会而服务，典型做法有晏阳初所倡导的平民教育运动、梁漱溟所推行的乡村建设运动等。建国以后，以经济现代化为核心的四个现代化，要求教育价值取向主要推动经济建设，在以工业建设和城市建设优先发展的需求之下，乡村教育价值取向是在服务于农业现代化的基础上，优先地服务于工业现代化和城市建设，向城市输送人才。改革开放以后，逐步形成经济建设、政治建设、文化建设、社会建设和生态文明建设的"五位一体"的现代化总体布局，这种全方位的现代化使得乡村教育价值取向是通过促进城市与乡村协同发展而培育社会主义现代化建设需要的建设者与接班人。在新世纪，现代化的格局是处于一个重要转型时期，即第一次现代化还没有完全实现，第二次现代化也同时到来，也就是由工业时代走向知识时代，由工业经济走向知识经济，处于两次现代化发展叠加的关键转型期，乡村教育价值取向就需要引导乡村教育有效地服务于这两种现代化。总之，中国现代化的历史进程使得乡村教育必须主动或者被动改造中国几千年来形成的乡村社会，迎接工业化、城市化等对乡村教育的诉求，并在新世纪促进特有的农村现代化。

在长期的先城市后农村、先工后农和重工轻农的经济社会发展过程，农村成为工业发展的原料提供基地和为城市发展输送劳动力、市民和人才的大后方，使得城市与农村在经济社会发展水平上差距非常大，尤其是主要处于农村边缘地带的乡村，这种差距就更加明显。为了缩小城乡差距，国家先后提出了社会主义新农村建设、城乡一体化、新型城镇化等发展方略，目的在于通过城市反哺农村、城市带动农村、城市与农村共生发展等方式，促进农村尤其是乡村的和谐、文明、持续发展。在这种背景下，乡村教育价值取向需转变服务于城市的传统取向，逐渐走向服务于乡村发展，挖掘乡村教育对于乡村社会发展的作用与功能。

在以人为本的理念越来越深刻地影响人们的价值观的情形下，人的生存与发展无疑被放在越来越重要的位置，甚至已经走向了社会发展的核心地位。在某种意义上，现代化的发展过程及改革开放的过程，除了以工业文明为着力点的发展过程让物质现代化和物质文明更加凸显，更为重要的是人的现代化及其精神文明越来越昌明，实质上人的解放程度越来越大。这一趋势在教育领域也有鲜明的反映，回顾改革开放以来的教育发展历程，"从 20 世纪 80 年代以经济建设为主导，到 90 年代微观教育领域中对人作为主体的发现，进而到 21 世纪初确立关怀生命的教育价值取向和对教育公平的追求，反映了教育改革不断地朝着发现人、解放人的目标前进"。① 在这种社会发展诉求及教育发展趋势之下，乡村教育价值取向需要回归乡土，赋予村民乡土气息，引导村民对乡村的认同，进而让村民服务于乡村建设。

　　因此，乡村教育价值取向是指在主客体关系中关于客体主体化的特定的规定性，于是就要厘清其相关的主体与客体。与乡村教育活动关涉的主体包括国家、社会、学校、教师、学生、家长等。如果从存在论的角度来看，这些主体涉及三个方面，一是国家主体，包含民族、教育行政管理部门、代表国家实施教育活动的学校及教师等；二是乡村社会，是乡村教育活动存在的、最直接的现实环境；三是受教育者，指在教育活动中为自己的生存与发展获益的个人和群体，主要包括乡村学校的学生、生活在乡村学校的村民等。教育活动是国家根据社会行业分工、社会发展需要、社会条件而设定的培养人的社会化活动，其目的是促进个体社会化和社会个体化。因此，从国家、乡村社会、受教育者三个层面，个体发展和社会进步相统一的视角，基于现实的时代境遇系统地分析乡村教育价值取向。

第二节　乡村教育国家价值取向

　　教育是国家发展的奠基工程，对国家的政治、经济、文化等方面都发挥着重要而深远的影响，因此从国家层面审视国家的乡村教育价值取向，就具有非常重要的价值与作用。当下，国家对乡村教育的价值取向主要集中体现在现代化、新型城镇化、国家安全等方面。

一、乡村教育的人化现代化价值取向

　　现代化是中国近现代一百多年来苦苦追寻的梦想。在第一次现代化进程

---

　　① 冯建军. 向着人的解放迈进——改革开放 30 年我国教育价值取向的回顾 [J]. 高等教育研究，2009（1）：17—25.

中，以工业化和城市化为核心特征和基本方式的现代化实质是一种物质现代化，这种现代化强调教育对于物质生产的支持作用。教育对经济的影响主要是通过提高受教育者的教育水平而提高劳动生产率，或是劳动力再生产而促进经济持续发展。教育对政治的影响主要是促进受教育者在社会中向上流动、提升受教育者参与民主政治的能力等。其中在一定程度上，受教育者在社会中的流动主要是基于拥有物质财富的多寡而判断其社会地位的高低流向。教育对科技的影响主要是培育科技人才、促进科技知识的传承与创新等，实质是在"科技是第一生产力"的立场上强调教育对于科技进步与发展的作用。由此看来，受此种"物"的现代化的影响，教育也就支持、践行这种"物"的现代化。这种"物"的教育现代化使得教育间接而曲折地成为了社会的一个物质生产行业。通常而言，乡村教育主要处于整个教育体系的前端部分，为整个教育体系的基础部分，也为整个教育体系的物化发展奠定着基础。在乡村教育资源相对不足、乡村经济社会相对落后、乡村社会地位相对较低等的影响之下，村民将乡村教育当作经济物质条件改善、社会地位提升等的途径与方式，导致乡村教育被物化的程度更为严重。但是教育是一个以培育人为旨规的人化活动，物化的教育现代化显然就不是教育现代化的本质。这需要改造物化的教育现代化，实现人化的教育现代化，才能实现教育现代化的本真。因为，只有当人化的教育现代化真正实现，教育才有可能让受教育者在超越物化的前提下按照人化的方式去引领、规划和实现其他社会生活领域的现代化。乡村教育亦然，迫切需要物化的乡村教育现代化发生转向，实现人化的乡村教育现代化。

在农村人口大量进入城市、乡村学校撤并的现实背景下，乡村教育价值的现代化取向出现消极趋向，甚而有人认为可以用城市教育替代乡村教育，让乡村教育在城市教育现代化的过程中自然消亡。这实质上表明乡村教育不存在，也就不存在乡村教育价值问题。这一结论是建立在当下乡村社会式微的前提下的，不过乡村社会不可能真正消亡。现实的情况是，乡村社会在逆城市潮流、新型工业革命、中华文化传承等方面表现出了特有的生机。[1] 根据

---

① 邬志辉. 乡村教育现代化三问 [J]. 教育发展研究，2015 (1)：53—56.

国际经验，许多发达国家出现了"逆向城市潮流"，人口由人口密集的城市向人口稀少、环境清新的农村流动。新型工业革命指依靠生产要素集聚、以环境污染为代价的传统工业生产方式向发掘乡村资源、依托绿色能源、构建生态文明的现代工业生产方式转变，新型工业化、新型生态农业、旅游观光农业以及现代农村社区服务业的崛起，将引导人口向乡村的回流。"原来中国社会是以乡村为基础，并以乡村为主体的；所有文化，多半是从乡村而来，又为乡村而设，法制、礼俗、工商业等莫不如是"。① 在以乡村为根基建立的中国社会，乡村文明是中华传统文化的重要体现，难以以城市文化切断和替代源远流长的乡村文化，需要以现代化精神来改造乡村文化、构建现代化的乡村文化和乡村文明。在现代化进程中，这些乡村社会的特征与趋势表明，如果乡村教育消失，村民将难以接受到符合现代化发展要求的乡村教育，不能完全真正由农村融入城市的广大村民将难以在社会中获得向上流动的机会，也难以构建起符合现代化精神的乡村文明。因此，乡村教育价值取向要防止乡村教育现代化的消极取向，引导和实现乡村教育现代化，尤其是要着眼于实现人化的乡村教育现代化。

二、乡村教育的新型城镇化价值取向

城镇化是中国现代化进程中的一个重要标志，以土地资源置换、大规模造城、农村人口简单聚集于城市或城镇等为特征，实质是一种生产要素的简单、粗放积聚。在这种背景下，教育资源也随之不断向城市及城镇流动，尤其在集中力量办窗口校、办名校的教育政策的驱动下，乡村教育资源以更大规模和速度不断地集中到城市或城镇，这使得村民只要有一点可能，都竭力涌向城市或城镇而获取优质教育资源。一个直接的现象就是择校现象，从上世纪90年代以来，择校现象越来越严重，似乎越是禁止择校，择校就越严重。事实上，择校的主流是乡村儿童以随迁子女和流动儿童的身份在追寻城市的优质教育资源。在这种城市化的乡村教育价值取向驱动之下，乡村教育势必走向式微、萎缩和退步。

---

① 梁漱溟. 乡村建设理论 [M]. 上海：上海人民出版社，2006：10.

新型城镇化则是以城乡统筹、城乡一体、产业互动、节约集约、生态宜居、和谐发展为基本特征的城镇化，也是大中小城市、小城镇、新型农村社区协调发展、互促共进的城镇化。"新"就是由过去片面注重追求城市规模扩大和空间扩张，转变为以提升城市和乡村的文化品位、公共服务等为内涵，使城市和乡村都成为较高品质的宜居之所。作为新型工业化、区域城镇化、社会信息化和农业现代化的生态发育过程，新型城镇化的核心是不以牺牲农业和粮食、生态和环境为代价，着眼农民，涵盖农村，实现城乡基础设施一体化和公共服务均等化，促进城乡经济社会和谐发展，实现城乡共同富裕。由此看来，新型城镇化是通过对资源的相对集约和有机组合，促进城市和乡村的内涵提升，实现城乡经济社会内在一体化，引导城乡经济社会可持续发展。在这个意义上，乡村教育价值取向需要做出相应的调整。一是，乡村教育价值取向秉持新型城镇化的精神与内涵。在过去的较长一段时间里，乡村教育价值取向采取非此即彼的二元思维，在"城市中心"和"农村中心"之间飘逸不定。[1] 而且由于我国受到长期以来的"以农村为中心的农本主义和以城市为中心的城本主义"的影响，[2] 乡村教育价值取向在农本主义与城本主义之间形成一个价值选择上的悖论，乡村教育的发展基于农本主义，但其发展目标却是支持城本主义。因而，乡村教育价值取向需要在新型城镇化的引领之下，回归到基于农本主义和服务于农本主义的立场，促进乡村儿童的健康发展。二是乡村教育价值取向需要注意兴农。新型城镇化强调小城镇培育和新型农村社区建设，着眼农民，覆盖农村，注重"三农"现代化。这表明乡村教育价值取向需要关注促进乡村可持续发展，进而为城乡和谐发展服务。

三、乡村教育的国家安全价值取向

乡村空心化是城镇化过程中农村人口流失之后的特殊现象。在教育资源被大量集中到城市的背景下，进城务工的家庭将子女带到城市接受教育。尤

---

① 刘月红. 论城乡一体化背景下我国农村教育价值取向的迷失与重塑 [J]. 教育理论与实践，2013（22）：20—23.

② 苏刚，曲铁华. 现代化进程中我国农村教育价值取向的嬗变及重构 [J]. 教育发展研究，2014（1）：12—16.

其是在撤点并校之后，很多乡村的学校被集中到城镇，许多离城镇较远的偏远乡村没有学校，这迫使乡村儿童向城镇中心学校流动，也加剧他们向城市学校流动。在这些因素的叠加之下，乡村学校不能有效地整合乡村社会，乡村社会在中国现代社会中的地位日渐衰落。这在一定程度上将影响到国家安全。首先，乡村空心化使得国土安全受到挑战。如果因为乡村教育被弱化，严重的乡村空心化致使乡村社会大面积消亡，广大的农村地区将被忽视，从而引起固疆守土方面的困难。极端的情况是，在一些边境地区的村落，由于缺少学校而成为"空心村"，给他国居民趁机非法越境生产和居住提供了机会，从而影响了边境国土安全等。因为边境地区各族人民是建设边疆、巩固边防的重要力量。边境地区乡村教育质量的提高，才可能将乡村儿童与村民留在边境乡村，有效地实现稳边固边和维护国家领土安全。其次，随着乡村人口大量涌进城市，当下许多乡村因只剩下老弱病残，无力有效耕种土地，乡村土地的荒芜将影响到国家的粮食安全。因为作为一个人口大国，国家粮食安全的保障方式绝不可能完全以工业化的成果来从国际市场上置换农业成果。因此，乡村教育价值取向必须顾及国家安全。因此，乡村教育价值取向必须考虑国家安全问题。乡村教育作为乡村社会的一个核心，可以凝聚乡村社会，稳定乡村社会，从而保障国家安全，尤其对固疆守土和保障粮食安全具有重要意义。

第三节　乡村教育社会价值取向

如果说乡村教育价值的国家取向规定了乡村教育价值取向的总方向，那么对于乡村教育存在的乡村社会，就有必要在这一总方向的指导之下，结合乡村社会的实际，在乡村社会落地和具体化乡村教育价值取向。这就涉及乡村教育价值的社会取向问题。在现实中，乡村教育作为乡村社会的一种现象，其存在的价值就是要满足乡村社会发展的特定需求。长于斯，服务于斯。也就是说，乡村教育价值取向需要在一定程度上受到乡村社会发展需求的引领。对于乡村社会，当下的乡村社会与改革开放前的乡村社会不同，与建国以前的乡村社会的区别更大。因而乡村社会建设只能在批判继承乡村社会的传统的基础上，遵循乡村社会现代化、新型城镇化、社会主义新农村建设等当下的基本时代要求，审视在乡村社会中实现这些需求需要乡村教育发挥何种价值。

一、乡村教育的社会聚合价值取向

不可否认，与蒸蒸日上的城市社会和传统繁荣的乡村社会相比较，当前乡村社会式微，对村民缺少必要的吸引力，村民纷纷逃离乡土。首先，乡村社会人口流失严重，坚守乡村的村民主要是少量的农村老龄人口、极少数没有机会和能力离开的青壮年等，尤其在西部老少边穷地区，这一现象更加明显。其次，由于长期的城乡二元社会使得农业"高投入低产出"的经济效益低下、乡村社会公共服务资源缺乏、村民社会地位底层化趋势严重等，一旦有机会，村民就会离开乡村而涌向城市或城镇。因为对于村民而言，从生活的功用价值出发，乡村生活的功用价值显然远远低于城市生活。此外，更为甚者，在强势的工业文明和城市文明面前，传统的农业文明与乡土文明显得非常脆弱。乡村文化生态呈现出这样一种状态：乡村文化价值在以物的现代化诉求中整体贬值，直接导致乡土文化的边缘化；传统乡村士绅所代表的乡村知识人与村民相结合而构成的乡村社会结构的解体，导致当下有知识与素养的乡村知识人整体地逃离乡土；社会整体文化事业的产业化与乡村精英文化接受能力的欠缺，直接导致精英文化传播在乡村社会中的整体缺席。[①] 这种传统乡村文化的解构使得乡村社会缺失内在的文化吸引力，村民缺失必要的精神依托而逃离乡村。由此看来，乡村社会总体上处于一种被边缘化的状态、一种被解构的状态。

但是"中国社会的基层是乡土性的，那是因为我考虑从这基层上曾长出一层比较上的乡土基层不完全相同的社会……我们不妨先集中注意那些被称为土头土脑的乡下人。他们才是中国社会的基层"。[②] 在数千年的农业文明中，中国的农业文明为中国社会打下了深厚的文化底色和社会基因，加之现实的

---

① 刘铁芳. 乡村教育的人文重建：起点与路径 [J]. 湖南师范大学教育科学学报，2008 (9)：21—24.

② 费孝通. 乡土中国 [M]. 北京：北京大学出版社，2012：9.

"三农"问题还是一个影响社会发展的、重中之重的全局性问题，因此中国社会的基本形态仍然是乡土社会。乡土社会继续在农业文明向工业文明的转换过程中发挥着不可替代的支撑作用，乡村社会发展的速度、水平及品质将直接影响、甚至在一定程度上决定中国现代化、新型城镇化的进程与效果。在这个意义上，乡村社会需要改造与重建，在新的时代境遇之下获得新的生命力，更为有力地推动中国社会的持续发展。

在教育与其他社会要素的关系中，教育的发展在很大程度上有赖于政治、经济、科技、文化等社会要素的支持，而教育对于社会的改造的整体功能是相对有限的，通过培养社会所需的人才、传承人类文明与文化等方式对社会发展起到奠基作用，这种作用是在社会其他要素许可和配合的情况下才能间接地产生的。乡村教育对于乡村社会发展的作用也是如此。这从当下乡村教育乏力加深了乡村社会式微的程度方面可以反证这一规律。

"中国社会从基层上看去乡土性，中国的文字并不是在基层上发生。最早的文字就是庙堂性的，一直到目前还不是我们乡下人的东西。……不论在空间和时间的格局上，这种乡土社会，在面对面的亲密接触中，在反复地在同一生活定型中生活的人们，并不是愚到字都不认得，而是没有用字来帮助他们在社会中生活的需要。……如果中国社会乡土性的基层发生了变化，也只有在发生了变化之后，文字才能下乡。"① 这是费孝通先生指出的"文字下乡"，是在面对面的乡村熟人社会不需要文字就能有效交流的生态发生改变之后，形成了交流阻隔，产生于"庙堂"的文字就被乡土社会的交流所需要。在一定程度上，这是一种以文字为代表的文化下移。但是，在当下"与乡镇'悬浮型政权'相伴而生'文字上移'、'学校进城'。学校更似一座孤岛悬浮在乡村及其普通人的生活之上。"② 代表着"文字下移"的乡村学校远离了乡村而进入城市或城镇，使得"文字不再下乡"或者"文字上移"，这些上移的学校就如悬浮于乡村社会之上的孤岛。除了已经被集中到城市和城镇的学校成为在空间上远离乡村社会的孤岛，即使还在乡村中的学校，其中很多教师

---

① 费孝通. 乡土中国 [M]. 北京：北京大学出版社，2012：35.
② 刘云杉. "悬浮的孤岛"及其突围——再认中国乡村教育 [J]. 苏州大学学报（教育科学版），2014（1）：14-19.

完全采取从城镇到乡村之间的"走教"方式,居住在城镇,每天定时到校上课,上课结束之后即刻返回城镇,事实上教师对乡村学校的不认同与低投入也使得乡村学校成为与乡村社会隔离的"飞地"。这些孤岛及"飞地"在心理上和精神上切断了乡村教育与乡村社会的连接,出现了这种奇特的现象:"农民群众的话说得更直白:学校迁走了,孩子荒了,婆姨荒了,土地荒了,老人荒了!有这样一句打动人心的话:一个村庄没有了学校,就如同一个家庭没有了孩子。"① 在这种情况下,乡村社会出现人去楼空的现象,乡村社会自然就衰落了。这从反面证明了乡村教育对于乡村社会的存在与发展具有非常重要的粘合作用。由此看来,基于存在的乡村社会改造与重建需要乡村教育发挥特定的聚合力,通过为乡村儿童提供良好的教育机会,将村民的心与根留在乡村,促进乡村社会稳定与发展,这就是乡村教育价值对于乡村社会发展的聚合取向。

二、乡村教育的社会发展价值取向

村民逃离乡土的根本原因在于乡村社会缺乏必要的吸引力。乡村社会所秉持的农业文明在强势的工业文明冲击之下失去了强有力的社会竞争力,乡村社会原有的政治、经济、文化等被工业文明所解构,但是在工业文明之下农业文明的内在转型、改造、再生还远没有完成。在这种情况下,乡村社会对于村民的生存与发展所提供的机会远远少于城市社会,于是村民将寻找更好的生存与发展机会而离开乡土。由此看来,乡村社会的存在在一定程度上仅仅给予村民提供了留下来的可能,只有乡村社会得到发展,而且是较好的发展,才能真正让村民愿意留下来,甚至让已经逃离乡村的村民重新回到乡村。

在社会主义新农村建设中,要实现乡村社会的生产发展、生活宽裕、乡风文明、村容整洁和管理民主,乡村教育就需要积极发挥自身的作用,在经济、政治、文化等方面促进乡村社会发展。其一,乡村中小学需要利用地方

---

① 刘云杉. "悬浮的孤岛"及其突围——再认中国乡村教育 [J]. 苏州大学学报(教育科学版),2014 (1):14—19.

课程与校本课程，挖掘乡村及学校所在的周围的课程资源，构建学校与社区共进的教育模式，促进乡村社会经济发展。如成都蒲江就利用茶业产业优势，构建学校＋企业＋农民＋社区"四位一体"的学校社区发展模式，通过茶史茶情校本课程课程传递茶乡文明，让学生成为茶技"小先生"之后在家提升农民的茶技等。其二，在传统的乡村中，教师是乡贤，在乡村的政治生活、文化生活中发挥非常重要的作用。因此，乡村学校教师需要走出校园，扎根乡村，带领学生服务农村社区，在助推乡村民主、弘扬乡土文化、纯化乡风民俗等方面作出贡献。其三，根据乡村自身的发展实际，构建农民教育机构和乡村职业教育学校，培训农民的生产技能、生活技能等。如山西永济蒲韩社区办了农民学校，为全区 3800 多农户每年免费培训种棉相关的技术，同时学校的儿童也可以在周末到农民学校和农场学习种棉、纺纱、织布等技术。①

第四节　乡村教育育人价值取向

教育价值存在对于教育的价值，即对于教育自身的价值。这种对教育的价值也就有相应的价值取向。根据教育价值的主体来分析，国家、乡村社会、受教育者是三个最核心的乡村教育价值主体。因而需要从教育活动内部去分析乡村教育对于受教育者的价值及价值取向。就乡村教育而言，核心的教育价值主体是乡村儿童，相应的乡村教育价值取向就是乡村教育对于"乡村儿童成为什么样的人"的价值取向，涉及乡村教育应该给予乡村儿童什么的问题。

一、乡村教育的村民价值取向

在一定程度上，乡村是一个落后的代名词，"乡巴佬"、"土里土气"等带有贬义色彩的词汇通常被用来描绘乡下人。这使得乡村社会对城市生活艳羡不已，乡村儿童一出生就受到这种观念的熏陶，当进入学校以后这种鄙夷乡村、艳羡城市的观念就更加被强化。"那些将自己的孩子送到现代学校里去的

---

① 屈一平. 农村教育多元回归启示［N］. 瞭望新闻周刊，2013（24）.

人绝大多数都是"农业专家"。……然而，毫无疑问的是，当年轻人从学校回到生养自己的地方以后，对农业却一无所知。不仅如此，他们还从心底藐视自己父亲的职业。……对于故乡的生活，他一点儿也不感到有诗意。村庄的一切对他来说都是那样的陌生。他自己祖祖辈辈所创造的文明在他的眼里被看成是愚蠢的、原始的和毫无用途的。他自己所受的教育就是要使他与他的传统文化决裂。"① 在工业文明里生发的现代教育，对于乡村的态度是漠视的、决裂的。事实上，乡村教育是代表工业文明的城市教育在乡村的延伸，乡村教育首当其冲是服务于城市教育，通过一系列选拔机制为工业文明与城市文明输送人才。这就使得从泥土里生长起来的乡村儿童一旦接触乡村教育，就自觉地选择离开农业文明与乡村文明，在自身的人格体系中将乡村特质自动驱除出去，而缺少乡土气息的、来自乡村的人才势必成为一个被工业文明撕裂的、异化于乡村的、片面发展的人。对于美丽乡村、生态文明、和谐社会的建设与发展而言，与乡村文明和传统乡土文化相决裂的、生长于乡村的人才难以有效地肩负起这些重要的历史使命，而至于生长于城市、浸淫于工业文明和城市文明的人才就更加困难了。由此看来，乡村教育在价值取向上要让乡村儿童的性格构成具有、接纳、包容乡土的特质，"促进乡村青少年发展的基础上，面对当下乡村少年生存的现实，引导他们更多地认识脚下的土地，建立个人与乡土的和谐联系，培育他们的文化自信，从整体上促进乡村少年健全人格的养成"。②

事实上，随着现代化和城镇化的发达程度不断提高，农业现代化将减少从事农业生产所需的劳动力，更多的农村劳动力将转移到非农产业，使得乡村人口在总人口中所占比例还会下降。在乡村人口向城市流动的大趋势还未变化的情况下，村民的乡村教育价值取向并不完全是将乡村儿童培育成为必须呆在乡村、服务乡村的村民，而是即使他们离开长于斯的乡土，也需要让他们在价值观念层面具有乡土意识、乡土认同、乡土情怀。乡村教育要激发

---

① Prakash, M. S, Candi's Postmodern Education: Ecology, Peace and Multiculturalism Relinked [J] . Journal of Wholistic Education, 1993 (11):
② 刘铁芳. 回归乡土的课程设计：乡村教育重建的课程策略 [J]. 现代大学教育，2010 (6): 13—18.

乡村儿童的乡土意识,让乡村儿童认识到自己生于乡村、长于乡村,乡土是自己生命中不可磨灭的、不可或缺的一个重要成分,不存在乡土的高低贵贱之分,来自乡土的纯朴与磨砺对自己的人生非常有价值与意义。乡村教育还要激发乡村儿童的乡土认同,引导乡村儿童认同自己生活的乡村社会,热爱养育自己生长于斯的乡土,孝敬养育自己的父母等。乡村教育更要激活乡村儿童的乡土情怀,无论乡村儿童生活在乡村还是远离乡村,都应该时刻关注乡村社会的发展,为乡村社会的发展贡献自己的力量。更为重要的是,乡村教育需引导乡村儿童形成新型的乡村生活方式。在当下,乡村生活的传统封闭性已经被打破,经济现代化和信息现代化的共同作用使得乡村自觉或不自觉地被敞开,需引导乡村儿童意识到自己是乡村生活的主体,提升乡村儿童与乡村自然和乡村社会的原初的沟通,丰富他们对乡村社会的生活体验,基于此生发出现代乡村社会的生活方式,构建起基于现代经济、科技等的新型乡村生态文明。

二、乡村教育的公民价值取向

在长期的城乡发展差距状态下,村民被认为是处于社会最底层的、愚昧的、土里土气的。生于乡村、在乡村学校受教育的儿童,天然地带有乡村的气息。在不断地摆脱乡村、走向城市的过程中,乡村儿童通常不断地回避自己身上的乡村气息,甚至自己曾经是村民的事实,尽力用城市生活、城市风尚、城市人的要求去改造自己,将自己的村民身份改造成为市民身份。但是,在公民社会里,市民和村民都是公民,都是社会中平等的一员,可以依据自己的需求对城市生活和乡村生活进行自由选择。在社会主义新农村建设的要求下,从村民组织到农村社区、从落后的农村到宜居的美丽乡村,都在一定程度上凸显乡村生活,倡导村民与市民在国家公民层面上的平等。这就要求乡村教育将乡村儿童在国家公民层面进行教育,培养乡村儿童的公民意识和公民素养。

乡村教育需让乡村儿童理解乡村是一种独特的存在,乡村对于国家而言与城市一样重要,村民是国家公民的不可或缺的一个组成部分。为此,乡村学校课程知识需要更多地纳入乡村知识和乡村文化,像城市知识和城市文化一样赋予它们同等重要的生活意义。对于有关城市知识与城市文化的学校课程知识，需要基于乡村儿童的认知特征、学习习惯等进行重构，让乡村儿童基于乡村生活世界更好地理解。此外，乡村教育需要培育乡村儿童作为一个好公民所需要的素养，包括知识文化素养、法律素养、道德素养等。尤其是让乡村儿童理解乡村的风土人情、文化传统、发展历史等地方性知识，结合国家对公民素养的普遍要求，培育出适宜于乡村生活的公民素养。

第五节　乡村教育价值取向的实现理路

价值取向的核心功能是引领主体实现价值选择。"价值理论研究应当指引人们正确的行动方向，应当提供给人们价值判断的正确标准，应当告诉人们什么样的价值观是正当的，是合理的，是高尚的，什么样的价值观是不合理的、不正当的、不高尚的，并鼓励人们坚持前者，抛弃后者。"① 因此，根据乡村教育价值取向，引导乡村教育主体实现乡村教育价值选择，发挥促进乡村教育发展的正向引导功能，就是值得探讨的问题。

在当代中国，需要从三个方面来发挥价值取向的正向引导功能。② 一是坚持个人与社会的统一，坚持个人生存发展价值与社会发展价值的统一，在二者不可得兼时自觉坚持社会发展至上的选择，从而克服极端个人主义的价值取向。二是坚持合目的性和和规律性的统一。"动物只是按照它所属的那个种的尺度和需要来建造，而人却懂得按照任何一个种的尺度来进行生产，并且懂得怎样处处把内在尺度运作到对象上去；因此，人也按照灵的规律来建造。"③ 因此，价值取向的合目的性，要解决为谁追求价值、谋求什么价值等关乎价值主体的核心问题，使得个人的需求及目的与社会的需求及目的二者相统一，使得个人的主体尺度与社会的主体尺度相统一。价值取向的合规律

---

① 马凤岐. 教育价值的理论问题 [J]. 北京师范大学学报（社会科学版），1994(6)：36—42.

② 徐贵权. 论价值取向 [J]. 南京师范大学学报（社会科学版），1998（4）：40—45.

③ 马克思恩格斯全集（第43卷）[M]. 北京：人民出版社，1979：96—97.

性，就是把握好价值取向的合目的性得以实现的必要条件，使得价值取向的合目的性符合历史发展规律和社会进步潮流，更符合活动发展与事物发展的内在规律。三是坚持现实条件与理想追求相统一。这使得价值取向的产生、作用、效用等基于价值主体的生存与发展需求、价值主体所处的现实境遇、价值主体所承载的历史传统等，在此基础上，在一个合理地超越现实的价值目标的引领之下，提升价值主体进行价值选择的有效性。基于此，着眼发挥乡村教育价值取向的核心功能，才可能分析乡村教育价值取向得以有效实现的基本原则及理路。

一、明晰乡村教育价值取向的系统功能

在过去较长时间的现代化过程中，乡村成为了城市发展的人力与资源的输送地，乡村社会自觉地模仿城市发展模式，在一定程度上城市的工业现代化遮蔽了乡村的农业现代化。受此影响，乡村教育表现出明显的城市化取向，在乡村农业现代化发展相对缓慢的进程中这一取向更为凸显，从而导致乡村教育去乡村化、忽视乡村儿童的发展需求等。为此，需要明晰乡村教育价值取向的系统功能。首先，明确乡村教育国家价值取向的引领性。乡村教育国家价值取向是国家依据发展需要而对乡村教育提出的价值诉求，对乡村教育价值取向系统具有引领性。乡村教育价值取向不能过于局限于城市化，需要系统考虑国家现代化、新型城镇化、国家安全等对乡村教育发展的要求。其次，固着乡村教育社会价值取向的发展性。乡村教育远离乡村社会而更加接近城市教育，使得乡村教育促进乡村社会的发展功能变弱。因而，乡村教育社会价值取向需要乡村教育回归乡村社会，将乡村教育的根牢牢地固着在乡村社会，让乡村教育更多地关注、促进乡村社会的发展。第三，强化乡村教育育人价值取向的核心性。乡村教育的核心价值在于给乡村儿童提供合适的教育，促进乡村儿童和谐健康地发展，为乡村儿童的发展做好奠基工程，才可能有效地实现乡村教育的国家价值取向和社会价值取向。

二、提升乡村教育价值取向的科学水平

乡村教育价值取向能否有效地引领乡村教育发展，在一定程度上取决于

乡村教育价值取向是否实现合目的性与合规律性的统一。乡村教育价值取向的合目的性表明国家、乡村社会、乡村儿童等核心主体对乡村教育的需求是有差别的、甚至有时还出现冲突，强化国家对乡村教育需求的引领性，夯实乡村儿童对乡村教育需求的根本性，发挥乡村社会对乡村教育需求的促进性，从而将三类主体对乡村教育的需求整合起来，形成一个对于乡村教育的总体需求。乡村教育的客观属性就是乡村教育发展、乡村儿童健全成长的内在属性，以及乡村教育促进乡村社会发展、国家进步的外在属性，并将这两种属性整合起来，构成乡村教育的客观属性体系。乡村教育价值取向的合规律性就是通过客体主体化的过程，将乡村教育主体的总体需求与乡村教育的客观属性体系连接起来，既要反映乡村教育主体的总体需求是合理的，也要阐明乡村教育的客观属性体系在特定程度上是可以满足这种总体需求的。

三、设定乡村教育价值取向的合理限度

在某种意义上，特定的乡村教育价值取向代表着特定时期人们对于乡村教育的理想诉求，可以引领着乡村教育朝着理想的、美好的方向发展。但是乡村教育价值取向的实现是不能脱离现实的，需要坚持现实条件与理想追求相统一。这使得乡村教育价值取向的产生、作用、效果等需要基于乡村教育主体的生存发展需求、所处的现实境遇、所承载的历史传统等。如乡村教育仅是乡村社会的构成要素之一，乡村社会发展水平、乡村的文化传统、村民对乡村教育的认识与支持等都影响到乡村教育价值取向的落实。这种情况实质上调整了在特定时空中乡村教育主体的总体需求得到乡村教育的客观属性体系的满足程度。

第四章　乡村教育目的

　　教育活动不同于人类的其他活动就在于教育活动是有目的、有计划、有组织的社会实践活动。教育目的对社会要培养什么样的人进行了质的规定，它直接指导着各级各类学校的培养目标、课程目标和教学目标的制定。在乡村教育中，乡村教育目的是乡村教育工作的出发点和归宿，决定了教育的走向和发展趋势。明确乡村教育目的，有利于乡村教育活动的顺利开展，为乡村教育指明方向。

第一节　乡村教育目的解读

　　乡村教育与城市教育是有区别的，乡村教育目的也与城市教育目的不同，但二者同属于我国教育目的，是我国教育目的的下位概念。理解了我国教育目的的含义有助于更好地理解乡村教育目的。

一、教育目的

　　教育目的有广义和狭义之分。广义的教育目的是指存在于人的头脑之中的对受教育者的期望和要求，即只要是教育者对受教育者的某种善的期望或向往，都可以算作教育目的。此种定义中的教育目的可以存在于教师、学生、家长、行政人员和社会成员中，表现出广泛性、多样性和不稳定性。这种形式的教育目的往往具有更强的现实性，因而更直接、更有力地影响教育活动。

广义的教育目的由于具有更强的舆论力，也更深刻而有力地影响学校教育活动的方向和质量。狭义的教育目的是指由国家提出的教育总目的和各级各类学校的教育目标，以及课程与教学等方面对所培养的人的要求。狭义的教育目的反映了社会发展的根本需要，具有明确和稳定的特点，因而对各级各类学校的教育工作起着指导和规范的作用。从形态上看，教育目的可以分为理论形态的教育目的和实践形态的教育目的。理论形态的教育目的是人们根据现存的社会条件和教育目的的基本理论所提出的具有某种倾向性的教育目的，是培养人的一种主观倾向或期望，故称为"应然的教育目的"；实践形态的教育目的是教育者或有直接与被培养者有直接联系的人，在自己的教育行为中所实际追求的教育目的，是一种"实然的教育目的"。①

可见，教育目的是以一定的社会政治、经济和文化水平的要求，以及受教育者身心发展规律为依据把受教育者培养成为一定社会所需要的人的总体要求。教育目的在整个教育活动和教育系统中处于主导和统摄的地位，是整个教育活动开展的依据和方向，它关系着整个教育的成败得失。理想的教育是实然教育目的与应然教育目的的有机统一。

二、乡村教育目的

乡村教育目的受我国教育目的的制约，同时，对乡村教育的不同理解也影响着对乡村教育目的的解读。对乡村教育的定义可从地域、功用和文化三个角度进行分析和阐述。第一，从地域的角度把乡村教育理解为以乡村人民为教育对象并且发生在乡村之中旨在促进乡村经济、文化和社会的发展而服务的教育。该定义建立在我国长期强调城市经济而牺牲乡村利益的城市二元结构畸形发展的基础之上，割裂了乡村教育和城市教育之间的联系，因而乡村教育就演变成了相对于城市教育而言的一种区域性教育，过多地强调乡村教育的区位性，降低了乡村教育存在的意义，使我们很容易忽视乡村教育其他方面的价值和功能。第二，从功用的角度分析乡村教育，可以把它理解为一种类似于存在城市之中或者国家之中，以乡村人的发展和乡村发展为目的

---

① 王道俊，郭文安. 教育学［M］. 北京：人民教育出版社，2009：83—84.

的综合化教育系统和教育体系，它包括基础教育、职业教育、成人教育、普通教育、农业教育、科技教育、高等教育等不同的教育层面。这种界定着重强调了乡村教育为乡村人和乡村发展的功用性，将乡村教育视为一种大教育，即不管发生在乡村还是发生在城市，只要是为乡村人的发展和乡村现代化发展服务的教育，都算作是乡村教育，这大大突破了乡村教育区域性的限制，将乡村教育的理解推向更深层次、更宽阔的领域。第三，从文化的角度解读乡村教育，该视角认为乡村教育是以农业文化为主的第一产业文化为基础的，与乡村地域文化、乡村社会观念、乡村社会关系、乡村社会制度文化等相关的一种教育。这是从生产方式、生活方式和社会制度等文化角度进行阐释，蕴含着乡村教育的变化性和发展性。

结合教育目的的定义和对乡村教育的不同理解，可以从广义和狭义两个维度界定乡村教育目的。广义上的乡村教育目的是指存在于人们头脑之中对身处乡村的受教育者的要求和期望。从狭义上来说，乡村教育目的是指国家对乡村教育活动结果的总要求和为乡村培养的人才所确立的质量规格和标准，也是指国家提出的乡村教育总目的和乡村各种学校的教育目标以及课程与教学等方面对所培养的人的要求。这一定义包含如下三个方面的意蕴：

第一，乡村教育目的是乡村教育工作的出发点也是其归宿。乡村教育工作要围绕乡村教育目的而展开，为实现乡村教育目的而奋斗。

第二，乡村教育目的受社会政治经济文化等因素的制约，在不同的时代体现出不同的特征，对所培养的人才的规格要求也就有所不同。

第三，乡村教育目的是一个多元并存的乡村教育目的体系，应该包含乡村基础教育目的，乡村职业教育目的和乡村成人教育目的。

三、乡村教育目的的功能

乡村教育目的对于学校教育活动的开展和调控，对教育活动的评价和教育质量的衡量等发挥着直接的指导意义和重要作用。

1. 乡村教育目的具有导向功能。乡村教育目的是乡村教育工作的出发点和归宿点，对乡村学校的办学思想、课程设置和教学活动有着重要的意义。学校根据乡村教育目的进行办学，更有利于学校调控全局工作。

2. 乡村教育目的具有社会功能。乡村教育目的受我国教育目的的制约，因而乡村教育目的不仅规定了所培养人才的素质要求，而且明确了所培养人才的服务方向和服务对象，使受教育者在学习期间，就立志为社会发展特别是乡村社会的发展服务。

3. 乡村教育目的具有教育功能。乡村教育目的是教育目的的下位概念，对于教育者和受教育者都有着重要的教育作用。乡村教育目的规定了做人的标准，指明了前进方向。受教育者可以通过比较，选择正确的做人标准，树立为社会发展做出贡献的远大理想。

4. 乡村教育目的具有评价功能。因为乡村教育目的是教育工作的出发点和归宿点。所以，乡村教育目的具有评价的功能。衡量乡村教育工作的标准是多种多样的，但最根本的一条是教育目的即国家制订的关于学校所培养人才的规格。同时，乡村教育目的也成为衡量乡村教育自身特色的重要评价依据。

四、乡村教育目的的演变

乡村教育目的因不同的国家、民族、地区和不同的政治、经济、文化等的影响而各有侧重。以乡村教育目的的功能为划分依据，乡村教育目的的发展大致可以分为三个阶段。

第一阶段是以服务政治为目的。在西方发达国家的教育发展历史上，为了巩固国家统治，增强国民素质，提出了普及义务教育的口号，其中人口汇集的农村也加入普及义务教育的行列之中，为政治服务成为这一时期乡村教育的重要目的。

第二阶段是以服务经济发展为目的。随着国民素质的整体提高，人们对乡村教育研究的认识深入到教育对经济发展的促进作用上，认为乡村教育是乡村经济发展的重要举措。在各国普及义务教育的过程中，其中有重视乡村职业教育的内容，要求在基本的文化科学教育的基础上结合生产的需要，加强乡村职业教育和培训，以达到培养"未来农民"的目的。有的发展中国家通过建立乡村综合教育基地来为经济发展服务，把乡村义务教育与农牧业技术教育和培训结合起来，从而达到发展经济的目的。

第三阶段，以乡村发展为乡村教育目的。在国际范围内，从 20 世纪 90 年代开始，随着乡村经济的发展和乡村环境的恶化，乡村教育在乡村发展中的重要作用受到重视，乡村教育的目的也转变为"为乡村发展而服务的教育"，其重要的目的不再仅仅是为乡村经济的发展，更应该是乡村人口生存状态与生存环境的不断改善。

第二节　乡村教育目的认识误区

伴随着现代化进程的不断深入和城镇化速度的不断加快，尤其是城市化教育发展渐趋成熟和大规模撤点并校实施后，乡村教育问题受到越来越多学者的关注。随着城乡二元经济的发展，乡村教育与城市教育在教育质量、教育服务、教育资源等方面的差距增大。乡村教育逐渐沦为服务和支持城市教育的附庸和工具，进而导致对乡村教育目的的认识存在着诸多偏差，表现在对乡村教育目的的认识存在欠人文性、欠主体性、欠个性化和欠本土化问题。

一、乡村教育目的的人文性缺失

世界是由自然世界、社会世界和人文世界三部分组成，自然世界是自然规律和自然力量占主导地位的世界，人在自然世界中的价值和作用受自然规律的制约和限制。社会世界是社会风俗、规范、价值、文化等占主导地位的世界，人在其中必然要遵循社会群体共同约定俗成的社会习惯、组织规范、文化习俗等。当社会发展到一定阶段，在知识和科技进步的不断催化下，人类的自我意识和人文意识逐渐走向苏醒，迈入了人类特别重要的第三个世界——人文世界。

人文世界强调人的价值和作用，注重人的发展潜力和创造能力，主张自然世界和社会世界的发展是为了人更好的发展，人才是自然世界和社会世界发展的出发点和归宿。自然世界中的乡村教育目的强调乡村的生态性完整和乡村环境的可持续发展，注重人与乡村自然之和谐相处，乡村教育要符合乡村自然的规律和要求。社会世界中的乡村教育目的将乡村教育当作推动乡村经济、文化和社会等发展的必要工具，乡村教育目的主要是促进乡村经济和乡村社会的发展。人文世界中的乡村教育目的则是把乡村人的价值和能力的挖掘和实现放在首要位置。

乡村教育与城市教育的差距越来越大，其中一个重要原因就是乡村教育目的的欠人文性。乡村教育目的过于重视教育的工具性和功利性，使乡村教育沦为知识传授和技能习得的工具。教育成为乡村人跳出穷苦的乡村之门的跳板，从而忽视受教育者精神的培养和人文的熏陶。在技术理性和实用主义思想的影响下，乡村教育更多的是关注在短时间内实现成绩的提升和学业的进步。"在这样的价值预设下，'走出农村走向城市'成为了农村学生的价值追求，'教育自然成为优秀青少年跳出农门、摆脱农村的重要路径，农村教育遭到严重的扭曲'。过分关注应试，注重知识灌输，忽视实践能力和技术操作能力的培养，沿着城市取向的价值路径努力攀爬，成了农村学校一致的追求。"[①]

同时，乡村教育目的人文性缺失还与乡村生活割裂有关。由于城市教育具有多样化的教育方法和手段，先进的教育策略和教育资源，所以城市教育一直引领着乡村教育的发展。乡村教育中学生学习的内容主要是城市文化，忽视学生每天生活的乡村文化。乡村学生人格的形成和心理健康的完善是与其每天生存的乡村环境分不开的，是在具体的乡村空间形成的。乡村教育目的过分强调城市文化，使得学生在乡村教育中获得的教育经验与乡村实际生活经验、价值观等发生了背离和冲突，导致乡村中受教育者出现精神困境和危机。乡村教育的人文价值和乡村人的发展价值诉求被忽略。乡村教育应该服务于经济发展，但是把乡村教育目的设定为一种保持社会稳定，促进经济和社会发展的工具，把人发展的需求简单地等同于经济发展的需求，是片面的和不明智的，这是导致乡村教育目的缺乏人文性的根源所在。

二、乡村教育目的的主体性缺失

主体是认识活动和实践活动的承担者和实现者，与客体相对。乡村教育

---

① 李学容，蔡其勇. 迷失与回归：农村教育的发展路向 [J]. 辽宁教育，2014（6）：24—25.

目的中的主体是指有目的、有计划地进行认识活动和实践活动以满足需要的人。主体性是哲学上主体概念的延伸和发展，其为人所独有，表现为人的能动性、创造性和反思性等。主体性教育一般是指教学活动中教师的主体性和学生的主体性，旨在发展教师和学生的能动性、创造性和反思性。主体性教育的内涵有狭义和广义之分。狭义的主体性教育是指教育者在不违背受教育者的身心发展规律的前提下，根据社会发展需求，通过各种教育活动，将具有潜在主体性的受教育者培养成为现实的具有自主性、能动性、创造性和反思性等主体性品质的社会主体的实践活动；广义的主体性教育是指遵循教育自身的发展规律，培养和发展人的主体性，使教育适应并超越社会的实践活动。[①] 乡村教育的目的在于通过各种乡村教育活动培养和发展乡村人民的能动性、创造性和反思性等品质，使乡村人的品格、人格和精神得到完善和进步。

由于教育工具性和实用思想的存在和蔓延直接导致乡村教育目的的主体性被遗忘和缺失。改革开放前，国家的各项政策都是为了政治服务，乡村教育完全成了政治斗争的工具和手段。改革开放后，国家把工作重点转移到了一切以促进经济发展为目的的活动上，乡村教育的目的更多的是为国家发展培养人才，而对乡村教育中的人才的培养却忽视了受教育者的主体性发展。

在乡村教育中，教育的主体主要指教育者和受教育者。乡村教育目的的主体性缺失主要表现为教师和学生主体性的缺失，即教师和学生能动性、创造性和反思性的缺乏和不足。教师主体性的缺失一方面是由于受现代城市中心思维的影响，因为部分人认为乡村社会意味着落后，意味着愚昧贫穷，处在乡村社会中的教师与处在城市的教师无论是社会地位还是社会待遇都存在着很大差别。乡村教师身份认同困难，导致乡村教师身份边缘化，同时也导致教师能动性和自主性不足并造成教师教学动力不足。随着乡村社会的发展，乡村教师也很难涉足乡村事务，乡村教师在本地也慢慢被边缘化，乡村教师处于城市与乡村的双重边缘位置。尽管国家大力呼吁关注乡村教育，如寻找"最美乡村教师"等活动，但这些活动在短时间内难以弥补教师主体性的严重

---

① 李森，尹弘飚. 主体性教育研究的反思与重构［J］. 西南师范大学学报（人文社会科学版），2002（3）：48—52.

缺失。另一方面，道德绑架是对乡村教师最大的不公。乡村教师首先是作为个体的人而存在，然后才是作为培养乡村儿童和建设乡村社会的教师，乡村教师不仅需要崇高的师德，同时也有基本的生活、健康与精神需要。特别是在工具理性的影响下，乡村教育质量的提升不足，乡村教师流失严重等问题的原因都归咎于乡村教师的能力不足和师德欠缺，这些评论不但有失公允，同时也给乡村教师带来了巨大的压力和痛苦，阻碍乡村教师主体性的发展。

此外，与乡村教师存在着主体性缺失问题的同时，还存在着乡村学生主体性的欠缺，首先表现为乡村学生能动性和自主性的缺失。由于乡村教育相对滞后，乡村教育价值取向还存在着传统教育的价值取向，如重社会而轻个人，尊师道薄学生，扬共性抑个性，淹没了学生能动性和自主性。其次，乡村学生创造性和反思性缺失。在乡村学校的课堂教学中，学生习惯了被动接受学习内容、被评价等教学方式，学生逐渐丧失创造性和反思性，削弱了乡村学生的主体性意识。

三、乡村教育目的的个性化缺失

无论对世界教育而言，还是对国内教育来说，教育个性化和个性化教育都是不可回避的问题。在我国，新一轮基础教育课程改革大背景下，追求个性的全面发展成为当前我国教育改革和发展的重中之重。教育个性化和个性化教育思潮在我国形成和发展有其特有的原因和历史条件。首先，在大的历史背景下，我国成功的实施了改革开放和"走出去，引进来"的战略，虽然国家针对的主要是经济发展因素的考虑而做出的正确历史选择，但在客观上却加速了国人思想的进步和开放，文化的交流和思想的开放为个性化教育和教育个性化的引进和发展提供了良好的历史条件。其次，国内经济发展速度和教育发展速度不协调，人才质量和人才的输送难以满足国家快速发展的需要，需要教育的革新和支持。借鉴国外先进的教育经验，并立足于国内教育实际，开展了新时期的教育本土化的教育实践是我国教育界这一时期的重要举措。教育个性化和个性化教育成了必然选择和发展方向。

幅员辽阔的广大乡村，由于长期与城市教育脱节，导致乡村教育目的不明确，乡村教育目的缺乏适应乡村实际的个性化。乡村教育目的是国家教育目的的重要组成部分，实现乡村教育目的的个性化是实现整个教育目的个性化的重要环节。因此，全面了解我国乡村教育目的在个性化方面的不足有利于进一步为乡村教育目的的个性化发展做好准备。

首先，教育资源和条件不足，阻碍乡村教育目的个性化发展。随着社会的不断发展和进步，城乡差距不断加大，城市由于占有充足的教育资源使学生个性化和教育个性化的实现有了资源和条件的支持，从而实现学生的全面发展。而乡村教育则由于投入相对不足，乡村学生实现个性化受到阻碍。工具理性和实用主义思想再次占据主导，唯分数思想成了乡村教育个性化的替代品和普遍理想。其次，目前乡村教育目的主要是促进国家经济和社会的发展，培养新时期乡村建设和国家需要的乡村公民，其制定主要是依据国家教育目的，这样容易忽视乡村教育的真正本质和发展需要，因而出现缺乏个性化和独特性设计。最后，乡村教育目的欠个性化还表现在乡村教育方法、内容等方面缺乏适合乡村特色的个性化教学。乡村教育面对的教育对象主要是乡村学生，他们有不同于城市儿童的心理特征和学习环境，我国现行的教材多以城市生活为基调，忽略乡村儿童的生活实际。加之，乡村学校缺乏开发本土课程的资源和技术支持，缺乏开发特色校本课程的能力，导致乡村教育目的个性化不能彰显，乡村学生个性化培养缺失。

四、乡村教育目的的本土化缺失

全球化趋势愈演愈烈，当今世界不断融合，各种文化频繁交流。全球化是一把双刃剑，它给全球发展带来了机遇的同时，也给我们带来了危机和挑战。全球化的本质是西方化。在全球化的冲击下，我国价值观呈现多元化，甚至开始出现异化的现象。对此，越来越多的学者和专家意识到自己独特的民族文化在不断丢失，因而，需要结合我国自身的文化特色和环境特征，借鉴和引进世界先进经验，并使之本土化。本土化是相对于全球化而言的，是一种在借鉴和批判外来文化的基础上，立足于传统优秀文化之上而不断反思和改进以适应国家现代化和全球化发展的战略选择，它注重的是坚持自我，反思自我，是外来优秀文化和自己实际情况相结合从而为我所用的实事求是的策略和手段。在中西方教育经验的交流中，我国借鉴西方先进的教育经验，如学习苏联、学习美国等等。然而，在引进中忽略了我国的实际情况，出现水土不服问题，这背后的深层原因就是缺少结合我国实际的本土化这一环节。在我国乡村教育目的的表述中并没有体现出对乡村教育实际的本土化关照，反而在城市化价值取向下，表现出离土化的倾向。

首先，乡村教育目的和任务实际追寻的是为未来的城市生活作准备，而非为了乡村人和乡村社会完满的发展作准备，那些脱离于乡村实际生活或者束之高阁的知识成了乡村人远离乡村的推动力。在传统中国，出身乡土的儒家士大夫，在外任职多年后，会衣锦还乡，兴乡办学，回报乡村，这样有助于维护传统乡土中国的生态平衡。然而，当今教育造就了"损蚀冲洗下的乡土"，便利了农家子弟进入城市，但出去就较少回来，成了"回不了家的乡村子弟"。① 乡村教育为城市发展和城市化的推进提供了源源不断的人才，但对乡村教育和乡村社会的发展却造成了人才的短缺，以及离土离乡的严重后果。

其次，乡村教育目的在缺乏对本土化的思考的同时，忽视了乡村人和乡村社会的个性和乡土性。乡村生活与城市生活最大的不同在于乡村具有乡土性，乡村人和乡村社会是在乡土之上形成的。乡土像纽带一样把乡村中生活的人们联系在一起形成独特的乡村社会，因此乡村教育应该具有乡土性。但是，城镇化的发展和建设，使本来具有浓厚乡土气息的乡镇慢慢向城市靠拢，乡村教育目的也在进一步向城市化走近，特别是撤点并校以后，乡村存在的小学和中学变得越来越少，对于农村学生而言，选择寄宿于乡镇的中小学或随外出务工的家长跟读，成为新时期乡村教育离土化的新形式，乡村教育及乡村教育目的离土化越来越严重。

最后，乡村教育目的欠本土化还表现在乡土化课程的缺乏和不足。本土化的乡村生活和本土化的乡村社会需要本土化的乡村知识。而本土化的乡村知识的传递和发展需要本土化的乡村教育，因为对本土化的乡村社会生活和本土化乡村教育而言，最可靠和最重要的知识来源是乡村知识。但是，在城市化倾向和工具价值的引导下，乡村教育课程主要以升学为导向，对乡村教育中的乡土知识难以给予重视。因而，开发和教授乡村本土化的课程在以分数为考核标准的体制下难以实现。乡村教育目的过于功利化和工具化对乡村

---

① 费孝通. 江村经济 [M]. 呼和浩特：内蒙古人民出版社，2010：289.

教育和乡村社会的和谐发展是一个潜在的威胁，它不仅仅损害了乡土化课程的开发和乡村教育本土化的实现，还损害了乡村学生的全面发展和长远发展。为了构建一个自由活泼的乡村教育，构建一个富有生机和可持续发展的乡村社会，乡村教育应当而且必须要超越过度专业化和过度工具化的乡村教育目的，建立与乡村社会生活实际相联的乡村教育目的。

第三节　乡村教育目的构建路向

乡村教育目的是乡村教育活动的方向和目标，是乡村教育活动的出发点和归宿。所以，乡村教育目的的确立关系着乡村教育活动的成败。由于人们对乡村教育目的的认识存在欠人文性、欠主体性、欠个性化和欠本土化的误区，致使乡村教育目的偏离其应有的方向和价值，导致乡村教育动力不足。纠正对乡村教育目的的认识偏差，调整乡村教育发展的目标，寻求可行和可持续发展的乡村教育目的路向是当今乡村教育赢得新发展的关键。乡村教育目的应回归到人的发展这一永恒的主题上来，朝向乡村本土文化，为乡村服务的目标发展。具体到教育活动中，应该建立学习型乡村，使乡村教育目的呈多元发展，分为乡村基础教育目的、乡村职业教育目的和乡村成人教育目的等不同的层级目标，共同为乡村的繁荣发展贡献教育的力量。

一、乡村教育目的的旨归是人的发展

教育目的有社会本位和个人本位之分。社会本位的教育目的坚持教育应为社会服务，教育目的应促进社会的发展和进步。个人本位的教育目的主张教育要促进人的个性发展。就世界教育改革趋势看，今天社会本位和个人本位的教育目的已趋于融合。因为社会发展和社会服务都需要一定的专业知识和技能，具备协调、沟通等能力的复合型人才，因而教育目的最终还是落脚到人的培养的问题上。同样，乡村教育目的最终应体现在乡村受教育者的发展上，坚持以人为本和全面发展的指导思想来促进乡村受教育者的全面发展。

首先，以人为本，就是把教育和受教育者的乡村生活、发展和内在体验联系起来，使乡村教育真正成为乡村受教育者自己的教育。乡村教育不仅是

乡村村民获得生存技能的一种途径，而且还能成为提升乡村人口的综合素养、丰富其精神世界的一种重要方法，这才是乡村教育以人为本的应有之义。人本主义视角下的乡村教育目的呼唤和追求的应是人性化、生命化的教育，不是追寻物化和异化的教育。乡村教育坚持以人为本，即乡村教育不再是一种工具，重视乡村受教育的存在和价值，祛除乡村教育目的中功利化的内容，为了乡村受教育者自身发展而进行教育。特别是在乡村中进行的教育实验和改革，应尊重乡村生命价值，在乡村生活的基础上，突出乡村教育的人性化和个性化，使教育真正实现乡村受教育者的尊严、自由、幸福和终极价值。

其次，人的全面发展在不同的历史时期和不同的社会条件下有着不尽相同的内涵和层次，然而，无论对全面发展的理解和追求有多么的不同，其实质却是相同的，即不断地追求自身的完善。所谓全面，只是相对的，不是绝对的，它主要是指人的发展的自主性、多方面性和"每一个有拉斐尔才能的人应有不受阻碍地发展的可能性"。[①] 马克思关于人的全面发展的学说一直是我国教育事业的指导思想，在我国的教育目的中具体诠释为德、智、体、美、劳五方面的内容，并进行教育实践。乡村教育也是在马克思关于人的全面发展学说的指导下进行实践。但是，由于工具理性和城市中心主义对乡村教育的影响，导致乡村教育中对乡村教育目的的全面发展的理解过于片面和机械，如出现的片面追求高升学率而放弃对音乐、体育、美术等课程的学习等现象。乡村受教育者完整的发展简化为乡村受教育者千篇一律的发展。乡村教育和乡村社会是不断进步和不断发展的，每个历史时期的乡村社会实际和现实都是独特的，每个历史时期的乡村人的精神面貌和需要是不同的，每个时期乡村社会和乡村人需要的教育是不一样的，所以乡村教育目的中的全面发展的涵义也是随着时代的进步而不断地更新和变化的，乡村教育目的也应始终坚持人的全面发展的本质和新时期人的全面发展的价值。

二、乡村教育目的寻求文化回归

乡村文化是乡村居民在乡村环境中长期生产与生活，逐步形成并发展起

---

① 扈中平."人的全面发展"内涵新析［J］.教育研究，2005（5）：3—8.

来的一套心理、思想、观念和行为模式，以及表达这些心理、思想、观念和行为方式所制作出来的种种成品。它内敛为乡民的情感心理、思想观念、生活情趣、处世态度、人生追求、行为习惯，外显为民风民俗、典章制度和生活器物，是乡民生活世界的重要组成部分，也是乡民安身立命的价值和意义所在。① 新中国成立初期，经过系统改造，乡村文化逐渐走向科学化、民主化、大众化。改革开放后，中国乡村社会结构和社会阶层不断发生变化，开启了现代化乡村的建设历程，乡村文化也随之发生了历史性的、深层次的变迁和转型。乡村居民的价值观念和信仰体系、乡村文化的表现形式等都发生了巨大变化。村民对乡村文化的认同感日益疏离，个体价值取向复杂多变，人们不再有地方性的伦理共识和道德规范标准，传统乡村道德呈现出碎片化和边缘化的样态。文化价值一旦失落势必造成文化本身的虚化和人心的涣散，最终影响到人们生存秩序的稳定与和谐。② 乡村教育是实现乡村文化传承、创新和发展的重要手段和主要路径。乡村教育目的应指向乡村文化的回归，承担起乡村文化的创新和发展的重要责任和使命，重塑更高意义的乡村文化价值，为新时代的乡村社会筑起坚强的精神堡垒。乡村教育目的要做到乡村文化回归可以从如下两方面入手。

第一，乡村教育目的以培养乡村文化引领者为目标。功能主义学派认为成员之间有着共同的信念、态度和统一的价值观有利于社会的稳定发展，"教育是促进社会进步的切近方法"。③ 通过稳定、系统的教育可以促使社会成员对不断变化的社会保持和谐一致的思想态度，以达到促使社会团结的目的。苏霍姆林斯基说："农村学校是农村最主要、最重要，有时候还是唯一的文化策源地。它对农村的整个智力生活、文化生活和精神生活有很大的影响。"④ 因此，要真正超越工具理性和城市取向的现代乡村教育设计，建立既向现代

---

① 张中文. 我国乡村文化传统的形成、解构与现代复兴问题 [J]. 理论导刊，2010 (1)：31—33.

② 赵霞. 乡村立化的秩序转型与价值重建 [D]. 河北师范大学学报（社会科学版），2010.

③ 赖长春. 社会排斥视角下的乡村教育 [J]. 青年教师，2010 (7)：44—46.

④ B. A. 苏霍姆林斯基. 农村学校的特殊使命 [A]. 给教师的建议 [M]. 杜殿坤，译. 北京：教育科学出版社，2000.

化开放、又不失乡土特色的教育，关键是要保持乡村教育的乡土性，在传承乡村文化的过程中增进村民对传统乡村社会生存理念和生存意蕴的理解，树立文化自信的根基。乡村教育既承担着促进人们智识发展的教育功能，也担当着传承和发展乡村文化的重任。乡村教育目的应该以培养有理想、有道德、有纪律、有文化、有知识、有技术、有创新精神和实践能力的，担当着乡村文化的复兴与繁荣的新人为目标。通过乡村中文化新人的培养，使村民认识到自身价值和乡村价值，增强自信心和主动性，推动村民个人利用其所拥有、选择、追求和创造的精神资源，充实其精神生活。这里的精神生活是指现实生活中的个人利用其所拥有、选择、追求和创造的精神资源，进行的满足与超越自身精神需要的精神活动及其状态，是人的生活幸福与否的核心指标。村民精神的和谐建立也要以他们对乡民身份的认同以及对乡村生活的认知为前提，对于文化水准相对较低的村民群体而言，通过教育使他们认识到个人人生追求的价值和意义更是必要而迫切的。乡村教育目的就是要重视乡村受教育者的生命发展，不断提升他们的主体认知，使他们不再依附于他人和他物，成为独立的、自由的，担当着乡村文化的复兴与繁荣的新人。

第二，乡村教育目的应引导乡村受教育者正确传承和发展乡村文化。文化的持续发展必须通过传递的方式发扬光大。"教育从来就是某个共同体、社会或民族借以向下一代传递它认为有利于团体生存和发展必不可少或至关重要的文化传统的一种社会过程。"① 教育作为文化传承的生命载体，通过教育中活生生的生命搏动和吐故纳新，从而使文化自身获得成长发展。也正因为教育具有筛选功能，教育对那些代表着民族文化精粹的内容进行重新组织和整合，用通俗易懂的传递方式，使受教育者在较短的时间内掌握基本的社会文化。因而，要想使乡村文化保持持续传承和发展，必须关注乡村教育的传承力量。因而，在制定乡村教育目的的过程中，要把乡村受教育者对乡村文化的正确传承和发展作为重要的目标，明确其重要意义和相关教育举措。乡村文化的发展与创新依赖于具有开放意识、创造能力的人才，乡村文化的发

---

① 于影丽. 社会转型期乡村文化传承与发展研究：B村教育人类学考察 [D]. 西北师范大学博士学位论文，2009.

展必然需要一大批具有创新意识的村民，因此，现代乡村教育特别要注重对现代乡民的创造能力和创新精神的培养，在乡村教育目标中，制定乡村受教育者创新能力和创新精神培养的相关目标。

三、乡村教育目的应为乡村服务

在全面建设小康社会的进程中，"三农"问题是国家重点关注的问题，其中，乡村教育问题也成为热点问题。乡村教育目的中的"离农""为农"问题一度成为争论的焦点。"离农"教育是以城市为中心，为培养高级技术人才，培养离开乡村、农业进入城市主流文化而不是回归乡土文化的人才。"离农"教育虽然提供乡村学生向城市流动的可能性，这样势必导致乡村精英涌向城市，乡村人才资源匮乏，造成乡村教育疏远了乡村社会，阻碍了乡村的发展。"为农"教育让乡村学生安守乡村、扎根乡村、服务乡村，有利于乡村社会的发展，[①] 但是，我国乡村家庭素有希望孩子"跳龙门"之理想，于是造成了城乡二元对立结构下的"离农""为农"悖论。就乡村自身的发展来说，"为农"成为乡村教育的共识。打破城乡二元对立结构，成为城乡一体化背景下的重要目标，因而制定合理的、为乡村服务的教育目的至关重要。

首先，乡村教育目的应建立为乡村培养实用性人才为目标。教育目的左右着教育活动，对提升村民的就业技能，改善他们的生活状况，促进村民自我发展和整体素质提升发挥着导向作用。在"离农""为农"的两难选择中，应以尊重乡村孩子自由选择作为前提，以协调个人和社会，促进二者和谐发展。但就乡村自身的发展来说，应该建立面向世界，面向未来，兼顾城乡，合理流动的乡村教育。在此基础上，乡村教育自身应本着对乡村社会发展负责的态度，改革现有的套用城市教育的"离农"性办学目标，为满足乡村发展需求培养人才。乡村的发展需要有知识和技能的创新性人才，因此，乡村教育目的和相关教学目标的设定，应结合"原汁原味"的乡村文化教育资源，培养创新型村民。特别是在科技发达的今天，传统农业的耕作方式已不适应

---

① 张济洲. "离农"？"为农"？——农村教育改革的困境与出路［J］. 河北师范大学学报（教育科学版），2006（3）：11—14.

今天的生产需求。培养具有时代气息和科技能力的现代村民，成为当今乡村教育目的的首要需求。在现有教育体制下，乡村教育应当采取适当措施开发和利用乡村已有教育资源，为乡村受教育者发展提供支撑条件，同时也给他们提供乡村社会所需的现代技术。

其次，乡村教育目的应构建以乡村教师为主导的乡村情感教育空间。在乡村社会结构中，乡村教师是以知识为职业的知识分子群体。乡村教师是乡村社会的主要知识分子，他们以脑力劳动为主要方式，以精神追求和个人价值的实现为主要目的，是知识分子中肩负传递、建构、创造文化的"文化人"，肩负着传播文化科学知识、启发民智的责任，代表了社会良知。乡村教师不仅仅是教书匠，还能动员和发动农民，组织建设和塑造一个新的乡村精神。① 他们既有在城市学习、生活的特殊经历，拥有相对开阔的眼界、见识和思维，又真正了解乡村生活和乡民实际，与乡村社会有着血缘与情感的联系。只有真正发挥乡村教师在教育教学中产生的乡村情感，才能真正解决乡村受教育者对乡村的情感缺失问题，使乡村受教育者最终从内心热爱乡村，为乡村服务，实现教育"为农"的最终目的。

四、乡村教育目的应建立学习型乡村

学习型乡村是指能自觉适应时代要求，积极开发乡村人力资源，注重培养人才队伍，不断提高乡村干部和乡村居民的综合素质，推进社会主义物质文明、精神文明和政治文明全面发展，全面建设小康社会成效显著的乡村。建设学习型乡村是创建学习型社会的重要组成部分，是增强乡村综合竞争能力、加快农业现代化进程、实现富农强国的迫切需要。建设学习型乡村就是在一个村或若干个村的地域范围内，以学习型组织建设为核心内容，营造崇尚学习的良好氛围，把乡村社区建设成人人学习、人人会学习、人人重视学习的新型社区，培养有文化、懂技术、善经营、会管理的综合型人才，全面提高劳动者素质，把沉重的人口负担转化为强大的人力资源优势，促进乡村

---

① 唐松林. 城乡教师平等对话的可能性思考 [J]. 教师教育研究，2007（5）：11.

经济社会和人的全面发展。① 特别是在全球经济发生深刻变化的今天，要解决我国城乡经济"二元结构"问题，应该适应知识经济发展态势的要求，以及必须具备适应知识经济发展态势要求的新思维、新道路、新角度，即用知识化推进"二元结构"一元化。② 随着知识经济的到来，要大力提高我国乡村居民的知识文化水平和综合素质，提高农产品科技含量、提高劳动生产力，提高乡村居民的物质生活水平和精神文化生活水平，需要结合我国乡村的实际情况，建立学习型乡村社会，才能最终实现以上目标。因此，乡村教育目的，必须确定建立学习型乡村社会的目标，才能在知识经济时代，最终培养出乡村需要的创新性人才，实现城乡一体化发展。学习型乡村建设是学习型社会建设的重要组成部分，学习型乡村教育发展，是通过营造乡村社区的学习氛围，培养村民的学习兴趣来实现的。全体村民通过学习扩展自身的技能，扩大信息来源，提高生产效益，形成以学习为动力的可持续发展的学习机制。以学习型组织理论为指导，在学习中树立共同的愿景目标，改善心智模式，学会系统思考，实现自我超越，并不断加以完善和坚持下去。其本质特征就是不断学习，强调终身学习、全员学习和全过程学习。③ 把学习型乡村教育发展定位于乡村全体居民终身教育，突出乡村社区教育、学校之外的继续教育，重点是乡村成人职业继续教育。

乡村社区教育的目标是满足社区成员的各种教育需求，旨在提高社区成员的素质，促进社区成员生活质量的改善，促进乡村社区发展。教育内容呈现出多层次和多元化，从实际出发谋求教育与社区的双向参与和协调发展。乡村社区教育既要求教育对社区的需求做出反应，也要求社区对教育的需求做出反应。社区教育的组织形式与机构的特点是多样化的。社区教育既可以是学校型的，也可以是活动型的；既可以是政府行为，也可以是民间发起和组织的；既可以是固定的，也可以是临时的。通过各种教育因素和机构的整

---

① 刘长发. 建设学习型乡村的对策研究 [J]. 中共郑州市委党校学报，2004（2）：47—48.

② 侯冠平. 用知识化推进"二元结构"一元化 [D]. 湘潭大学硕士论文，2005.

③ 蓝统栋. 学习型乡村视野下的职业继续教育发展研究 [D]. 福建师范大学硕士论文，2009.

合、协调和互动，强化教育与社区的联系，协调教育发展与社区发展，走向学习型社会。① 学习型乡村教育活动不同于升学教育，它以文化知识、科学技术为工具，以培养自主、职业、创造意识和能力为主线，努力提高乡村劳动者的整体文化素质，培养技艺高超和具有高尚情操的乡村优秀人才。根据学习型组织理论和新农村建设的要求，学习型乡村应是通过社区全员持续学习，不断丰富和更新人们的知识，提高整体素质和自我管理、自我服务能力，从而增强自身整体创新能力、应变能力和发展能力的乡村社区。

五、乡村教育目的应呈多元发展

开展学习型乡村教育，必须打破各种教育体系之间相互隔离的状态，增加教育资源的供给，同时，把家庭教育、学校教育与成人教育、社会教育衔接起来，形成一体化的教育体系。地方政府通过行政手段，把职业继续教育转化为政府引导的行为，实现城乡教育综合改革，建立普通教育、职业教育、成人教育相统筹的乡村一体化教育体系。目前，乡村教育的主体是九年义务教育和高中普通教育，职业教育比重偏低，基础教育、职业教育、成人教育协调发展的格局尚未形成，特别是乡村居民的职业继续教育十分薄弱，导致学习型乡村社会迟迟不能形成。随着社会的发展，乡村的地位日益凸显，乡村教育对于一个国家的长远发展和社会稳定的作用越来越受到重视，因而建立乡村基础教育、职业技术教育和成人教育"三教统筹"的学习型乡村社会显得尤为必要。

（一）乡村基础教育目的

对乡村基础教育目的的思考必须兼顾现实和未来两个维度，如果只求得现实性，那么学习的就只是些技术问题，如果只关注未来的趋势，则可能会落入眼高手低的窘境。因此，基础教育目的需要体现现实和未来二者的统一，在现实与未来两个维度中，从教育视界综合考虑乡村教育目的的全局性、前瞻性和战略性，以求最终培养出"为农"的创新性人才。为此，应该做到以

---

① 刘晓红. 继续教育应成为社区教育的中坚力量 [J]. 继续教育，2006（12）：52—53.

下两方面的内容。

第一，乡村基础教育目的旨在全面提升乡村基础教育质量。既然是基础教育，就不应该存在地域性和区域性的差异。无论在哪里，基础教育都是为儿童全面发展打基础的教育，根本不可能有打折扣的道理。数年来，由于条件和师资等的不到位，我国城乡基础教育发展差距不仅没有消解，反而差距越来越大。乡村教育质量的提高一直难以实现消除教育目标定位的悖论，乡村基础教育的质量是一道不可逾越的关隘。基础教育具有的全局性是为每一个孩子提供全面发展的教育，在培养目标和质量标准上绝不可以分化出"为农"和"离农"两种尺度。虽然教育不可能有绝对的公平，但只有均衡的教育才会打造相对公平的竞争平台。乡村教育目的在充分尊重学生的基础上，以提高全体人的素质为旨归，着眼全局，发展整体。唯有如此，才能从根本上实现乡村教育的"为农"目标。

第二，在乡村教育目的中凸显乡村教育主体的主体性。乡村教育目的定位的关键是变工具性教育为主体性教育。因为教育是一种培养人的活动。人的活动本质上是自主的、自觉的、能动的主体性活动，这种主体性是人与动物相区别的根本特征。乡村教育中主体性的缺失，导致乡村居民中较多的只是"臣民"而非"公民"。我国城市化过程就其实质而言乃是现代工业文明和农业文明的对抗过程，这种过程也决定了乡村基础教育的城市取向和乡村取向的共时性，而绝非二者相继发生。乡村城市化进程固然是不可逆转的趋势，作为个体的乡民或者消失，或者变得更加微不足道，但乡村群体却不会消失。所以，乡村基础教育问题必须要高度重视，因为这关系到我国整个社会的长治久安。长期以来由于功利主义观念的影响，乡村教育目的，要么"为农"，要么"离农"，教育总是作为一种达到手段的工具被利用，而与此同时，其对人身心发展的内在品质被工具性所遮蔽，一味地追求实用价值，最终成为制约农民发展的瓶颈。加之，乡村天然的封闭性、孤立性和保守性使教育体制和教育目标更易依赖定势，从而形成乡村劣势文化圈的刚性外延，村民缺乏能动性和冒险精神，这不利于新时期创新性乡村人才的培养。只有从乡村教育目的的人才培养规格开始重视基础教育中的主体性教育，这样才能最终培养出高素质的人才。

（二）乡村职业教育目的

长期以来，乡村居民对职业教育认识不清。以从事传统的种植业为例，千百年来，农民只能"看天吃饭"，其根本原因就是从业人员没有学习、接受新的科学技术，其科技素养不足，祖祖辈辈沿袭日出而作、日落而息的耕作方式。因此，党中央在十七届三中全会决定中首次明确提出了"农业发展的根本出路在于科技"，科技的实现形式依赖于村民职业技术教育与培训。因此，乡村教育中应该有针对乡民就业的职业教育，因而思考乡村职业教育目的，应针对乡村社会的现实问题。乡村职业教育在乡村产业结构的调整和乡村社会转型中面临着两个任务：一是乡村社会发展的各个阶段要为服务农业、发展二三产业、增加农民收入和社区文化建设服务；二是为乡村社会的全面发展和乡村居民的全面发展服务。因此，县、乡政府需要加强引导，为乡村职业教育做好规划；有关院校根据本地区经济发展，产业、就业结构变化和科技、信息、人才发展需求，调整办学方向、专业与课程设置、教学计划与内容。为此，乡村职业教育目的要明确以下两个方面的问题。

第一，乡村职业教育是培育新型乡民的重要途径。在全面建设小康社会的新时期，党中央提出了建设社会主义新农村的重大历史任务。我国社会主义新农村建设目标是"生产发展、生活宽裕、乡风文明、村容整洁、管理民主"。这个目标内涵丰富而深刻，全面展示了新农村建设在经济、政治、文化、社会发展等领域所应达到的目标，为建设一个经济繁荣、环境优美、文明和谐、设施齐全的社会主义新农村提供了一个科学有效的框架。社会主义新农村建设最需要的是人才，是有文化、懂技术、善经营的新型乡民。新型乡民的培养靠教育，尤其是乡村职业教育。全面提高乡民的整体素质和综合能力，培养和造就大批新型乡民，是时代赋予职业教育的重大历史使命。我国农业人口多，低效劳动和过多依赖自然条件的生存方式普遍存在，改变这一面貌的关键在于发展职业教育。[①] 完善的乡村职业教育能够全面提高乡民的文化、科技和人文素质，是培育新型乡民的有效途径。培养造就一大批扎根

---

① 朱建明. 试论职业教育在新农村建设中的作用 [J]. 农业考古，2007（6）：383—384.

乡村搞建设的新型乡民，是建设社会主义新农村的迫切需要，也是持续推动社会主义新农村建设的力量源泉。

第二，学习型乡村建设要求加大职业教育力度，乡村职业教育目的要树立为村民终身学习提供支持的目标。学习型乡村是相对于传统型乡村而言的新型乡村，它与传统型乡村在社区功能、教育模式、学习范围等方面存在着明显差别，赋予学习以新的地位，赋予教育以新的功能，赋予村民以新的特征。学习型乡村主要指以乡村终身教育网络和学习型组织为基础，通过树立乡村居民终身学习理念和培养创新性思维能力，建立一种有机协调和高度柔性的新型乡村社区，从而促进乡村社会成员整体素质和生活质量的不断提高。它对乡村职业教育提出更高的要求。事实上，农业富余劳动力向城镇、市区转移由来已久，而且数量庞大，他们主要转移到第二、三产业；要适应城市的环境和非农产业工作的要求，就必须通过大力发展乡村成人职业教育，使其综合素质与劳动技能都能达到较高的水平。这就是乡村职业教育面临的重要任务。一方面，留守在乡村的居民发展现代农业，需要学习种植、养殖的新技术，学习使用新设备；另一方面，乡村居民中的"离土不离乡"或"离土离乡"者，不再以农业为职业，转移到第二、三产业，比如进厂务工、发展乡村旅游业，原先的职业技能不用或少用，必然要学习如何适应新的岗位，属于改行培训。职业教育为乡村发展服务要考虑到：为乡村发展的教育服务决不能局限于在乡村中发生的教育活动，同时还应包括在城市化进程中的一切可能为乡村发展服务的教育，体现多样化和综合化的特点，既满足扎根乡村的乡民的职业教育的需要，又切实满足走出乡村、走向城市生活的乡民的教育需要。可见，只有以完善的乡村职业教育目标为保证，才能最终确保学习型乡村的真正实现。

（三）乡村成人教育目的

乡民文化素质和科技素质不高直接致使管理水平低下，以及竞争能力低下，这是导致部分乡村地区贫穷落后的主要原因之一。要改变这种局面，最好的途径就是大力开展乡村成人教育。联合国教科文组织于1976年通过的《成人教育发展总条例》认为：成人教育，表示有组织教育过程的整体，无论教育过程的内容水平和方法如何，无论它是正规教育还是非正规教育，也不管它是否延伸或取代中小学、学院、大学以及学徒期的初级教育，通过成人教育，那些被自己生存社会所承认的成人们可以提高自己的能力，丰富自己的知识、提高自己的技术或职业水平，或使自己向新的方向发展，以及改变自己在全面发展个性和参与平等的独立的社会、经济和文化发展活动这两方面的态度或行为。随着新经济时代的来临，人本身的需求在发生着变化，人类为了迎接和应对未来的挑战与危机，每个人都必须有意识地、创造性地参与社会，参与社会的全面事务。技术的进步、就业模式的改变以及生活方式的变化，一方面为人们开阔视野、提高自我进修和创造能力提供了机会，另一方面又要求人在其一生中不断地更新知识和技能。在复杂多变的现代社会，人们必须参加各种各样的学习活动，因此成人教育的理念也在不断地发展、更新，但是无论怎样发展、怎样变化，它的目的不会改变：就是使人获得补习教育的机会、向人们提供适应产业结构与劳动力市场需要的职业教育，以及受到更高能力训练和再教育的机会，并给予国民改善生活的基础知识和条件等。不仅如此，成人教育还应成为不限工作时间、家庭状况和居住地区的任何人都可以参加的有利于美好生活和经济发展的教育活动。乡村成人教育在秉承成人教育的理念之下，结合乡村自身的特色，提高乡村人口的整体文化素质、培养乡村所需的创新型人才是乡村成人教育的根本目的。

第一，以乡村成人教育目的为导引，更新乡村成人教育的观念。乡村成人教育需要建立这样一个共识，即"乡村成人教育是我国构建学习型社会的一个重要的组成部分，是和城市的成人教育具有同等地位的国民继续教育"。乡村成人教育尽管与城市的成人教育之间有区别和差距，但这种区别和差距不应是政策环境的。因此，防止出现轻视乡村成人教育的倾向，需要落实科学发展观，把发展乡村成人教育作为乡村经济与社会发展的重要基础和乡村教育工作的战略重点。大力发展乡村成人教育、加快乡村人力资源开发，是落实科教兴国战略和人才强国战略，推进乡村走产业化道路，解决"三农"问题，促进乡村剩余劳动力合理转移的重大举措；是全面提高乡民素质，把巨大的乡村人口压力转化为人力资源优势，提升乡村综合实力，构建和谐新乡村的重要途径；是消除贫困、维护乡村社会稳定、构建和谐新乡村、促进乡村人口转移增加乡民收入的需要。

　　第二，以各级政府为主导，改善乡村成人教育运行机制，促成乡村成人教育目的的落实。各级人民政府要加强对乡村成人教育发展规划、资源配置、条件保障、政策措施等方面的统筹管理，为乡村成人教育提供强有力的社会公共服务和良好的外部发展环境，引导乡村成人教育健康协调与可持续发展。各级人民政府要积极开展城市对乡村，东部对西部乡村成人教育的对口支援工作，把发展乡村成人教育、构建和谐新乡村，作为城市与乡村、东部与西部对口支援的重要内容，把乡村成人教育对口支援工作与乡村劳动力转移、发展乡村的二、三产业结合起来，形成全社会关心、重视和支持发展乡村成人教育的新局面。当前要解决好有限的乡村成人教育资源与为数众多的培训对象之间的矛盾，把财政支持乡村成人教育的培训资金落实到具体的乡村发展项目中，利用现代农业项目的推广应用发展来带动乡村成人教育的发展，使乡民能够从适应项目发展的过程中实现自身素质的提高和家庭收入的增加。同时政府要加强对各级乡村成人教育工作的督导力度，建立乡村成人教育工作的检查制度，克服只重形式、忽略发展，只求完成培训人数、不注重实际培训效绩的培训政绩工程。

第五章　乡村教育主体

第一节　乡村教育主体界说

一、乡村教育主体的内涵

（一）主体

主体性研究在我国 20 世纪 80 年代曾是哲学研究的热门领域，并在 80 年代末 90 年代初迅速扩展到其他人文社会科学领域。在教育领域，主体性问题一直是学者们长期关注的话题。因此，理解乡村教育主体内涵，首先明确主体的含义。

在《现代汉语词典》中，主体有两种不同的含义：一是指事物的主要部分，如主体工程已竣工；二是指实践活动和认识活动的承担者，是哲学范畴上的含义，与客体相对。在《辞海》中，主体有多重含义，其中一种是作为哲学名词，与客体相对，指对客体有认识和实践能力的人。人是一切社会实践活动的能动因素，主体也是一切社会实践活动的必要因素。主体蕴藏在人类所有的社会实践活动中。

主体概念经历了一个复杂多变的演变过程。事实上，"主体"最初与"人"没有什么关系，同"自我"更无任何关联，主体主要是在存在论的意义上被使用。普罗泰戈提出"人是万物的尺度"，标志着人们对古希腊哲学中的主体有了明显认识。苏格拉底提出哲学的任务是"认识你自己"，他认为人是自我反思的主体。这在哲学史上第一次承认了人在自然和社会环境面前的一定地位和作用，促进了人们认识水平的提高，为后来人本主义思潮的兴起奠定了基础，在人类认识思想史上具有里程碑的意义。① 古希腊哲学家亚里士多德第一个正式使用"主体"这一概念，但在亚里士多德的哲学中，主体并不是一个专属于人的哲学范畴，更多的是在存在论的意义上使用，旨在表示直观的对象，是某些属性、状态、关系和作用的承担者。近代以前，"主体"概念几乎一直都在存在论的意义上被使用。在哲学史上，真正地能够用主体概念和主体式思维方式来表达自己的思考、疑惑和生存处境的是理性主义者笛卡尔。笛卡尔哲学确立了精神性认识主体的首要性，把"主体"的存在看成是最为确定的东西，是认识其他一切存在的逻辑前提和基础。但是笛卡尔确立的"我"是"一个精神的我、一个灵魂的、一个思想的东西，而不是物质的我、感性存在的我"，② 因而这个所谓的"主体"，由于抽空了一切实在性，成了不受任何物理因素限制的一种"虚灵"。随后，康德批判性地继承了近代西方哲学的主体概念，并致力于对主体概念进行深刻的理论改造，从而促成了"先验主体"理念及理论框架的诞生。康德认为，主体就是逻辑主体，是先验的"我思"，而非具有实体性的、尊重"感性经验"的存在者。康德进一步将人的实践也统一到主体理性的框架中。理性不仅作为给自然立法的理论理性，同时也成为人的道德选择和德性实践立法的实践理性。③ 哲学集大成者黑格尔以其独特的辩证法工具对主体与客体的分立和对峙在一定程度上进行了消解，高扬人的主体性，重视人的地位，将人的理性看作是一种自我意识的存在，突出了作为活动者的主体性。马克思在《1844 年经济学哲学手稿》中将黑格尔的主体概念解读为"主体—客体"，并赞赏其在主体与客体之间断裂上所做的理论的弥合，但不能接受黑格尔把本体论意义上的主体理解为带有神秘色彩的绝对精神，因为黑格尔更相信绝对精神的第一性。马克思把实践作为考察人的主体性的前提，主体是人，客体是物。马克思在《关于费尔

① 陈秀. 教育公平主体的哲学意蕴［J］. 贵州社会科学，2014（8）：123－127.

② 冯俊. 开启理性之门：笛卡尔哲学研究［M］. 北京：中国人民大学出版社，2005：44.

③ 孙元涛. 研究主体：体制化时代教育学者的学术立场与生命实践［M］. 上海：华东师范大学出版社，2015：9.

巴哈的提纲》中指出："从前的一切唯物主义（包括费尔巴哈的唯物主义）的主要缺点是：对对象、现实、感性，只是从客体的或者直观的形式去理解，而不是把它们当作感性的人的活动，当作实践去理解，不是从主体方面去理解。"① 马克思从本体论维度上揭开了主体概念的神秘面纱，强调主体的社会性和历史性，既把人看作是自然和社会的主体，又同时将人视为自己的主体，实现了主体性理论的根本性变革。所以，根据马克思的观点，主体问题的出发点是从事实践活动的现实的、具体的人；其本质是一切社会关系的总和，社会性是根本属性。因此，主体不仅仅是个人，更是一定社会关系的承担者。据此，主体是指在具体的历史条件下和社会关系中从事实践活动的人，是对象性活动的发动者、承担者和主动者。

（二）乡村教育主体

乡村是中国社会的重要组成部分，是中国社会系统中的子系统，也是最为薄弱的环节。乡村教育是乡村发展的希望，是中国教育系统发展的一个关键部分，直接关系着全面建设小康社会和现代化目标的实现。从地理区域的角度而言，乡村教育是指乡中心区和村庄的教育，一般包括乡中心区的中小学和村小，此外，部分经济发达的乡还设有中等职业学校和成人教育组织。从价值的维度而言，乡村教育是乡村社会的有机构成部分，是指对乡村儿童的健康成长、乡村文化的传承与创新、乡村社会的有序建设以及国家的长治久安与和谐稳定起着奠基性作用的一种客观存在的教育形式。乡村社会的发展其实就是人的发展，乡村教育是培养具有乡村气息的人的重要手段，它需要教育主体各负其责，协调统一，只有这样乡村教育难题才有可能破解，才能实现城乡教育的公平。根据马克思的观点，主体问题的出发点是从事实践活动的现实的、具体的人；其本质是一切社会关系的总和，社会性是根本属性。因此，主体不仅仅是个人，更是一定社会关系的承担者，凡是具有主体性特征的个人、群体和各类组织机构都可以成为主体。为此，乡村教育主体是指为了实现乡村教育的价值取向，促进乡村教育与城市教育统筹发展，实现乡村教育的乡村重建和乡土文化传承功能，从事乡村教育活动的个人和

---

① 马克思，恩格斯. 马克思恩格斯选集（第1卷）［M］. 北京：人民出版社，1995：54.

组织。

　　具体而言，乡村教育主体包括两层意蕴：第一，乡村教育主体是多元化的整体。乡村教育主体不仅限于从事乡村教育的人，还包括从事乡村教育工作的社会部门、机构和组织。在乡村教育主体系统中，校长、教师、学生、家长，以及中央政府、地方政府、各级政府的教育管理部门、企业、社区、公益组织等都可以看作是乡村教育主体，各主体之间相互协作，协调促进乡村教育整体与和谐发展，实现乡村教育的乡村重建和乡土文化传承功能。第二，乡村教育主体是相互联系、动态平衡的。各乡村主体之间相互作用、相互影响、相互制约、协调配合，进而形成整体合力，共同推动乡村教育的可持续发展。同时，乡村教育主体还呈现出动态平衡的特征，各主体之间有机联系，表现为矛盾与统一、平衡与不平衡的实然状态。乡村教育主体系统与乡村社会环境之间在一定时间内通过能量流动、物质交换、循环和信息传递，使乡村教育主体和乡村社会环境之间、乡村教育主体相互之间达到高度适应、协同发展，共同推进乡村教育的可持续发展。

二、乡村教育主体的类型

（一）乡村基础教育主体、乡村成人教育主体和乡村职业教育主体

　　我国乡村教育由乡村基础教育、乡村成人教育、乡村职业教育构成，据此，可以将乡村教育主体分为乡村基础教育主体、乡村成人教育主体和乡村职业教育主体。乡村基础教育一般是指义务教育，乡村基础教育主体一般由政府、学校、教师、学生与家长等构成，而在乡村基础教育供给主体中，政府起着主导性的作用。我国义务教育的管理主体经历了一个发展变化的过程。1986 年《义务教育法》规定，"义务教育事业，在国务院领导下，实行地方负责，分级管理"。这一法律的颁布促进了我国义务教育的普及，但由于乡村义务教育经费主要由地方政府（乡镇一级）负责，导致办学经费紧张，致使乡村基础教育举步维艰，发展受挫。2001 年，为适应农村经济体制改革的不断深化，国务院颁布《关于基础教育改革与发展的决定》，确立了农村义务教育管理"实行国务院领导，由地方政府负责、分级管理、以县为主的体制"，将乡村基础教育管理上升为"省级统筹、以县为主"，这一政策明确了县级政府

在乡村基础教育办学中的主体地位，在一定程度上有助于缓解乡村教育办学经费困难问题。我国乡村成人教育主体主要包括管理者、教师和学员构成。管理者队伍包括：一是固定的专职管理者，主要是对乡村成人教育组织的工作进行全面规划与协调；二是乡村民众中的积极分子，充分调动和发挥其积极性，让其参与乡村成人教育的组织与管理，有利于乡村成人教育活动的开展和目标的达成。乡村成人教育教师队伍主要包括三个方面：一是国家机关的相关工作人员，如农业局或乡镇农业技术推广站的技术人员可以兼任相关的农业技术教师，卫生系统的相关人员可以兼任健康教育教师。二是相关领域的专家，主要是指在某一领域有深入研究的专业人员，在成人教育活动中，通过评聘相关专家开展专题讲座或者实践指导，有助于提升成人教育的质量。三是乡村普通民众，乡村民众中在某方面具有特长者也可以兼任乡村成人教育组织的教师。乡村成人教育学员则包括全体乡村民众。我国乡村职业教育的主体包括政府、企业、教育机构及教育对象，其经费筹措模式是"分级管理，地方为主，政府统筹，社会参与"。当前，我国乡村职业教育存在着政府履职效率低下甚至不作为，企业的参与度较低，职业教育机构的吸引力还有待提高和教育对象不乐意接受职业教育等问题。

（二）乡村教育决策主体、实施主体和接受主体

乡村教育是我国教育的重要组成部分，发展乡村教育是我国政府的重要目标所在。从教育政策学的视角，借助于教育政策主体的相关研究，可以将乡村教育主体分为乡村教育决策主体、乡村教育实施主体和乡村教育接受主体。乡村教育决策主体主要是以国家与政府为代表。乡村教育决策主体代表广大劳动人民的权力和利益，对乡村教育的发展起着主导性的作用，注重乡村教育政策的顶层设计，并从宏观上进行统筹。乡村教育实施主体包括各级人民政府及其教育主管部门、各级各类学校和教师。乡村教育实施主体在教育政策全过程中处于承上启下的位置，起着连接教育政策的决策主体和政策对象的作用。乡村教育接受主体主要包括乡村基础教育主体中的学生、家长，乡村职业教育主体和乡村成人教育主体中的乡村民众。由于教育政策主体分类存在层级性和交叉性的特征，主体身份往往是双重的，甚至是多重的。为此，教育政策主体性价值存在着差异性和多元性特征，反映了不同社会群体

和组织的价值观念在教育政策整个过程中存在应然价值和实然价值的差距。①
基于此，要促进乡村教育健康可持续的发展，乡村教育决策主体、乡村教育
实施主体和乡村教育接受主体三者之间应该形成一种和谐平衡的关系，进而
促进乡村教育的持续性发展。

三、乡村教育主体的角色

（一）政府是乡村教育发展的主导者

在完成 2020 年达到全面建成小康社会的宏伟使命中，增加农民收入、缩
小城乡差距与推进社会主义新农村建设是重要的目标所在。新农村建设不仅
仅是增加农民的收入，更重要的是提升农民的综合素质，其关键在于发展乡
村教育。教育是事关国家可持续发展与社会和谐的公共事业。教育作为公共
服务的基本领域，具有公共性和公益性的特征。随着政府公共管理职能的强
化，政府在各项公共事业中的主导作用越来越强。乡村教育是我国教育的重
要组成部分，对推进社会主义新农村建设具有重要价值。政府应成为乡村教
育的发展主导者，因为政府位于行政领导地位，拥有行政权和大量的公共资
源。通过政府的干预，促进乡村教育可持续发展。比如我国政府在乡村基础
教育发展中，通过一系列教育政策的支持和引导，使得我国的城乡基础教育
差距正逐渐缩小，办学条件等得到提升。从 2010—2013 年，城乡义务教育经
费支出城乡差距不断缩小。农村小学生均预算内事业性经费分别比城市同期
增幅高出 5.84%、4.99%、1.64%，城乡差距从 504.80 元下降到 153.64 元；
农村初中生均预算内事业性经费分别比城市同期增幅高出 7.78%、3.61%、
2.86%，城乡差距由 492.21 元下降到 140.17 元。2013 年，农村、城市小学
生均预算内公用教育经费支出分别为 1913.53 元、2130.30 元，分别比 2010
年增长 128.93%、109.50%，农村小学增幅超过城市 19.43%，城乡差距缩
小；2013 年，农村、城市初中生均预算内公用教育经费支出分别为 2968.37
元、2996.03 元，分别比 2010 年增长 120.14%、106.63%，农村增长幅度高
出城市 13.51%，城乡差距从 101.49 元下降到 27.66 元。（数据来源于 2010—

---

① 谭净. 教育政策主体分类说 [J]. 教育理论与实践，2015（10）：27—30.

2013 年的《中国教育经费统计年鉴》)

（二）乡村学校是乡村文化传播的主要承担者

文化概念拥有着丰富的蕴含。《辞海》从广义和狭义的角度对文化进行解读："广义指人类在社会实践过程中所获得的物质、精神的生产能力和创造的物质、精神财富的总和；狭义指精神生产能力和精神产品，包括一切社会的意识形态：自然科学、技术科学、社会意识形态。"① 学者陈箱泉认为，文化活动的本质是创造价值，是以价值体系为核心的体现在人类创造的物质财富和精神财富中的一整套规范的结构和功能的统一。乡村文化是指"在特定的农村社会生产方式基础之上，以农民为主体，建立在农村社区的文化，是农民文化素质、价值观、交往方式、生活方式等深层心理结构的反映"。② 乡村文化是乡村社会历史积淀的产物，是乡村社会生活的生动体现，具有地方性和自发性的特征，对乡村受教育者及当地居民具有潜移默化的影响作用。一个民族需要文化的支撑，而教育则更加离不开文化。在个体的生命成长中，没有本土文化的悉心呵护，不足以慰藉个体生命成长的多样性。由于乡村独到的文化，寄予乡村少年以真实的乡村蕴涵，所以乡村教育一个重要的内涵正是显现乡村文化内涵，传承乡村文明，增进乡村少年对乡村社会千年来生存理念的理解，从而有效地拓展他们当下生存的意蕴，在乡村社会独有的生态秩序、心态秩序与文化价值秩序之中为他们生命的安顿提供坚实的根基。学校是人类最基本的文化传承机构，其教育活动的本质实则是文化保存及传播。所以，乡村学校既是乡村的教育主体，又是乡村主要的文化活动场所，乡村学校教育是乡村文化生长的生命机制，而乡村文化是乡村学校教育发展的最终归宿，乡村学校教育时时刻刻影响着乡村文化的发展与繁荣。

（三）乡村教师是乡村文化的传播者

作为文化传播的重要途径，乡村教育有助于乡村文化的传承与创新以及国家主流文化价值观的推广与普及。比如在乡村基础教育中，通过课程设置、教学内容选择以及教师培训等方式，实现乡村教育对乡村文化和民族文化的

---

① 辞海编辑委员会. 辞海［M］. 上海辞书出版社，1999：1858.

② 刘豪兴. 农村社会学［M］. 北京：中国人民大学出版社，2008：168.

传承，通过社会主义核心价值体系进入课堂、融入课程等方式，促进国家主流文化和社会核心价值观的弘扬和宣传。乡村教育的功能不仅仅是提升乡村人民的综合素养，更重要的是传承乡村文化，促进乡村文明的建设和发展。乡村教师是乡村教育的主体，是乡村文化的传播者，乡村教师意识的提升与素质的保障是发展乡村教育的关键。乡村教师在乡村生活中，应该展现出服务桑梓的乡土情怀。基于此，乡村教师应该重塑自身角色，在乡土文化的选择、传播与创新的过程中发挥重要的作用，改变人的价值观念，提高法制意识，创新本土文化，开创先进文明之风气，从文化自觉到文化自为，充分发挥乡村教师在乡村教育中的社会功能和公共责任，促进乡村文化的传承和乡村文明和谐健康的发展。

（四）乡村民众是乡村社会的建设者

乡村建设是一项长远的系统工程，在短期内不可能很快实现。乡村建设的主体只可能是村民自身。在"三农"问题中，农民是最主要的问题，也是最重要的因素，农业、农村问题说到底还是农民问题。乡村民众是乡村物质财富和精神财富的创造者，是发展农业、建设乡村的主力军，是解决"三农"问题的关键所在。乡村民众是乡村社会的建设者，2006 年中共中央、国务院颁布《关于积极发展现代农业扎实推进社会主义新农村建设的若干意见》，提出新农村建设要培养"有文化、懂技术、会经营"的新型农民，必须发挥农村的人力资源优势，大幅度增加人力资源开发投入，全面提高农村劳动者素质，为推进新农村建设提供强大的人才智力支持。改革开放以来，乡村民众离开乡土，乡村劳动力大量外流，这一方面有助于增加乡村民众的收入，并且为乡村带回了建设资金和技术以及各种新异的价值观念和现代文明气息；另一方面乡村民众外出务工也导致了留守儿童的教育问题，土地撂荒，乡村建设得不到发展。因此，在新型城镇化进程中，亟须培养积极向上的新一代村民，提高他们的综合素养以及对乡村社会的正确认识，使其真正成为乡村建设的主体。

第二节 乡村教师

乡村教师是指县级以下乡镇中小学教师和村小教师，他们是乡村教育的主体，决定着乡村教育的质量和水平，对乡村文化的传承与创新以及乡村儿童的健康成长发挥着举足轻重的作用。然而，随着新型城镇化的推进，村民纷纷变成"市民"，原来的一村一校逐渐消亡，撤点并校，几村一校或一乡一校，乡村教师遭遇着地域、文化、身份与心理等方面的挑战和困境，影响着自身的专业发展。基于此，本节内容将主要阐述新型城镇化进程中乡村教师的专业发展现状，探讨其在性别、教龄、学历、职称和地域等不同维度的差异和特点，这将有助于更为详细地了解乡村教师专业发展的总体情况，并为推进乡村教师健康可持续发展提供实证依据。

一、研究设计

（一）研究对象

这里采取目的取样的方式，以四川、云南、贵州和重庆四省市乡村学校的中小学教师为调查对象，共发放问卷 2000 份，回收 1752 份，回收率为87.6%，其中有效问卷 1488 份，有效率为 84.9%。其样本分布如表 5－1所示。

表 5－1 研究对象的样本分布情况

类　别		人数（人）	比例（%）
性　别	男	672	45.2%
	女	816	54.8%
教　龄	1－2 年	166	11.2%
	3－5 年	216	14.5%
	6－10 年	246	16.5%
	11－15 年	312	21%
	16 年及以上	548	36.8%

最后学历	中专及以下	78	5.2%
	大专	428	28.8%
	本科	974	65.5%
	硕士及以上	8	0.5%
职　称	中高	112	7.5%
	中一（小高）	552	37.1%
	中二（小一）	662	44.5%
	中三（小二）	42	2.8%
	无	120	8.1%
学校类别	乡镇中学	734	49.3%
	乡镇小学	628	42.2%
	村小	126	8.5%

（二）研究工具

调查问卷为自编问卷，是课题组成员在参考相关问卷的基础上，基于教师专业发展理论、乡村教师特征和文献分析，根据项目分析、信效度分析编制而成。问卷由调查对象的基本信息和问卷主体两个部分构成。问卷内容包括乡村教师专业发展的幸福感、专业知识水平、专业能力水平、人际关系现状和教学科研情况五个维度，共计 26 题。所有题项均采用李克特五点量表计分方式，并为正向计分。问卷回收后，采用 SPSS17.0 统计软件对调研数据进行统计分析。

（三）问卷的信效度

1. 信度

研究通过 Cronbach's Alpha 系数进行信度分析，检验问卷的内部一致性、可靠性和稳定性。通过检验，整个问卷的内部一致性系数为 0.846，各个维度之间的系数分别为：专业幸福感为 0.797、专业知识为 0.830、专业能力为 0.873、人际关系为 0.785、教学科研为 0.832，各维度的信度系数均在 0.785～0.873 之间。由此可见，该问卷的内部一致性良好。

2. 效度

一是内容效度。调查问卷是在参考相关教师专业发展问卷的基础上，结合乡村教师专业发展的特点，通过课题组成员大量的讨论和分析编制而成。在问卷初步成型后邀请有关专家进行审查，并选取三个乡村学校进行了预测，根据专家提出的修改意见和预测结果，再次对问卷进行修订，最终形成包含 26 个题项的乡村教师专业发展现状调查问卷。因此，通过理论分析、专家审查和实证预测，在一定程度上保证了问卷能够较为全面地反映当前乡村教师专业发展的现实样态和发展特点，具有较好的内容效度。二是结构效度。通过相关因素分析，发现问卷各维度与总体值之间的相关系数在 0.789～0.895 之间，表明问卷各维度与问卷总体之间存在较高的相关性。同时，问卷各个维度之间的相关系数在 0.324～0.478 之间，表明问卷各维度之间为中低度相关，说明各个维度具有一定的独立性。由此可见，问卷内容能够较好地反映调查的内容，具有较好的结构效度。

二、调查结果与分析

（一）乡村教师专业发展的总体状况

本研究从乡村教师专业发展的幸福感、专业知识水平、专业能力水平、人际关系现状和教学科研情况五个方面，对不同性别、不同教龄、不同学历、不同职称和不同学校中小学教师专业发展现状进行比较分析，从而考察乡村教师专业发展的总体水平。（见表 5-2）

表 5-2　乡村教师专业发展水平的总体表现

维度	题数	均值（M）	标准差（SD）
专业幸福感	5	3.57	0.58
专业知识	5	3.56	0.62
专业能力	7	3.65	0.61
人际关系	4	3.83	0.61
教学科研	5	3.57	0.62
总体	26	3.63	0.61

从表 5-2 可以看出，乡村教师专业发展的总体均值为 3.63，高于平均值

3。在教师专业幸福感、专业知识、专业能力、人际关系和教学科研五个维度，平均值分别为：3.57、3.56、3.65、3.83、3.57。从图5—1可以更为直观地看到乡村教师专业发展在各个维度上的表现水平和发展趋势。

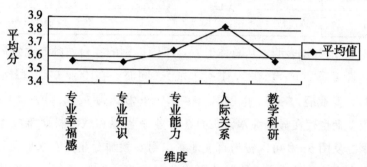

图5—1 乡村教师专业发展在各个维度上的表现水平和发展趋势

从图5—1可以看出，乡村教师专业发展水平在专业幸福感、专业知识、专业能力、人际关系和教学科研五个维度上的均值处于3.55～3.85之间，表明乡村教师的专业发展处于中等水平。其中，乡村教师在人际关系维度的得分最高，均值为3.83，表明乡村教师在乡村社会和日常教学中能够较好地处理自身与学生、同事和家长之间的关系，并建立良好的人际关系。然而，乡村教师在专业知识维度的得分最低，均值为3.56，表明乡村教师专业知识水平较低。由此可见，乡村教师专业发展在各个维度上的表现水平从高到低依次为：人际关系＞专业能力＞专业幸福感＝教学科研＞专业知识。

（二）乡村教师专业发展水平在性别上的差异

为了探究性别对乡村教师专业发展水平的影响，本研究分别对男性教师和女性教师专业发展的五个维度进行了独立样本 T 检验，结果如表5—3所示。

表5—3 乡村教师专业发展水平的性别差异

维度	男（M/SD）	女（M/SD）	t	P
专业幸福感	3.58/0.61	3.55/0.56	0.693	0.488
专业知识	3.68/0.59	3.45/0.62	5.225	0.000

专业能力	3.71/0.60	3.61/0.61	2.038	0.042
人际关系	3.64/0.61	3.84/0.61	−0.583	0.021
教学科研	3.70/0.61	3.66/0.62	0.962	0.336
总体	117.77/15.69	115.14/15.99	2.245	0.025

表5－3的数据表明，从总体上看，不同性别的乡村教师专业发展水平呈现出显著性差异（P＝0.025，P＜0.05），同时，在专业知识（P＝0.000，P＜0.01）、专业能力（P＝0.042，P＜0.05）和人际关系（P＝0.021，P＜0.05）维度上也存在显著性差异，而在专业幸福感和教学科研维度上的差异则不显著。从图5－2可以较为直观地看出男女教师专业发展水平在各个维度上的情况和变化趋势。男性教师的平均分在3.55～3.75之间，各个维度的表现水平从高到低依次为：专业能力＞教学科研＞专业知识＞人际关系＞专业幸福感。女性教师的平均分在3.45～3.85之间，各个维度的表现水平从高到低依次为：人际关系＞教学科研＞专业能力＞专业幸福感＞专业知识。此外，在专业知识和专业能力维度，男性教师的表现水平要高于女性教师，而在人际关系方面，女性教师的发展水平则高于男性教师。

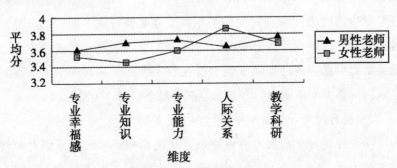

图5－2　不同性别乡村教师专业发展在各个维度上的表现水平和变化趋势

总体而言，男性教师的专业发展水平略高于女性教师。这可能是由于性别差异导致乡村教师在人生发展目标、未来期望等方面存在着不同的人生观和价值观。无论是在传统社会还是现代生活中，男性被赋予了比女性更高的社会期望，承担着更为沉重的家庭责任和社会担当。因此，在人生目标和未来期望方面，男性普遍地高于女性。同时，由于受传统文化的影响，大多数女性表现出与世无争、小富即安的性格特点，因而在发展规划、人生目标以及未来期望方面的雄心壮志远不如男性。因此，在教师专业发展过程中，男性教师更富有动力，表现出强劲的力量，其发展水平高于女性教师。另外，在人际关系方面，女性教师的表现水平高于男性教师，这可能是由于女性教师性格特征的缘故。在性格方面，女性教师明显地比男性教师更为温柔、稳重、与世无争和善解人意，因此，女性教师的人际关系水平明显高于男性教师。

（三）乡村教师专业发展水平在教龄上的差异

不同教龄阶段的乡村教师在专业发展水平上存在着一定的差异，本研究调查了2年及以下、3—5年、6—10年、11—15年以及16年及以上教龄阶段的乡村教师，对调研数据采用了单因素方差分析，结果见表5—4。

表5—4　乡村教师专业发展水平在教龄上的差异

维度	2年及以下 （M/SD）	3—5年 （M/SD）	6—10年 （M/SD）	11—15年 （M/SD）	16年及以上 （M/SD）	F	P
专业幸福感	3.57/0.63	3.56/0.58	3.56/0.55	3.50/0.60	3.61/0.57	0.833	0.504
专业知识	3.25/0.61	3.52/0.64	3.53/0.58	3.63/0.63	3.63/0.58	6.731	0.000
专业能力	3.47/0.63	3.61/0.66	3.63/0.58	3.75/0.61	3.78/0.58	3.128	0.014
人际关系	3.69/0.61	3.77/0.68	3.86/0.63	3.85/0.58	3.87/0.57	1.639	0.162
教学科研	3.59/0.66	3.72/0.61	3.69/0.64	3.71/0.64	3.67/0.57	0.722	0.577
总体	111.74/ 16.88	115.27/ 17.02	116.04/ 15.45	117.71/ 15.71	117.47/ 15.25	2.522	0.040

从表5—4可以看出，不同教龄阶段的乡村教师在专业发展总体水平上存在着显著性差异（P＝0.040，P＜0.05），在专业知识（P＝0.000，P＜0.01）和专业能力（P＝0.014，P＜0.05）方面也体现出较为显著的差异，而在人际关系和教学科研维度上的差异则不明显。从图5—3可以较为直观地看出不同教龄阶段乡村教师专业发展在各个维度上的表现水平和变化趋势。2年及以下教龄的乡村教师专业发展在各个维度上的表现水平从高到低依次为：人际关系＞教学科研＞专业幸福感＞专业能力＞专业知识。3—5年与6—10年教龄

的乡村教师专业发展在各个维度上的表现水平从高到低依次为：人际关系＞教学科研＞专业能力＞专业幸福感＞专业知识。11年及以上教龄的乡村教师专业发展在各个维度上的表现水平从高到低依次为：人际关系＞专业能力＞教学科研＞专业知识＞专业幸福感。由此可见，各个教龄阶段的乡村教师在人际关系维度的均值最高，其次是教学科研和专业能力，最后是专业幸福感和专业知识。

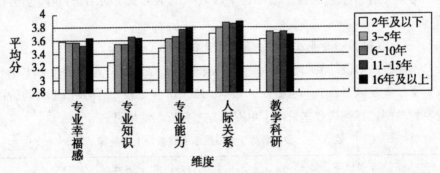

图5-3　不同教龄阶段乡村教师专业发展在各个维度上的表现水平和变化趋势

不同教龄阶段的乡村教师在专业知识和专业能力维度上存在显著性差异。在专业知识方面，11年教龄以上的乡村教师的均值最高，为3.63，而2年及以下教龄的乡村教师的均值最低，为3.25，不同教龄阶段的教师在专业知识维度的表现水平从高到低依次为：11年及以上教龄乡村教师＞6-10年教龄乡村教师＞3-5年教龄乡村教师＞2年及以下教龄乡村教师。数据表明，教龄与乡村教师专业知识发展水平呈现出正相关关系。在专业能力方面，16年及以上教龄的乡村教师的均值最高，为3.78，而2年及以下教龄的乡村教师均值最低，为3.47，不同教龄阶段的乡村教师在专业能力维度的表现水平从高到低依次为：16年及以上教龄的乡村教师＞11-15年教龄乡村教师＞6-10年教龄乡村教师＞3-5年教龄乡村教师＞2年及以下教龄乡村教师。数据表明，教龄与乡村教师专业能力发展水平存在着正相关关系。由此可见，随着教龄的增加，乡村教师专业知识和专业能力水平也在不断提升。这主要源于教龄对乡村教师人生阅历、综合素养的影响。随着教龄的增长，乡村教师的专业发展也逐渐进入成熟和稳定阶段，并形成了特定的教学风格。教师对学生、教材、课堂以及社会环境等有着较为全面而深入的认识，同时在教学活动和日常生活中积累了丰富的实践经验，形成了特有的知识体系和能力素养。因此，伴随着年龄的增长，乡村教师的专业发展水平也在相应地提升。

（四）乡村教师专业发展水平的学历差异

为了探讨学历对乡村教师专业发展水平的影响，本研究分别对中专及以下、大专、本科与硕士（含教育硕士）及以上不同学历的中小学教师专业发展水平进行了单因素方差分析，统计结果如表5－5所示。

表5－5 乡村教师专业发展水平的学历差异

维度	中专及以下（M/SD）	大专（M/SD）	本科（M/SD）	硕士及以上（M/SD）	F	P
专业幸福感	3.80/0.53	3.67/0.60	3.11/0.57	2.95/0.75	7.655	0.000
专业知识	3.70/0.59	3.63/0.61	3.52/0.63	3.2/0.56	2.629	0.049
专业能力	3.78/0.58	3.69/0.59	3.62/0.62	3.43/0.73	1.468	0.222
人际关系	3.96/0.54	3.92/0.58	3.78/0.62	3.31/0.66	4.592	0.003
教学科研	3.82/0.55	3.68/0.56	3.67/0.64	3.55/0.85	0.852	0.466
总体	121.56/14.72	118.33/15.52	115.12/15.96	104.75/20.54	4.232	0.006

注：由于硕士及以上学历的乡村教师的样本量较小，没有代表性，故不做分析。

从表5－5可以看出，不同学历的乡村教师在专业发展总体水平上存在着显著性差异（$P = 0.006$，$P < 0.01$），在专业幸福感（$P = 0.000$，$P < 0.01$）、专业知识（$P = 0.049$，$P < 0.05$）和人际关系（$P = 0.003$，$P < 0.01$）方面也体现出较为显著的差异。中专及以下学历的乡村教师的平均分高于大专学历的乡村教师的平均分，大专学历的乡村教师的平均分略高于本科学历的乡村教师的平均分。此外，中专及以下学历的乡村教师在各个维度上的表现水平从高到低依次为：人际关系＞教学科研＞专业幸福感＞专业能力＞专业知识；大专学历的乡村教师在各个维度上的表现水平从高到低依次为：人际关系＞专业能力＞教学科研＞专业幸福感＞专业知识；本科学历的乡村教师在各个维度上的表现水平从高到低依次为：人际关系＞教学科研＞专业能力＞专业知识＞专业幸福感（见图5－4）。总体而言，乡村教师在人际关系维度的得分

最高，其次为教学科研和专业能力，最后是专业幸福感和专业知识。

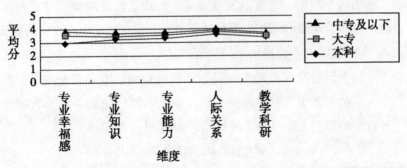

图5—4 不同学历乡村教师专业发展在各个维度上的表现水平和变化趋势

不同学历的乡村教师在专业幸福感、专业知识和人际关系方面存在着显著性差异。从图5—4可以看出，无论是在专业幸福感方面，还是在专业知识和人际关系方面，中专及以下学历的乡村教师得分最高，其次是大专学历的乡村教师，最后是本科学历的乡村教师。数据表明，学历与乡村教师的专业幸福感、专业知识和人际关系呈负相关。一般而言，这有悖于教师发展现状的常识。实则不然，通过深入调查发现，随着新型城镇化建设的推进、"撤点并校"政策的实施以及基础教育课程改革的深化，部分村小教师被合并到了乡镇学校，无论是在发展平台、教育资源还是培训机会等方面均获得了较好的保障，这在一定程度上提升了乡村教师的专业水平。同时，乡村学校的骨干教师大部分是中年以上的教师，主要毕业于中等师范学校，尽管学历是中专或者大专，但却受到了良好的师范教育训练。此外，随着阅历的增加，人际关系处理水平也较高。然而，乡村学校本科学历的教师主要为青年教师，毕业于普通本科学校，其中部分是非师范专业，其受到的专业训练远不足早年中师毕业的教师，在人际关系应对方面也稍逊色。同时，部分本科生是出于无奈才"沦落"到乡村学校从教，导致学校归属感和专业幸福感明显较弱。

（五）乡村教师专业发展水平的职称差异

以乡村教师的职称为自变量，分别对不同职称中小学教师专业发展水平进行单因素方差分析，统计结果如表5—6所示。

表5-6 乡村教师专业发展水平的职称差异

维度	中高 （M/SD）	中一（小高） （M/SD）	中二（小一） （M/SD）	中三（小二） （M/SD）	无（M/SD）	F	P
专业幸福感	3.65/0.56	3.56/0.59	3.45/0.57	3.42/0.67	3.60/0.61	0.496	0.038
专业知识	3.74/0.64	3.60/0.56	3.56/0.65	3.31/0.57	3.27/0.63	5.763	0.000
专业能力	3.72/0.61	3.69/0.59	3.53/0.63	3.31/0.57	3.30/0.55	2.346	0.033
人际关系	3.86/0.61	3.86/0.56	3.82/0.65	3.62/0.56	3.77/0.59	1.058	0.377
教学科研	3.73/0.61	3.67/0.59	3.71/0.63	3.35/0.62	3.65/0.61	1.850	0.177
总体	118.83 /15.93	116.76 /15.32	116.57 /16.35	108.61 /16.52	112.30 /15.04	2.214	0.026

从表5-6可以看出，不同职称的乡村教师在专业发展总体水平上存在着显著性差异（P=0.026，P<0.05），在专业幸福感（P=0.038，P<0.05）、专业知识（P=0.000，P<0.01）和专业能力（P=0.033，P<0.05）方面也体现出较为显著的差异。从图5-5可以看出，中学高级职称的乡村教师在各个维度上的均值最高，其次是中学一级（小学高级）和中学二级（小学一级）的乡村教师，最后是尚未评定职称的乡村教师和中学三级（小学二级）的乡村教师。

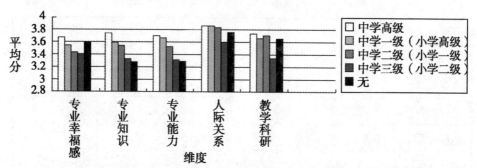

图5-5 不同职称乡村教师专业发展在各个维度上的表现水平和变化趋势

不同职称的乡村教师在专业幸福感、专业知识和专业能力方面存在着显著性差异。具体而言，在专业幸福感维度，中学高级教师的均值最高，其次为尚未评定职称、中学一级（小学高级）、中学二级（小学一级）的教师，最后是中学三级（小学二级）的教师。在专业知识和专业能力方面，不同职称的乡村教师专业发展在各个维度上的表现水平从高到低依次为：中学高级＞中学一级（小学高级）＞中学二级（小学一级）＞中学三级（小学二级）＞无职称。中学高级职称的乡村教师专业幸福感体验最强，这可能是由于高级职称带来的较高的薪酬回报，以及高级职称有助于专业权威的形成，这些无疑增强了乡村教师的专业幸福感。因此，随着职称级别的降低，乡村教师的专业幸福感呈递减趋势。但值得注意的是尚未评定职称的乡村教师的专业幸福感体验也比较高，这是因为大部分尚未评定职称的乡村教师主要是新入职教师，教师职业的稳定、初入职的激动心情以及对未来的美好憧憬使得尚未评定职称的乡村教师获得了较高的专业幸福感。此外，在专业知识和专业能力方面，职称级别与乡村教师的专业知识和专业能力呈正相关。这符合教师职称评定的标准，即高级别职称的评定必须具备扎实的专业知识、过硬的教学能力以及全面的综合素养。

（六）乡村教师专业发展水平的学校类别差异

不同类别学校的乡村教师在专业发展水平上存在着一定的差异。为了探明不同学校乡村教师专业发展的差异情况，本研究对乡镇中学、乡镇小学和村小教师的专业发展情况进行了单因素检验和均值对比分析，统计数据如表5－7所示。

表5－7　乡村教师专业发展水平的学校类别差异

维度	乡镇中学（M/SD）	乡镇小学（M/SD）	村小（M/SD）	F	P
专业幸福感	3.53/0.58	3.57/0.59	3.82/0.49	6.522	0.002
专业知识	3.59/0.64	3.52/0.61	3.20/0.59	1.259	0.028
专业能力	3.65/0.60	3.64/0.63	3.43/0.43	0.435	0.047
人际关系	3.75/0.60	3.90/0.61	3.92/0.54	6.901	0.001
教学科研	3.69/0.62	3.65/0.62	3.77/0.54	0.986	0.374
总体	115.77/15.90	116.31/16.15	119.65/14.37	1.603	0.023

从表5－7可以看出，不同类别学校的乡村教师在专业发展总体水平上存在着显著性差异（P＝0.023，P＜0.05），在专业幸福感（P＝0.002，P＜0.01）、专业知识（P＝0.028，P＜0.05）、专业能力（P＝0.047，P＜0.05）

和人际关系（P＝0.001，P＜0.01）方面也体现出较为显著的差异。

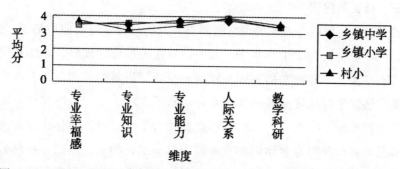

图 5—6 不同类别学校乡村教师专业发展在各个维度上的表现水平和变化趋势

从图 5—6 可以看出，在专业幸福感维度，村小教师的均值最高，其次为乡镇小学教师，最后是乡镇中学教师。在专业知识和专业能力维度，不同类别学校乡村教师的表现水平从高到低依次为：乡镇中学＞乡镇小学＞村小。在人际关系维度，不同类别学校乡村教师的表现水平从高到低依次为：村小＞乡镇小学＞乡镇中学。村小教师的专业幸福感和人际关系的均值明显高于乡镇中学和乡镇小学教师，表明村小教师体验到较高的专业幸福感和形成良好的人际关系。这可能是由国家的相关政策补贴以及区域和学校文化差异所致。基础教育在国民教育体系中发挥着先导性、基础性与全局性的作用，教师是教学活动的主体，决定着教育的质量和发展水平。因此，国家颁布和实施了一系列政策，以确保广大教师安心从教，促进其积极的专业发展。其中，相关乡村教师生活补贴和福利待遇政策，尤其是老少边穷地区的教师享受着更多的政策支持和福利待遇，这在一定程度上提升了村小教师的专业幸福感。同时，相对于城镇而言，乡村地区民风淳朴、人心单纯、社会和谐，这种质朴的乡村文化使村小教师少了些许世俗的烦扰，多了一些内心的平静和精神的纯粹。此外，由于村小教师人数较少，存在着一校一师或者一校几师的乡村教学点，因此，人际关系较为单纯。在专业知识和专业能力方面，村小教师的发展水平显著低于乡镇中学和乡镇小学教师，这可能是由于乡镇地区的经济发展水平高于老少边穷地区以及乡镇中小学教师在发展机会、资源保障等优于村小教师的缘故。

三、结论与建议

通过对乡村教师专业发展现状的调查和分析，可以得出如下结论：第一，乡村教师专业发展处于中等水平，其中，人际关系现状较好，教学科研和专业能力有待提升，专业幸福感体验较弱，专业知识亟须加强。第二，乡村教师专业发展水平存在着显著的性别差异，除了人际关系，男性教师的发展水平高于女性教师。第三，乡村教师专业发展水平在教龄方面存在着显著的差异，教龄与乡村教师专业知识和专业能力水平呈正相关。第四，乡村教师专业发展水平存在着显著的学历差异，学历与乡村教师的专业幸福感、专业知识和人际关系呈负相关。第五，乡村教师专业发展水平存在着显著的职称差异，在专业知识和专业能力方面，职称级别与乡村教师的专业知识和专业能力呈正相关；在专业幸福感方面，高级职称的乡村教师与新入职教师的专业幸福感较高，而随着职称级别的降低，乡村教师的专业幸福感也相应地减弱。第六，乡村教师专业发展水平存在显著的学校类别差异，在专业知识和专业能力方面，村小教师的发展水平显著低于乡镇中学和乡镇小学教师；在专业幸福感和人际关系方面，村小教师则高于乡镇小学和乡镇中学教师。基于此，为促进乡村教师专业发展，提升教学水平和教育质量，提出如下建议。

（一）加大政策倾斜，提高乡村教师的物质生活水平

新型城镇化进程中，乡村教师专业发展需要坚实的物质保障，中央政府和各省区政府应采取有效措施，切实提高乡村地区教师的待遇，对于在边远地区、少数民族地区和条件艰苦地区工作的教师，采取特殊的优惠政策。① 具体而言，首先，继续实施和完善"乡村教师生活保障"政策，确保乡村教师工资待遇由中央、省（市区）、县三级政府分担，其中乡村教师的基本工资由中央财政和省级政府全额支付，保证乡村教师能够按时足额地领取基本工资，并逐步提高乡村教师的工资水平。同时，落实和完善乡村教师的医疗保险、失业保险、养老保险以及住房公积金制度，消解乡村教师的后顾之忧。其次，实施专项倾斜政策，鼓励乡村教师长期扎根乡村，终身从事教书育人的工作。

---

① 王嘉毅. 发展西部教育的若干政策建议 [J]. 教育研究，2000（6）.

如：大幅度提高乡村教师特殊津贴，制定和实施"乡村教师特殊津贴"政策，根据乡村教师的教龄和所处地区的艰苦程度，有差别地对乡村教师进行生活补贴，并逐步提高乡村教师的补贴标准；颁布"乡村教师奖励"政策，根据乡村教师的教龄和工作成绩实施物质奖励，尤其是对长期扎根乡村，毕生耕耘于教育的乡村教师进行大额度奖励，激励教师长期乃至终身在乡村学校从事教育事业。因此，通过实施和完善"乡村教师生活保障"政策、"乡村教师特殊津贴"政策和"乡村教师奖励"政策，有助于提升乡村教师的物质生活水平，改善生存状态，增强职业满意度和幸福感。①

（二）推进制度建设，构建乡村教师专业发展支持系统

构建乡村教师专业成长与发展的支持体系，并使之制度化，是提高乡村教师教育素质与教学能力，增强乡村教师队伍建设自身造血功能的根本途径。② 乡村教师专业发展支持系统应注重方向动力系统、条件保障系统和评价反馈系统的建设。首先，方向动力系统是乡村教师专业发展支持系统的灵魂，它规定和引领着发展的方向。乡村教师专业发展方向动力系统构建，一是需要实施价值引领，结合乡村教师专业基础，形成专业发展的理念，成为"综合智能型和终身学习型教师"。③ 二是在理念形成的基础上，将理念细化为可操作和可实现的阶段性目标。通过梯度式的目标推动乡村教师专业发展。其次，条件保障系统是实现乡村教师专业发展理念，达成发展目标的基础。构建乡村教师专业发展的条件保障系统需要对现有资源进行整合和优化，加强资源建设。一方面，打造坚实的平台，提供足够的经费保障和时间支持；另一方面，构建全面的培训制度，如实施"乡村教师专业发展培训项目"，有效落实国家级、省级、地市级和校本培训，有计划地组织乡村教师参加县级以上的专业培训。同时，邀请相关专家到校对教师专业发展进行诊断，开展示范课教学，帮助和引领乡村教师专业发展。再次，评价反馈系统是检测和诊

---

① 肖正德. 城镇化进程中乡村教师生存境遇与改善策略 [J]. 中国教育学刊，2011 (8).

② 庞丽娟，韩小雨. 我国农村义务教育教师队伍建设：问题及其破解 [J]. 教育研究，2006 (9).

③ 李森，崔友兴. 论教师教育治理体系现代化 [J]. 西南大学学报（社会科学版），2014 (5).

断乡村教师专业发展水平的重要条件，充分发挥评价反馈系统对乡村教师专业发展的支持作用，主张实施过程性评价和发展性评价，不仅要关注目标的实现情况，还要注意乡村教师在发展过程中的变革，如价值观的变化、思维方式的转变、教学行为的改进等。通过对乡村教师专业发展的监测、诊断和反馈，为进一步推动乡村教师专业发展提供有效的信息。

（三）加强机制创新，提升乡村教师的专业素养

加强机制创新，需要提升主体的执行力，尤其是校长要启动、推进和监测各项规章制度的切实实施，教师要自为自觉、"按部就班"，并合理地落实自身专业发展计划，以期"拥有永恒价值的基础能力、具备发展价值的拓展能力以及形成高效价值的创造能力，进而成为高素质的现代教师"。① 具体而言，需立足本校教育教学实践，围绕"备课—上课—交流—反思—科研"的流程，不断创新机制，完善乡村教师的综合素养。首先，狠抓备课。建立教师专业发展共同体，实行集体备课，充分利用网络资源，实现备课互助、资源共享；举办现代信息技术培训，提高教师的计算机网络应用技术，拓展备课资源、创新备课方式。其次，相互观摩。通过落实教学常规行动，使教师之间的课堂观摩常态化；开展课例研究，切实提高教师教学能力，更新教师教学理念。第三，加强交流。开展"听课—评课—交流—反馈"制度；召开专题研讨会、读书交流会，开展教育思想、方法和校本教研大讨论等。第四，提倡反思。通过循环往复的"实践—反思—实践"，积累经验、汲取教训、减少失误；将课前反思、课中反思和课后反思有机结合；撰写教学反思日志，不断改进教师的教育教学。第五，重视科研。实现课题研究校本化，鼓励教师设计并开展课题研究；学校举行课题汇报会和结题报告会，邀请专家和有经验的教师现场点评指导，提高教师的课题研究意识和科研能力，推动教师深度的专业发展。

（四）实施文化引领，增进乡村教师的学校归属感和专业幸福感

新型城镇化进程中，乡村文化面临着诸多挑战，发生着质的变化。随着信息化时代的到来，传统意义上的乡村文化遭遇着全球化、现代化的冲击，

---

① 李森. 教师职业技能训练教程［M］. 北京：高等教育出版社，2009：340—341.

乡村文化的固有体系被打破，新型的乡村文化体系亟须重建。乡村教师是乡村文化重建的主体，不仅浸润在乡村文化之中，而且还参与着乡村文化建设，引导着乡村文化的走向。因此，从文化的角度而言，增进乡村教师的学校归属感和专业幸福感，不仅需要营造积极的乡村文化氛围，而且还要树立乡村教师的文化形象，发挥乡村教师作为文化重建者的主体性和能动性。一方面，需要推进乡村文明建设，消除乡村教师的"离土情结"。在新型城镇化进程中，乡村文化的重建，不仅要继承和弘扬传统乡村文化的积极价值，同时要引入新的文化元素，尤其是现代信息文明，从而建设美丽乡村和新型城镇。在此过程中，需要树立乡村教师的文化权威和知识分子形象，发挥乡村教师的价值，增强乡村教师的成就感和自豪感。另一方面，需要加强校园文化和教师文化建设，增强乡村教师的学校归属感和专业幸福感。在新型城镇化进程中，普遍存在着乡村教师"走教"现象，即教师不用坐班，下课后即可自由离开学校。尽管乡村教师"走教"有其特定的经济、文化与地理等方面的原因，但是在很大程度上消解了乡村教师的学校归属感和专业幸福感，学校异化为教师的暂居之地，而非生命栖息之所。因而需要加强校园文化和教师文化建设，营造和谐向上的文化氛围，从而充分发挥文化的濡化和浸润功能，增进乡村教师的学校归属感和专业幸福感。

第三节　乡村学生

乡村教育是当前社会各界广泛关注的热点问题，乡村教育既是乡村发展的基础条件，也是乡村发展状况的重要表征。然而，与城市教育相比，乡村教育依然比较薄弱，存在诸多问题。其中，乡村学生的学习问题成为最令人担忧的问题之一，广大乡村学生缺乏学习兴趣，厌学情绪严重，部分地区学生辍学现象比较普遍。为此，立足新的时代背景，从实证的角度考察乡村学生学习状况，阐明乡村学生学习过程中的突出问题，探索解决乡村学生学习问题的有效路径，对提升乡村学生学习水平，促进乡村学生健康发展具有重要的理论价值与实践意义。本节内容对新型城镇化进程中乡村学生学习现状的调查设计、结论、存在问题与改进路径进行了系统阐述。

一、研究设计与实施

(一) 研究对象

研究以义务教育阶段乡村学生为调查对象①，对四川、云南、贵州、重庆四省市的 20 余所乡村学校展开调查，共发放问卷 2400 份，回收有效问卷 2014 份，有效回收率为 83.9%。其中，在被调查学生中，男生 994 名，女生 1020 名；留守儿童 1073 名，非留守儿童 941 名。

(二) 研究工具

研究采用自编的《我国西南地区乡村学生学习现状调查问卷》，该问卷主要包括学习认知、学习态度、学生方法、学习管理四个维度。问卷共 29 个题项，采用李克特（Likert）五点量表计分方式，范围从"完全不符合"到"完全符合"分别计为 1—5 分，被调查对象在各项指标维度上的得分越高，说明水平越高。

问卷回收后，使用 SPSS19.0 进行数据统计分析，主要通过描述性统计分析反映乡村学生的总体学习水平和乡村留守儿童与非留守儿童的总体学习水平；通过推断性统计分析考察乡村学生学习水平的性别和年级差异以及乡村留守儿童与非留守儿童学习水平的性别和年级差异；通过回归分析考察不同的维度对学生学习水平的影响程度。

(三) 问卷的信效度

1. 信度

信度代表着问卷的可靠性和稳定性。通过 Cronbach's Alpha 系数进行信度分析，检验问卷的内部一致性、可靠性和稳定性。通过检验，整个问卷的内部一致性系数为 0.841，说明问卷的信度良好。

2. 效度

(1) 内容效度

问卷的内容效度主要通过规范和严谨的研究程序来加以保证。首先，问卷理论结构的确立是建立在分析已有文献和借鉴国内外已有研究成果的基础

---

① 本次调研的对象主要是 4—9 年级的乡村学校学生。

之上。其次，问卷题项的编制参考了相关量表和开放式问卷的调查结果。再次，在问卷初步成型后，邀请相关专家对问卷进行鉴别和审定，并选取三所乡村学校进行了预测。最后，在充分吸纳专家建议并结合预测结果的基础上，重新修订问卷，最终形成共 29 个题项的调查问卷。通过一系列规范的研究程序，在一定程度上保证了问卷的准确性、针对性和有效性，使得问卷具有良好的内容效度。

（2）结构效度

问卷的结构效度可以通过计算相关系数的方法得到检验。通过相关因素分析，发现问卷各个维度之间的相关系数在 0.60—0.78 之间，表明各维度之间呈现中度相关。各维度与总体量表之间的相关系数在 0.86—0.92 之间，呈高度相关。不难看出，各维度与总量表之间的相关系数高于各维度之间的相关系数，说明各个维度之间既有一定的独立性，又可以归属于一个更高的维度，问卷内容能够较好地反映所要调查的内容，结构效度良好。

二、研究结果与分析

（一）义务教育阶段乡村学生学习水平分析

1. 义务教育阶段乡村学生总体学习水平分析

通过对乡村学生总体学习水平和各维度水平的平均分及标准差进行统计分析，从而考察乡村学生总体学习水平（见表 5—8）。从表 5—8 可以看出，乡村学生总体学习水平均值为 3.52，学习认知、学习方法、学习态度和学习管理四个维度的均值分别为：3.73、3.59、3.49、3.27。不难发现，乡村学生总体学习水平及其各个子维度的均值在 3.27—3.73 之间，表明乡村学生总体学习水平处于中等。

表 5—8　**乡村学生总体学习水平分析**（N＝2014）

维度	均值（M）	标准差（SD）
总体水平	3.52	0.49
学习认知	3.73	0.52
学习方法	3.59	0.75

学习态度	3.49	0.69
学习管理	3.27	0.54

在学习水平的各个子维度（学习认知、学习方法、学习态度、学习管理）上，得分并不一致。其中，学习认知得分最高，学习管理得分最低。各维度的水平从高到低依次为：学习认知（M＝3.73，SD＝0.52）、学习方法（M＝3.59，SD＝0.75）、学习态度（M＝3.49，SD＝0.69）、学习管理（M＝3.27，SD＝0.54）（见图5－7），说明乡村学生大都能够认识到学习的重要性，学习态度也比较端正，学习方法运用也比较合理，但学习管理水平相对较低。

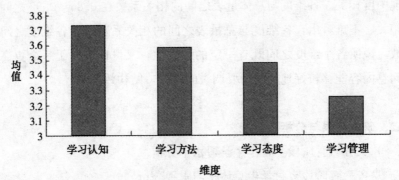

图5－7　乡村学生学习水平在各个维度上的表现

2. 义务教育阶段乡村学生学习水平的性别差异分析

为考察乡村学校男生与女生在学习水平上的差异，我们以学生性别为自变量，以学生学习总体水平、学习认知、学习方法、学习态度以及学习管理水平为因变量，对学生的学习水平进行独立样本t检验，具体分析结果见表5－9。

表5－9　乡村学生学习水平的性别差异

维度	性别	均值（M）	标准差（SD）	t
总体水平	男	3.50	0.48	−3.61***
	女	3.57	0.48	
学习认知	男	3.72	0.51	−2.15*
	女	3.77	0.50	

学习方法	男	3.56	0.77	−2.91**
	女	3.66	0.71	
学习态度	男	3.44	0.68	−3.75***
	女	3.55	0.68	
学习管理	男	3.26	0.54	−2.04*
	女	3.31	0.54	

注：＊表示 P＜0.05，＊＊表示 P＜0.01，＊＊＊表示 P＜0.001，下同。

从表5－9可以看出，从总体水平上来说，乡村学生学习水平存在非常显著的性别差异（t＝−3.61，P＜0.001），男生学习水平显著低于女生。就各子维度来看，在学习认知方面，男生均值为3.72，女生为3.77，男生显著低于女生（t＝−2.15，P＜0.05）；在学习方法方面，男生均值为3.56，女生为3.66，男生显著低于女生（t＝−2.91，P＜0.01）；在学习态度方面，男生均值为3.44，女生均值为3.55，男生显著低于女生（t＝−3.75，P＜0.001）；在学习管理方面，男生均值为3.26，女生均值为3.31，男生显著低于女生（t＝−2.04，P＜0.05）。

从图5－8可以比较直观地看出乡村学校男生和女生在学习水平各个维度上的具体情况和变化趋势。不难发现，在各个维度上，男生总均分均低于女生，表明在各维度的表现上男生弱于女生；值得注意的是与其他维度相比，女生在学习态度上的表现更明显地高于男生（见图5－8），说明学习态度可能是影响男生和女生学习水平高低的重要因素。

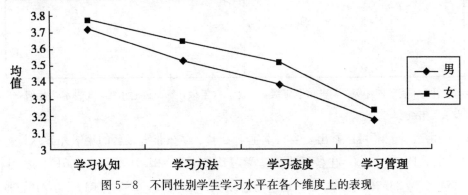

图5－8 不同性别学生学习水平在各个维度上的表现

3. 义务教育阶段乡村学生学习水平的年级差异分析

为考察乡村学生学习水平在年级上的表现差异，我们以年级为自变量，以学习的总体水平和四个维度为因变量，对学生的学习水平进行单因素方差分析，采用 LSD 方法进行事后检验。具体分析结果见表 5－10。

表 5－10　乡村学生学习状况的年级差异 (M±SD)

年级	总体水平	学习认知	学习方法	学习态度	学习管理
四年级	3.75±0.35	3.99±0.44	3.82±0.62	3.71±0.58	3.47±0.46
五年级	3.60±0.44	3.82±0.48	3.66±0.71	3.57±0.68	3.35±0.57
六年级	3.60±0.50	3.78±0.50	3.77±0.69	3.52±0.78	3.35±0.57
七年级	3.66±0.44	3.83±0.45	3.76±0.68	3.65±0.62	3.39±0.50
八年级	3.28±0.47	3.51±0.56	3.31±0.80	3.23±0.61	3.08±0.45
九年级	3.42±0.46	3.72±0.45	3.38±0.76	3.48±0.56	3.11±0.49
F	39.52***	27.19***	28.56***	18.39***	26.29***
事后检验	4>5* 4>6* 4>8*** 4>9*** 5>8*** 5>9*** 6>8*** 6>9*** 7>8*** 7>9*** 9>8**	4>5* 4>6*** 4>7* 4>8*** 4>9*** 5>8*** 6>8*** 7>8*** 9>8***	4>8*** 4>9*** 5>8*** 5>9*** 6>8*** 6>9*** 7>8*** 7>9***	4>8*** 4>9* 5>8*** 6>8*** 7>8*** 7>9*** 9>8***	4>8*** 4>9*** 5>8*** 5>9*** 6>8*** 6>9*** 7>8*** 7>9***

注：4 表示四年级，5 表示五年级，6 表示六年级，7 表示七年级，8 表示八年级，9 表示九年级。

由表 5－10 可以看出，乡村学生学习水平存在非常显著的年级差异（F＝39.52，P＜0.001），在各子维度：学习认知（F＝27.19，P＜0.001）、学习方法（F＝28.56，P＜0.001）、学习态度（F＝18.39，P＜0.001）、学习管理

（F＝26.29，P＜0.001）也存在显著的年级差异；其中，四年级各项指标最高，八年级各项指标最低。

事后检验发现，从总体学习水平来看，四年级显著高于五、六、八、九年级；五、六、七年级显著高于八、九年级；九年级显著高于八年级。从学习认知水平来看，四年级显著高于五、六、七、八、九年级；五、六、七、九年级显著高于八年级。从学习方法水平来看，四、五、六、七年级显著高于八、九年级。从学习态度水平来看，四年级显著高于八、九年级；五、六、九年级显著高于八年级；七年级显著高于八、九年级。从学习管理水平来看，四、五、六、七年级显著高于八、九年级。

另外，通过绘制不同年级学生学习水平的折线图（见图5－9），我们可以直观地发现乡村学生总体学习水平及其各个维度上的水平变化情况。整体而言，乡村学生总体学习水平及其各个子维度水平均呈下降趋势，呈现向右倾斜的"W"形变化趋势；从学段来看，小学阶段变化幅度较小，四年级至七年级相对稳定，五年级最低；初中阶段变化幅度比较大，呈现"V"字形变化趋势，七年级最高，八年级最低；从具体年级来看，四年级各项指标水平最高，从四年级开始各项指标开始呈现下降趋势，在七年级各项指标均有所回升，然后迅速下降，到八年级各项指标达到最低水平，随后各项指标均呈现明显回升。

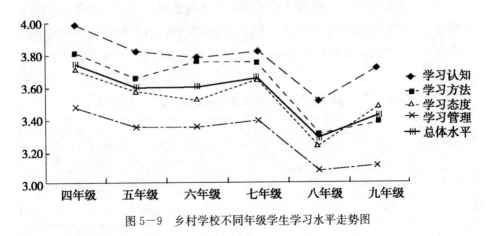

图5－9　乡村学校不同年级学生学习水平走势图

究其原因，一方面是小学阶段的学生年龄相对较小，比较容易接受学校与家庭的教育和管理，因而小学阶段各项学习指标变化幅度不大；从小学刚进入初中，由于新鲜的学习环境和学习体验的影响，七年级学习水平有所上升，但随着年龄的增长，叛逆心理也越来越甚，更容易受到外界的不良影响，加上部分学生由于家长在外地务工疏于管教，因而从七年级开始乡村学生的各项学习指标呈现急剧下降趋势，到八年级达到最低水平；进入八年级，随着年龄增长带来思想上的相对成熟，以及中考压力的逼近，使得一部分学生开始重拾课本，回归课堂，因而从八年级开始各项学习指标均呈现明显上升趋势。另一方面，这也可能与学校和家长的教育与管理分不开，义务教育的前八年，学校和家长因为没有升学的压力，往往得过且过，因而导致学生学习状况一路下滑，八年级后，升学的压力凸现出来，学校和家长为了各自的目的，往往会比任何时间都更要重视学生的学习情况。另外，义务教育阶段乡村学生学习水平整体下滑可能也与家长的学历水平有关，乡村学生家长的学历一般不高，孩子上小学时，家长的文化水平尚且可以指导自己的孩子，进入初中后，家长的文化水平可能无法胜任对孩子的指导工作，因而也会导致初中阶段学生各项学习指标变化幅度大。

（二）义务教育阶段乡村留守儿童与非留守儿童学习水平分析

1. 义务教育阶段乡村留守儿童与非留守儿童总体学习水平分析

为了考察留守儿童与非留守儿童学习水平的差异，我们以留守与非留守为自变量，以学习的总体水平及各个维度为因变量，对乡村学生学习水平进行独立样本 t 检验，发现乡村学校留守儿童与非留守儿童学习水平存在非常显著的差异。

表 5—11　留守儿童与非留守儿童的学习水平差异 （M±SD）

类别	总体水平	学习认知	学习方法	学习态度
留守儿童	3.46±0.47	3.68±0.53	3.54±0.74	3.38±0.70
非留守儿童	3.59±0.49	3.79±0.50	3.65±0.76	3.60±0.65
t	−6.52***	−4.78***	−4.43***	−7.40***

从表 5—11 可以看出，在学习的总体水平上，留守儿童显著低于非留守儿童 （t＝−6.52，P＜0.001），在学习水平的各个子维度上，留守儿童的学

习认知均值为 3.68，非留守儿童为 3.79，留守儿童显著低于非留守儿童（t＝－4.78，P＜0.001）；在学习方法上，留守儿童与非留守儿童的均值分别为3.54 和 3.65，留守儿童显著低于非留守儿童（t＝－4.43，P＜0.001）；在学习态度上，留守儿童与非留守儿童的均值分别为 3.38 和 3.60，留守儿童显著低于非留守儿童（t＝－7.40，P＜0.001）；在学习管理上，留守儿童与非留守儿童的均值分别为 3.22 和 3.33，留守儿童显著低于非留守儿童（t＝－4.75，P＜0.001）。

通过折线图可以更直观地看出留守儿童与非留守儿童学习水平的具体变化情况（见图 5－10）。由图 5－10 可以看出，留守儿童各维度的水平均高于非留守儿童。其中，在学习态度维度上，留守儿童与非留守儿童差距明显。非留守儿童学习态度水平明显高于留守儿童，表明学习态度可能是影响留守儿童与非留守儿童学习水平高低的重要因素。

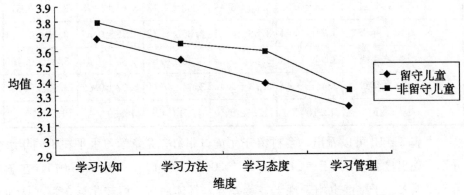

图 5－10　留守儿童与非留守儿童学习水平在各个维度上的表现

2. 义务教育阶段乡村留守儿童与非留守儿童学习水平的年级差异分析

为考察乡村留守儿童与非留守儿童学习水平在年级上的差异，我们以年级为自变量，分别对留守儿童和非留守儿童的学习水平进行单因素方差分析，具体分析结果见表 5－12。

表 5-12　留守儿童与非留守儿童学习水平的年级差异 (M±SD)

类别	年级	总体水平	学习认知	学习方法	学习态度	学习管理
留守儿童	四年级	3.73±0.34	4.02±0.46	3.81±0.61	3.68±0.59	3.42±0.43
	五年级	3.50±0.43	3.74±0.50	3.59±0.69	3.43±0.73	3.26±0.58
	六年级	3.54±0.47	3.73±0.50	3.72±0.67	3.41±0.78	3.31±0.54
	七年级	3.58±0.43	3.79±0.48	3.68±0.66	3.54±0.64	3.33±0.48
	八年级	3.22±0.44	3.46±0.56	3.25±0.78	3.15±0.60	3.02±0.43
	九年级	3.38±0.47	3.71±0.44	3.28±0.82	3.42±0.61	3.09±0.52
	F	24.11***	17.44***	17.65***	9.90***	13.24***
非留守儿童	四年级	3.78±0.36	3.91±0.37	3.82±0.66	3.77±0.60	3.59±0.49
	五年级	3.71±0.42	3.92±0.44	3.73±0.72	3.72±0.60	3.46±0.54
	六年级	3.68±0.52	3.85±0.49	3.82±0.72	3.65±0.75	3.41±0.61
	七年级	3.74±0.44	3.88±0.41	3.85±0.72	3.78±0.57	3.46±0.51
	八年级	3.36±0.49	3.58±0.54	3.38±0.81	3.35±0.61	3.14±0.46
	九年级	3.45±0.44	3.73±0.46	3.44±0.71	3.52±0.53	3.12±0.47
	F	19.10***	12.32***	12.43***	10.59***	15.74***

由表 5-12 可以看出，乡村留守儿童与非留守儿童学习水平在不同年级分别表现出显著差异（F=24.11，P<0.001；F=19.10，P<0.001），在学习水平的各个子维度也均表现出显著差异。具体而言，留守儿童在学习认知（F=17.44，P<0.001）、学习方法（F=17.65，P<0.001）、学习态度（F=9.90，P<0.001）、学习管理（F=13.24，P<0.001）四个维度均表现出显著的年级差异；非留守儿童在学习认知（F=12.32，P<0.001）、学习方法（F=12.43，P<0.001）、学习态度（F=10.59，P<0.001）、学习管理（F=15.74，P<0.001）四个维度也均表现出显著的年级差异。此外，通过观察和比较留守儿童与非留守儿童学习水平的各个维度在不同年级的均值情况可以发现，留守儿童各项均值同比均低于非留守儿童。

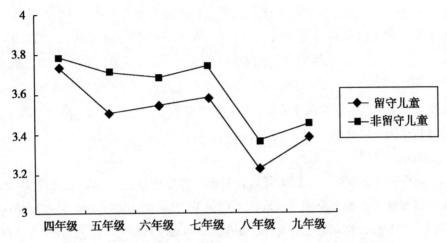

图5-11 留守儿童与非留守儿童总体学习水平的年级差异走势图

进一步通过绘制留守儿童与非留守儿童总体学习水平的折线图（见图5-11），可以直观地看出，在各个年级，非留守儿童的学习水平均高于留守儿童。在小学阶段，虽然留守儿童和非留守儿童的学习水平均有所下降，但留守儿童下降趋势更为明显。在初中阶段，留守儿童和非留守的学习水平均下降明显，最低谷均在八年级的时候。

3. 义务教育阶段乡村留守儿童与非留守儿童学习水平的性别差异分析

为考察乡村学校留守儿童与非留守儿童在学习水平上的性别差异，我们以学生性别为自变量，分别对留守儿童与非留守儿童的学习水平进行独立样本 t 检验，具体分析结果见表5-13。

表5-13 乡村学校留守儿童与非留守儿童学习水平的性别差异（M±SD）

类别	性别	总体水平	学习认知	学习方法	学习态度	学习管理
留守儿童	男	3.42±0.48	3.65±0.55	3.48±0.79	3.33±0.70	3.21±0.52
	女	3.50±0.46	3.72±0.52	3.60±0.69	3.44±0.70	3.24±0.53
	t	−2.96**	−2.11*	−2.73**	−2.79**	−0.89
非留守儿童	男	3.55±0.49	3.76±0.49	3.60±0.78	3.54±0.65	3.29±0.55
	女	3.64±0.49	3.82±0.49	3.70±0.74	3.67±0.64	3.37±0.55
	t	−2.83**	−1.59	−2.09*	−3.11**	−2.15*

由表5—13可以看出，不管是留守儿童还是非留守儿童，男生在总体学习水平上的表现均显著低于女生（t＝－2.96，P＜0.01；t＝－2.83，P＜0.01）。进一步比较总体学习水平均值可以发现，留守男童均值为3.42，留守女童为3.50，非留守男童为3.55，非留守女童为3.64；不难看出，非留守女童学习水平最高，其次是非留守男童，再次是留守女童，最低的是留守男童。通过折线图可以直观地看出不同性别留守与非留守儿童学习水平在不同维度上的表现（见图6）。

对于留守儿童而言，在学习认知方面，男生均值为3.65，女生为3.72，男生显著低于女生（t＝－2.11，P＜0.05）；在学习方法方面，男生均值为3.48，女生为3.72，男生显著低于女生（t＝－2.73，P＜0.01）；在学习态度方面，男生均值为3.33，女生为3.44，男生显著低于女生（t＝－2.79，P＜0.01）；在学习管理方面，男生均值为3.21，女生为3.24，男生低于女生，但差异不显著（t＝－0.89，P＞0.05）。

对于非留守儿童而言，在学习认知方面，男生均值为3.55，女生为3.64，男生低于女生，但差异不显著（t＝－1.59，P＞0.05）；在学习方法方面，男生均值为3.60，女生为3.70，男生显著低于女生（t＝－2.09，P＜0.05）；在学习态度方面，男生均值为3.54，女生为3.67，男生显著低于女生（t＝－3.11，P＜0.01）；在学习管理方面，男生均值为3.29，女生为3.37，男生显著低于女生（t＝－2.15，P＜0.05）。

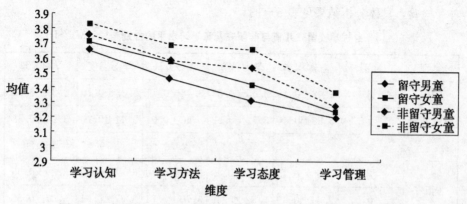

图5—12　不同性别留守与非留守儿童学习水平在各个维度上的表现

另外，整体考察图 5—12，不难看出，四类儿童在各个维度上的综合水平由高到低分别是：非留守女童、非留守男童、留守女童、留守男童。再仔细分析，可以发现，在学习态度维度，四类儿童的差异比较明显，其中非留守女童学习态度均值最高，留守男童学习态度均值最低。对比表 5—13 中的学习状况总体水平，可以直观地发现，学习态度均值越高，学习的总体水平也就越高；反之亦然。再次说明学习态度可能是影响学生学习水平高低的重要因素。

三、结论与建议

（一）主要结论

通过对义务教育阶段乡村学生学习现状的调查分析，可以得出如下结论。

第一，义务教育阶段乡村学生总体学习状况良好，处于中等水平；在各项子维度中，学生的学习认知水平最高，学生的学习管理水平相对较低。

第二，义务教育阶段乡村学生学习水平的性别差异显著，女生学习水平显著高于男生。

第三，义务教育阶段乡村学生学习水平的年级差异显著，其中，四年级最高，八年级最低。

第四，义务教育阶段乡村非留守儿童学习水平显著高于留守儿童；留守儿童与非留守儿童各自在性别和年级上均表现出显著差异，这与乡村学生总体学习水平的分析基本一致。

第五，义务教育阶段乡村学生总体学习水平及其各维度整体呈现向右倾斜的"W"形递减趋势。具体表现为：在小学阶段，变化趋势相对平缓，"V"形趋势不明显；在初中阶段呈现明显的"V"形变化趋势。

第六，学习态度是影响乡村学生学习水平的根本因素，学习态度越好，相应的学习状况也就越好。为进一步验证这一结论，通过回归分析，发现学习态度能够解释学习水平的 68.1%，也就是说学生学习态度越好，学生的学习水平就会越高。

（二）对策建议

根据调查研究的结果，结合乡村教育的实际情况，我们认为可采取如下措施提升乡村学生学习水平。

1. 把握规律，有针对性地采取预防措施

根据乡村学生学习水平的年级变化趋势，可以采取有针对性的措施，预防和减少不良现象的发生。首先，从四年级到七年级，要继续保持这种相对稳定的水平不下降，同时在可能的条件下，要采取措施促使这一水平稳中有升。这一阶段的学生年龄较小，相对比较容易教育和管理，这一时期，家长和学校要担负起各自的责任，注重对孩子的教育和引导，使其养成良好的习惯。其次，重点关注七年级学生学习情况。七年级是一个转折点，乡村学生的学习水平从七年级骤然下降。因而在七年级要做好各方面工作，学校要加强监督，同时提升学校教育教学水平；家长要配合学校做好相应工作；地方政府要加强校园周边环境的治理，杜绝不良环境对学生的影响，从而稳住学生学习水平，减缓或制止学习水平骤降的趋势。再次，重点关注八年级学生学习状况，创造条件，为学生学习状况的提升提供多方面保障。从八年级开始，学生学习水平骤然上升，因而，家庭、学校和政府应重视发掘学生学习水平提升的内在驱动力，充分利用时机，提供多重保障，最大限度地助推学生学习水平的提升。最后，学校和家庭要特别重视培养学生形成良好的学习态度，运用合理的学习方法（通过回归分析发现，学习方法能够解释学习水平的 22.4%，仅次于学习态度）来促进学生学习水平的提升。

2. 各方联动，提高乡村学生学习管理水平

乡村学生学习管理水平较低是由多方面原因造成的。一方面，由于义务教育阶段的学生基本都未成年，自制力不强，自我管控能力相对较差，在自我学习管理能力相对较弱；另一方面，乡村学生中很大一部分是留守儿童，这些学生由于在家庭教育方面长时间缺少父母的教育引导和监督，逐步养成一些不良的行为习惯，在学校教育方面又遭遇部分教师对其放任自流的管理态度，使得这些学生成为乡村中"没人管"的孩子。在这样的成长环境里所形成的种种不良习惯便慢慢地被带进课堂，带进日常的学习生活中，造成乡村学生整体学习管理水平较低。

鉴于此，首先，要落实家长作为学生第一监护人的责任，要加强监督和引导，帮助学生要成良好的学习习惯。对于留守儿童，家长要利用电话、视

频以及委托他人监管等方式，加强与学生的联系和沟通，随时关心和了解学生的学习情况，经常给予学生鼓励，以弥补留守儿童情感上的孤独。调查发现，父母对孩子在校学习情况的了解程度可以正向预测孩子的学习水平，父母越了解孩子在学校的生活和学习情况，孩子的学习状况越好（$\beta=0.27$，$t=12.91$，$p<0.001$）。其次，要明确学校的责任，加强学校的日常管理，强化教师的责任意识。学校和教师担负着"教书育人"的重要使命，学校是学生的第二家园，教师要主动关心学生，爱护学生，只有这样学校才能焕发出生命的活力，学生才能由"他律"走向"自律"。再次，政府和社会也要担负起应有的责任。要加强学校周边的治安管理，保障学生的基本安全；要依法整治取缔学校周边的网吧等不良娱乐场所，避免学生受到不良环境的影响。最后，学生自身也要遵纪守法，珍惜时光，努力学习科学文化知识，为更好地服务社会打下坚实的基础。

3. 多措并举，提高乡村留守儿童学习水平

留守儿童由于父母均不在身边，不能直接抚育，容易引起或诱发儿童的不良人格因素，这些不良人格因素往往会表现为或直接导致儿童的行为问题和学业不良问题。[1] 一些研究的负面描述也在一定程度上夸大了留守儿童的消极作用，留守儿童被"污名化"的倾向比较明显，进而使被"污名化"的儿童产生了歧视知觉。[2] 歧视知觉往往能使个体意识到自身处于弱势的地位，从而对个体的心理健康产生消极影响。留守儿童，作为一个特殊的群体，更能够敏感地察觉外界的这种歧视。这些原因在一定程度上影响留守儿童的学习生活，造成他们学习上的困扰。此外，由于父母长期在外，留守儿童的学习无法得到家长的辅导，这也是造成留守儿童学习水平不理想的原因之一。

父母在外只是影响留守儿童学业状况不良的原因之一，不是唯一原因，留守儿童的学习水平较低，是更广泛更深层的各种社会因素交织在一起的结果。[3] 因此，亟须采取多种措施，提高留守儿童学习水平。首先，政府应因地

---

① 范方，桑标. 亲子教育缺失与"留守儿童"人格、学绩及行为问题［J］. 心理科学，2005（4）：855－858.

② 谭深. 中国农村留守儿童研究述评［J］. 中国社会科学，2011（1）：138－150.

③ 谭深. 中国农村留守儿童研究述评［J］. 中国社会科学，2011（1）：138－150.

制宜，采取措施鼓励并支持有想法有条件的乡村居民就地创业，让农民工返乡就业，解决父母和子女两地分隔的问题。其次，加强校园文化和教师文化建设，营造和谐向上的文化氛围，从而充分发挥文化的濡化和浸润功能,[①] 增强乡村学生的学校归属感和学习幸福感。具体而言，学校要建立留守儿童档案袋，安排专人负责，落实家访制度，定期走访留守儿童家庭，了解留守儿童生活情况，重点关注留守男童各方面情况；加强法律培训，增强留守儿童法律意识和自我保护意识；定期开展团队活动，丰富留守儿童业余生活，加强留守儿童与他人的沟通交流。再次，乡村一级政府和社区，要建立帮扶制度，弘扬中华民族优良传统，形成互帮互助的乡村文化氛围，共同关心和照顾留守儿童。最后，鼓励大学生到乡村学校实习和支教，大学生到乡村学校实习和支教，不仅能缓解乡村学校教师结构性缺编的矛盾，而且能给留守在那里的儿童带来不一样的学习体验和人生希望。

4. 因材施教，提高乡村学校男生学习水平

关于男生学业落后问题已引起不少学者关注，学者们从不同的角度对这一问题展开了研究。有关研究表明：从小学、中学到大学，我国学校男生的学业表现均明显落后于女生。[②] 2010 年，有学者提出"男孩危机"、"拯救男孩"等观点,[③] 引发社会各界广泛关注。继而，支持者与反对者针对"男孩危机"的观点展开激烈的争论。这些研究，为思考乡村学校男生学习水平显著低于女生这一问题提供了多维视角。整体而言，乡村学校男生学习水平落后于女生的主要原因有：一是生理、心理原因，男生的生理、心理发育水平都落后于女生，一般要到青少年晚期，男生才能真正追赶上女生。生理、心理发展上的落后，导致男生的自制力、言语能力等都相对弱于女生。因而，男生往往自制力差，注意力不易集中，女生往往表现地听话、懂事，学业表现比男生好。二是教师的教学方式问题，乡村学校较多的"灌输式"教学方式

---

① 李森，崔友兴. 新型城镇化进程中乡村教师专业发展现状调查研究［J］. 教育研究，2015（7）：118−127.

② 李文道，孙云晓. 我国男生"学业落后"的现状、成因与思考［J］. 教育研究，2012（9）：38−43.

③ 孙云晓等. 拯救男孩［M］. 北京：作家出版社，2010：1.

往往不利于男生的学习。研究表明：男生更倾向于动手实验和操作的学习方式，女生更倾向于文字及语言类的学习方式。[①] 因而，灌输式的教育教学方式往往使得女生更容易适应和接受。三是以知识识记和机械记忆为主的学业评价方式往往更有利于在语言方面占有优势的女生，而男生所擅长的想象力、动手操作能力则难以在这种评价考试中体现出来。

鉴于以上分析，我们认为，首先，要承认男生和女生生理和心理发育上的差异，采取一种平和的心态对待男生，不要苛求他们。其次，要适当鼓励男生，宽严相济，注重对男生的教育和引导。再次，要转变教育教学方式，适当开展一些探究和动手操作的课堂教学活动，让男生体验课堂上的成功。

[①] 郑新蓉，韦小满. 我国中小学生学习与发展的性别差异的调查分析 [J]. 现代中小学教育，2000（5）：29—31.

第六章　乡村教育内容

2015 年 10 月 29 日，中国共产党第十八届中央委员会第五次全体会议公报提出，要"推动城乡协调发展，健全城乡发展一体化体制机制，健全农村基础设施投入长效机制，推动城镇公共服务向农村延伸，提高社会主义新农村建设水平。"如何在新型城镇化深入发展背景下加快新农村建设步伐，是必须解决好的一个重大问题，更是今后一个时期"三农"工作的重大任务。乡村教育既是新农村建设的重要组成部分，也是新农村建设的平台与载体。"乡村教育作为乡村社会的有机组成部分，对乡村儿童健康发展、乡村文化传承与创新以及乡土社会建设发挥着举足轻重的作用。"[1] 而乡村教育内容是乡村教育的核心要素，影响着乡村教育目标的落实与乡村建设的质量。在新型城镇化与新农村建设背景下，乡村教育内容开发是为乡村社会发展与服务的一项实践活动，乡村教育内容的选择与优化需要积极反映并满足新时期社会发展提出的客观要求，为新型城镇化和新农村建设的顺利推进提供平台、保驾护航。

乡村教育内容根植于乡村，以村民及其子女为主要对象，为城乡社会经济发展服务。乡村教育内容既是立足"乡村"这一区域性的教育范畴，同时又是一个发展演变的历史概念。根据当下乡村教育对象与阶段的划分，乡村

---

① 李森. 新型城镇化进程中我国乡村教育可持续发展的现实困境与战略选择 [J].
西南大学学报（社会科学版），2015（4）：98－105.

教育内容主要包含乡村基础教育内容、乡村职业教育内容和乡村成人教育内容三大板块，虽然三大板块的乡村教育内容体系会随着时代的发展具有不同的边界及指向，但其根本立场始终是源于乡村、在乡村中、为了乡村。但受历史发展及资源条件的客观限制，以及多年来政府对城镇教育的"倾斜"，加之乡村教育主体及相关决策主体受传统感性思维模式求同性、保守性、封闭性等特征的影响，存在着概念模糊、二元思维、线性思维和结果思维等思维误区①，导致当前我国乡村教育内容建设存在诸多问题：乡村基础教育内容变成偏重"离农"、"脱农"，直接或间接为乡村师生"跳农门"服务，致使未能顺利升入高一级学校的乡村学生兴农无门、务农无技、离农无路，只能背井离乡外出打工，沦为廉价劳动力；乡村职业教育内容体系不清，服务指向不明，笼统的职业教育内容阻碍了乡村人力资源的可持续发展；乡村成人教育内容依然以扫盲知识为主、范畴单一，脱离现代乡村生产生活实际，成效不容乐观等。之所以如此，其原因之一在于乡村教育内容的内涵不明晰，诸多城乡社会资源尤其是教育资源被忽视。

　　教育内容是教育活动中传授给学生的知识技能、思想观点、行为习惯等的综合。② 传统意义上的教育内容往往把范围限定在一些有形内容上，必然会导致乡村教育内容开发与利用的城乡社会资源范围窄化，难以充分发挥出乡村教育自身的传统与优势。城乡社会资源作为社会构成要素中的一个重要部分，对乡村教育内容的开发与优化具有重要功能。基于此，本书将乡村教育内容界定为一切可为乡村教育活动利用的物质资源与精神资源的总和，从而为乡村教育内容的开发和运用提供广阔空间。

　　从乡村教育内容的界定可知，挖掘城乡社会资源，立足"乡村"特点，为新型城镇化和新农村建设服务，是当前乡村教育内容开发与优化的必由之路。经过自然界的长期进化与城乡主体自身的创造和积累，城乡社会资源显现出极大的丰富性，特别是随着资源开发手段的高科技化发展趋势，城乡社会资源的范围和类型大大扩展，其丰富性特点也就更加突出了，城乡的社会

---

　　①　赵鑫. 论统筹城乡教育发展中的思维误区及其对策 [J]. 教育发展研究，2015 (7)：5—10.

　　②　柳海民. 教育原理 [M]. 长春：东北师范大学出版社，2006：330.

财富也随之加速涌流，城乡开始进入"丰裕社会"的时代。[①] 首先，城乡社会的环境和生态资源是值得关注的城乡财富之一。而乡村相较于城市而言，其天然具备的良好生态资源，以及未被开发或开发不充分的环境资源，是乡村教育内容的取材之源。其次，乡村文化资源也是乡村教育内容开发的重要来源。乡村特有的生活状态、人居环境和交往方式给乡村文化的保存提供了沃土，丰富多彩的乡村文化和乡村无形文化遗产根植于乡村内部，却常被乡村教育内容开发者所忽视。另外，乡村人力资源、社区资源等都属于城乡社会资源的重要组成部分。丰富的城乡社会资源，为开发和利用乡村教育内容，从而获取具有乡土气息、质优量丰的教育资源提供了广阔的空间和美好的前景。

在乡村教育内容开发过程中，乡村基础教育内容、乡村职业教育内容和乡村成人教育内容需要协同发展、彰显合力，实现"三教统筹"。从教育内容角度出发，"三教统筹"中的"三"并非只囊括三种教育资源，而是指以基础教育、职业教育和成人教育为主的乡村各类教育资源的统筹。乡村教育内容的发展要求基础教育、职业教育和成人教育三教交叉、渗透、补充和发展，整合农业、科技和教育的力量，优化合理配置农村教育资源，以提高乡村教育资源综合利用的效率。在乡村教育内容的指向中，基础教育担负着普及基础知识的任务，职业教育的任务是将所学的知识运用到具体实践中，而成人教育的任务则是使乡村居民的素养得以不断提高和完善。三者分属整个乡村教育内容的不同环节，都不可或缺，更不可偏重其一。因此，兼顾并整合上述三种乡村教育内容势在必行，这是本书所持立场，但为便于论述，本章将其相对分为三节加以阐释。

第一节　乡村基础教育内容

乡村基础教育是"乡村"与"基础教育"的交叉，即师生在乡村从事的基础教育事业，其指向范围界定为户籍属于县城以下的乡村，留守乡村从事

---

① 傅松涛，张扬. 论教育资源的深度开发 [J]. 河北师范大学学报（教育科学版），1998（1）：60—66.

农业或以农业为主、牧业为辅或外出打工人员的子女在乡及村级的教育机构接受的基础教育。乡村基础教育在乡村教育中发挥着奠基性作用,既是我国九年义务教育和高中教育在乡村地区的具体实践,更是乡村儿童发展、乡村社会进步的根本保证。基于乡村社会实际,找准乡村基础教育内容的定位、明确乡村基础教育内容的范畴,把握城乡一切可资利用的资源促进乡村基础教育内容的开发,乡村基础教育才能在新型城镇化和新农村建设中充分发挥其重要作用。

一、乡村基础教育内容的定位

长期以来,无论是教育理论界还是在教育实践领域,对乡村基础教育内容的看法存在着多元的观点。乡村基础教育是面向乡村培养现代村民还是着眼于将学生送出乡村、成为新型城镇化建设中的市民?乡村中小学是以基础教育为主还是以职业技术教育为主?根据《教育大辞典》的阐释,基础教育也称为"国民基础教育",是对国民实施的基本的文化知识教育,是培养公民基本素质的教育,也是为继续升学或就业培训打好基础的教育。[①] 基础教育的性质,不仅决定了基础教育的办学方向,也为乡村基础教育的内容定位指明了方向:乡村基础教育的内容,应能够确保乡村学生作为未来公民接受与城市学生相同教育的基本权利。同时,为保证乡村儿童能够得到适合自身客观条件的教育,乡村基础教育在内容上应立足于新型城镇化建设以及社会转型与发展的需要,并立足乡村教育特色贯彻落实新一轮基础教育课程改革的精神与要求。

(一)新型城镇化建设及社会转型中的乡村基础教育内容

1. 对本地区文化演进的辐射引领

乡村中小学校的文化使命无论是在纵向上对不同时期的比较,还是在横向上与各地区的比较,都有相对的一致性。乡村基础教育内容的社会功能包括多个方面,但当前最需要强调的是文化功能,集中体现为对乡村及所在地

---

① 教育大辞典编纂委员会. 教育大辞典(第1卷)[M]. 上海:上海教育出版社,1990:71.

区文化的传承、传播与创新。尤其是在当下社会转型时期，更需要强调乡村基础教育内容对社会和本地区新文化的传播和更新。例如，生态文明将是当今社会的主流文化形态之一，在乡村社会从相对落后的传统农耕文化形态朝着生态导向的现代农业文化形态演进过程中，作为乡村文化重要载体的乡村基础教育内容必定承载着新型文化的辐射引领任务。

处在社会转型浪潮中的乡村基础教育，其教育内容必须基于地区社会文化发展的要求与时俱进。在新型城镇化建设的深层推进过程中，面临着城乡社会秩序重构的考验，呼唤着人的主体精神、诚信品德与法制意识、合作与竞争能力；面临着由传统工农业经济向现代知识经济（科学知识型）、甚至后现代知识经济（文化知识型）的转型，新知识、人力资本成了工农业生产力中最活跃的要素，呼唤着人的创新意识、实践能力和终身学习能力，强调人的宽容精神、尊重文化的多元性及其精神生命的丰富性。所有这一切，都对乡村基础教育内容提出了新的期望与要求。乡村基础教育作为乡村文化的基点，在很大程度上决定着乡土文化的发展趋势。因此，不断创造与开发更加符合时代要求及精神的乡村基础教育内容是新型城镇化背景下乡村基础教育发展的重要任务。诸如，人们在新型城镇化建设中的社会主义核心价值观、环保意识、可持续发展观、科学伦理等意识的确立，不能单靠政府和社会的法规要求与政策宣讲，必须融入乡村基础教育内容，通过学校教育内化到人们的观念与行为之中。也正是在这一过程中，乡村基础教育内容将先进文化传播到了乡村社会中，引导乡村社会新文化的发展，确保乡村社会建设和乡村教育发展朝着当前新型城镇化建设及社会转型的预期目标演进。

2. 对乡村学校特色发展的内涵支持

"大力推进新型城镇化建设是促进社会结构转型，落实城乡统筹发展，促进经济持续增长，提高人民生活水平，全面建成小康社会的重要路径。"[①] 社会转型过程中，有效落实新型城镇化和新农村建设的关键在于人才培养。乡村基础教育只有因地制宜、因校制宜办出各自的特色，才能促进学生个性化

---

① 李森，崔友兴. 新型城镇化进程中乡村教师专业发展现状调查研究——基于对川滇黔渝的实证分析 [J]. 教育研究，2015（7）：118-127.

发展，激发学生的兴趣特长，充分发挥学生的潜能，培养学生的创新精神和实践能力。乡村中小学校的特色发展需要基于乡村社会和教育发展需求以及城乡教育资源的结构分布，充分依托学校自身优势资源，寻求突破点和生长点，通过长期探索与持续积累，才能最终形成特色。相对于城市学校而言，乡村学校特色发展的核心要素之一是开发与师生的乡村生活实际相吻合的教育内容。可以说，乡村学校特色发展的过程就是富有乡村特色的基础教育内容不断得以优化、完善与有效实施的过程。

乡村学校具有独特的优势，生态环境较好、具有得天独厚的自然环境资源，质朴的乡风民俗，乡村社会是更为接近人的先天善好的自然秩序的一个综合的文化织体，因此能为人的天赋展现，为人的教养的养成，为人的道德品质的养成提供更为自由、没有拘束、淳朴、洁净而少有诱惑的社会氛围。[①]只有尊重并发挥乡村教育内容的优势，让学生更多去感受、发现乡村的独特教育资源，乡村基础教育才能发挥其应有的功能。[②] 乡村基础教育内容如能扎根于乡土，贴近乡村社会发展的实际，贴近学生的乡村生活，就有了属于自己的"根"，根深才会叶茂，彰显乡村基础教育内容迷人的特色与风采，而不再仅仅是城市教育内容的追随者和模仿者。

（二）新一轮基础教育课程改革体系中的乡村基础教育内容

1. 乡村基础教育内容是国家课程地方化的重要载体

国家课程强调促进学生基本素质的养成和发展，体现国家对公民素质的最基本要求。国家课程是由各学习领域体现共同基础要求的学科课程组成，是城乡学生必修的课程。在乡村基础教育的范畴中，国家课程的地方化是指乡村中小学校及其教师根据课程标准，结合本乡、本村和本校的实际对国定教育内容进行地方化和校本化落实的过程，是一种创造性地执行国家课程的活动，反映了国家课程实施的课程调试取向和创生取向。只有将国定教育内容的"书本世界"与真实的乡村生产生活世界进行有效整合，才能确保新一

---

① 刘铁芳. 乡土的逃离与回归：乡村教育的人文重建 ［M］. 福州：福建教育出版社，2008：195.

② 李学容，蔡其勇. 迷失与回归：农村教育的发展路向 ［N］. 中国教育报，2013－07－12.

轮基础教育课程改革在乡村中小学落到实处、发挥实效。

在乡村基础教育领域，国家课程的地方化过程是国家课程与乡土实际接轨的重要路径。国家课程的地方化实施必然会带来教育内容的变化，对地处不同区域和发展水平的乡村中小学校而言，国家课程地方化的价值取向与途径方法是不尽相同的。例如，可以根据乡村学生的学习基础和学习特点对国定教育内容的难度加以适当调整，或适度加深与拓展，或适度变浅与简缩；可以在严格遵循国家课程标准的前提下，根据本地区和本校实际，编写乡土化教科书，或对原有教育内容的结构顺序进行重新组合，以利于对教育内容的结构化处理，或对原有教育内容的内容呈现形式进行适度调整等。

2. 乡村基础教育内容是综合实践活动课程实施的重要依托

2001 年 6 月教育部颁布的《基础教育课程改革纲要（试行）》明确要求中小学校增设综合实践活动课程，综合实践活动课程以培育学生的主体意识、完善学生的认知结构、提高学生自我规划和自主选择能力为宗旨，着眼于培养、激发和发展学生的兴趣爱好，开发学生的潜能，促进学生个性发展和学校办学特色的形成，是一种体现不同基础要求、具有一定开放性的课程。[1] 一方面，综合实践活动课程继承了传统综合性课程强调课程目标和课程内容组织的综合性特点，另一方面又吸收了活动课程重视课程实施的主体性和探究性的合理内核，其综合性、实践性和生活性同乡村基础教育的自然性、灵活性相吻合。

综合实践活动课程能够在乡村中小学校具有广阔天地，与乡村基础教育发展相辅相成，但其前提是有效利用种类多样和数量丰实的乡村教育资源。而对乡村教育资源的开发利用是实现乡村教育内容多样化的重要依托。乡土教育内容与乡土生产生活情境的亲切生动，与学生发展需求、生活实际贴切，有利于通过综合实践活动课程实现书本理性世界与生活感性世界的沟通，促进学生了解家乡、亲近社会，提高师生对乡村资源的研究兴趣，立足乡村基础教育内容提升综合实践活动课程的实施效果。

---

① 洪明. 综合实践活动课程导论 [M]. 福州：福建教育出版社，2007：45.

二、乡村基础教育内容的类型

根据乡村基础教育内容的功能、形态和谱系等，可以基于上述方面划分乡村基础教育内容类型。当然，划分的每种类型并非绝对，其中存在着交叉与重合，为便于理解，本书基于不同标准加以分类阐述。

（一）功能分类

乡村基础教育的核心功能是能够为城乡社会发展与乡村学生成长奠定扎实基础，而乡村基础教育内容是乡村教育发挥自身功能的重要载体。基于乡村基础教育的主要功能，可以将其主要内容归为"社会发展促进类"和"学生成长促进类"两种大类。其中，社会发展促进类乡村基础教育内容涉及多个次生类别，例如，（1）新型文化引领类，这部分内容是基于国家课程标准，根据城乡社会发展的实际情况，开发符合时代要求的基础教育内容，诸如社会主义核心价值观或"互联网＋"等新文化融入乡村学校教育内容和社会发展实践活动；（2）乡土文化传承与保护类，囊括乡土传统节日、传统习俗等；（3）新型生产理念、方式与技术传播类，如乡土传统手工艺等相关内容等。

学生成长促进类乡村基础教育内容也可以划分为多种次生类别：（1）文明习惯与学习、生活方式养成类课程，该类课程需立足国家课程标准，通过国家课程的乡土化来达成相应教育目的；（2）学习方式与思维发展类，如设置与乡土自然情况相关的研究性课程等；（3）乡土知识学习促进类，如学习现代农业基础知识和基本技能等。

（二）形态分类

按照呈现形态，乡村基础教育内容的形态可以分为两类。一是教科书形态内容，主要是指国家课程标准中要求学生掌握的基本技能和基本知识等，必须通过书面材料来掌握。这类基础教育内容具有教育目标定位准确、整体结构编排逻辑性较强、内容的科学性得到较好保障、方便学生学习、教学效果评价相对明确等优点，但同时也容易导致真实复杂的乡村生产生活情境书面化和抽象化，缺失乡村生产生活情境的丰富多样性与生动鲜活性，不利于学生对乡村基础教育内容的真实情感体验。二是活动设计形态内容，是遵循国家课程标准中要求学生养成的道德习惯与思维方式等，教师引导学生可以通过体验等方式习得的内容。这是新一轮基础教育课程改革以来，国家、地方和学校三级课程都努力凸显的内容呈现形式，也是乡村基础教育可以展现出资源优势的突破口。这类教育内容并不需要完全依托教科书，而更多地强调对乡村基础教育活动进行精心的策划与设计，来实现学生对相应内容的领悟学习。展现这类内容的教育活动情境通常可以通过主题展示场馆和真实的生产生活等途径。主题展示场馆是人为创设的，具有主题鲜明、内容集中、精当优质、呈现形式精妙设计、便于活动、教育性较强等优点，如乡村蔬菜基地、农产品展览厅等。而真实的生产生活情境具有主体复杂多样、情境动态变化等特征。这类教育内容情境对学生体验乡村、研究乡村、思考乡村有重要作用。但这类内容更需要教师精心筛选、组织并细致设计活动方案，例如，可以通过介绍一个本地投身农业的知名人物及其故事的形式让学生学习养成爱乡、爱农以及爱国的品质等。需要说明的是，教科书形态的教育内容与活动设计形态的教育内容划分并不是绝对的，乡村基础教育的实际情境通常将两种教育内容相互补充并积极融合。

（三）谱系分类

根据谱系不同，乡村基础教育所囊括的内容可以分为两类：一类是学科类乡村基础教育内容，即以学科基础知识为出发点，充分利用乡村教育资源来充实拓展相应学科内容，将乡村生产生活因素渗透融入学科教学内容。但此类教育内容由于受学科结构及内容的限制，所能够整合利用的专门性乡村教育资源较少，因而其内容范畴也较为狭窄。另一类即跨学科类、综合类乡村基础教育内容，即某一部分教育内容涉及的主要概念、核心观点与表现形态具有明显的跨学科性。此类内容以地方化、校本化乡村教育资源特色为核心，将某一地方资源所涉及的学科知识点穿插其中，能够实现乡村教育资源利用的最大化，因而其教育内容的范畴既能够涵盖国家基础教育课程标准所涉及的内容，也可以充分利用乡村生产生活资源，进而拓展乡村基础教育的内容。例如，位于重庆市澄江镇的乡村学校——澄江小学，学生大部分为乡村留守儿童，学生的家庭经济条件有限。该校根据学校以及学生的实际情况，在没有耗费多余财力的情况下，邀请乡村里精通地方特色文化遗产的老艺人作为指导老师，开设了独具特色的"板凳龙"、剪纸及口琴课程，既丰富了学校教育内容，促进学生的个性化发展，同时乡村文化资源得到了合理的开发、利用、保护、传承和创新。[①]

除了上述分类方式之外，乡村基础教育内容还可以按照学生的学习方式与学习主题结果加以划分，比如，一种是知识学习类教育内容，如基础知识、历史人文的学习等；另一种属于实践体验学习类教育内容，如基本技能、道德情感的培养等。如重庆市北碚区乡村小学——复兴小学，将北碚区非物质文化遗产线描画纳入学校课程体系建设之中，开设了保护文化遗产、丰富学生知识与技能的线描等实践体验类课程，促成线描画被重庆市政府列为"重庆市非物质文化遗产"，树立了乡村学校教育内容开发的范例，不仅丰富了乡村学校的教育内容，更促进了乡村学生创新意识和人文素养的提升，培养了学生热爱家乡的情感，促进了学校形成浓郁的乡村儿童线描画特色校园文化。[②]

三、乡村基础教育内容的开发路径

乡村教育内容开发就是在现代教育理论的指导下，依据国家基础教育相关政策与价值导向，立足乡村社会的经济、政治和文化等发展特色，综合城乡建设的实际需求及其对人才的要求，综合运用教育内容开发的技术手段，形成以乡村教育资源为支撑的教育内容。乡村基础教育内容的开发遵循教育内容开发的一般规律，但其作为区域教育内容建设中的一个重要领域，又具有特殊的要求。对应不同的乡村基础教育内容类型，常见的开发模式有如下三种：一是基于学科的乡村基础教育内容开发，即将学科内容中与乡村教育社会资源有机联系的因素挖掘出来，在学科课程与教学计划中加以有效落实；二是乡村教育内容综合开发，即将国家教育内容、地方教育内容同各类城乡教育资源相整合，以设立新的综合性课程或通过综合实践活动课程等形式加以落实；三是乡村基地活动内容开发，以乡村特有的产业（如农、林、牧、渔业等）片区为活动基地，鼓励学生通过参观、探究等实践活动，直接获取

---

① http://www.bbcjxx.com/index.php/cms/item—list—category—151.

② 宋乃庆，范涌峰. 农村小学校本课程建构的实践探索 [J]. 课程·教材·教法，2015（9）：10—15.

乡村生产生活知识与技能，并将这些生产生活的知识与技能直接作为乡村教育内容，践行"乡村社会即学校、生产生活即教育"的理念。但是，无论何种乡村基础教育内容开发模式，都必须遵循特定的原则，并通过相应的实践路径加以有效开展。

（一）乡土基础教育内容开发的基本原则

乡土基础教育内容的开发，立足于区域特有的乡村资源，在一定程度上可以解决国家课程和乡村实际相脱节等问题。因此，从乡土基础教育内容的本质出发，为提升乡村基础教育内容开发的有效性与针对性，必须遵循基础性、本土性、综合性和体验性等基本原则。①

1. 基础性原则

乡村基础教育内容的开发首先应注重基础性原则。乡村基础教育内容的基础性是指乡村教育内容既要符合学生身心发展的基础性，奠定学生成长的知识基础和能力基础，又要突显乡村社会发展的基础。兼顾知识基础性和乡村基础性，即在满足国家基础教育内容要求的同时，应根据乡村社会发展特点，为乡村基础教育增添一些富有乡村特色的基础性内容，使学生既能够掌握国家基础教育内容，又能够了解、熟悉自身生活的乡村情境。乡村基础教育内容开发要注意避免"脱农教育"的误区。因此，乡村基础教育内容必须结合乡村学生自身及其生活环境的特点，围绕学生的生活经历与经验加以拓展，在确保和反映国家主流文化特性的基础内容的前提下，积极寻求基础知识学习与乡村地区经济、文化、生活的联结点，确保乡村基础教育内容开发满足多方面的基础性要求。

2. 本土性原则

本土性是乡村基础教育内容之"根"，资源基于乡土、源于乡土是乡村基础教育内容开展的重要特征，因此其必须具有鲜明的地域特点。它是依据乡村的具体现实情况，结合乡村基础教育资源开发的内容，其责任指向和适用范围具有鲜明的地域性。因此，乡村基础教育内容的开发要充分研究地方社会历史条件和现实情况，充分挖掘可利用的乡村教育资源，包括自然环境、

———————

① 宋林飞. 乡土课程理论与实践［M］. 上海：上海教育出版社，2011：34—35.

乡土风光、社区设施、旅游资源和知名人物等，设计富有乡村地域特色的基础教育内容，让学生在自己熟悉的环境里学习成长，以引导学生掌握乡土知识、养成乡土思维，提升学生积极的审美情趣和健康、乐观向上的品质，提高学生的科学和人文素养，激发学生热爱自然、热爱家乡、报效祖国、服务人民的感情。

3. 体验性原则

体验性是乡村基础教育内容之"魂"，体现了"在乡村中"的乡村基础教育特征。乡村基础教育应以学生乡土实践作为其内容的核心要素，以师生的城乡社会生活作为其活动范围，以体验性实践活动作为其主要活动过程，以丰富学生学习活动方式、倡导自主体验、积极参与、团队合作和主动探究作为乡村基础教育内容的主要实施方式，以促进学生获取丰富的直接经验、熟练的实践技能和积极的情感体验为主要目的。此外，乡村基础教育内容的开发还必须考虑到其目的指向，即立足"为了乡村"。因此，乡村基础教育内容的开发应立足于针对本地发展的实际需求和本地人才的需求，促进当地城乡社会发展。为此，其开发的主体必须考虑当地社会生活和社区发展所要求的新村民或新市民应该具备的思想意识、道德品质，关于地方的基本知识及参与地方社会的基本能力，以体现并满足当代发展的现实要求。

4. 综合性原则

乡村基础教育内容具有综合性特点，它向学生呈现个人、自然、社会及其相互联系的整体世界。乡村基础教育内容的开发范畴不应受国家基础教育内容的限制，而是在国家基础教育内容的基础之上以国家教育内容为载体促进基础教育内容的乡土化，努力消除国家教育内容与乡村实际不符、乡村基础教育内容实施效果不理想等问题。因此，一方面，乡村基础教育内容的开发要密切关注并联系学生的生活实际，通过课程的活动主题将乡村中可用的教育资源进行有机整合，实现乡村资源综合利用；另一方面，在乡村基础教育内容的开发上更要强调知识的综合运用，将各种知识与乡村实际进行融合，以整体形式呈现于基础教育之中，使学生能够全面地认识世界，努力养成健康和谐的情感、态度、价值观以及完整的人格品质。

乡村基础教育内容开发的综合性原则，还要体现在学生对本地区实际问题的深入思考方面，要组织学生运用科学研究的一般方法，主动参与乡村社会实践活动，培养乡土社会责任感和社会活动能力。同时，基于新一轮基础教育课程改革的相关要求，注重构建研究性学习课程模式体系。乡村基础教育内容开发要把乡村资源和探究学习紧密结合，通过探究和实践活动，将学生引入乡土历史、乡土地理、乡土经济和乡土文化传统等研究领域，引领学生在完成国家基础教育任务的同时关注家乡发展，参与家乡建设。

乡村教育内容的开发也要注重学生的综合发展。乡村基础教育内容的直接服务对象是中小学生，其宗旨是为学生的终身发展奠定扎实基础。乡村基础教育内容的开发对于学生来说，其目的是协助学生在与全国其他学生一样顺利完成基础教育学习的同时，了解家乡、培育家乡情感；同时将乡村基础教育内容作为启发学生思考、开展综合实践活动课程、探究学习的载体。从这个意义上说，乡村基础教育内容开发必须把学生综合素养的发展放在首位，一切以学生发展为根本价值导向。

（二）乡村基础教育内容开发的实践路径

乡村基础教育的内容构成，是基础教育课程结构中地方课程的重要组成部分，是对国家课程的有机补充，也是乡村基础教育的核心和灵魂。课程是教育内容的重要依托，乡村基础教育内容具体化为乡村基础教育的课程体系。因此，乡村基础教育内容开发应以中小学学校课程为基础，通过筛选、改编、删减、拓展与整合等方式，将学校课程与城乡资源尤其是乡土资源有机结合，使教育内容更符合学生、学校和社会的要求。从课程体系的内部构成来看，乡村基础教育课程内容包括国家课程、地方课程和校本课程三大板块，经过国家课程地方化尤其是校本化，才能为乡村学校有效运用。根据国家政策，以国家课程标准及相关指导纲要为基础，根据乡村社会经济、政治、文化的发展水平，历史、自然状况，及其对人才的特殊要求，充分利用乡村资源研发、设计、实施的具有乡村特色的教育内容，才能根植于乡村从而服务于乡村基础教育。

1. 促进国家课程的地方化和校本化

乡村基础教育内容开发的关键是要把握好"校本"和"发展"两个方面，即应从乡村和学校的实际出发，发挥师生的主体作用，满足学生的实际需要，促进学生的个性和特长的发展，形成和体现乡村学校的办学特色，促进乡村基础教育的发展。① 国家课程的地方化和校本化是乡村基础教育内容开发的重要途径，是国家课程与具体的乡村学校教育情境在基础教育内容相互调整与适应的过程。在对国家课程进行地方化和校本化的过程中，必须注重基础教育内容的乡土性和实用性。乡土性是指重新组织后的课程要具有浓郁的乡村气息。课程基本知识依托材料诸如案例等的选材内容应集中在本地区范围之内，使学生能够真实感受到相应知识的现实意义。同时，融合了乡村特色的国家课程，才能在一定程度上更加吸引学生的学习兴趣，引导他们领悟知识的关键与要点。实用性则是指对国家课程进行地方化和校本化组织的过程中，必须使课程中原有的知识与当地的生产生活实际充分结合，同时注重在基本技能部分增加一些乡村生活必要的劳动技能，使学生学习了国家课程之后能够理解其内容，并在今后的生产生活实践中发挥一定的作用。

当前，部分乡村学生"升学无望、就业无路、致富无术"是乡村基础教育亟待解决的问题。许多乡村的中学毕业生有50％以上要回到乡村，在以种植业为主的农业地区和中西部贫困地区，这个比例还将更高，个别地方甚至达到80％。② 但由于乡村基础教育内容与农业生产经营、城乡社会经济发展的实际需要相脱离，许多接受完基础教育而升学无门的学生"种田不如老子，养猪不如嫂子"，无法融入乡村经济活动，导致乡村劳动力的巨大浪费和盲目流动。为此，在乡村中小学校，国家课程在地方化和校本化过程中只有同城乡发展与村民致富相结合，凸显乡土性和实用性，探索一条学有所用的乡村特色教育内容开发之路，才能使乡村基础教育发展实现良性循环，既能促进学生升学，又能为部分学生务农或务工奠定必要的知识、技能与道德情感基础。

2. 推进乡村基础教育校本课程开发

乡村教育资源多种多样，良莠并存。有些乡土资源的操作程序复杂、要求很高，学生难以掌握，其内容从传承的角度而言可以保留，但并不适合基

---

① 宋林飞. 乡土课程理论与实践［M］. 上海：上海教育出版社，2011：159.
② 项蕾著. 论农村教育与"三农"问题［M］. 贵阳：贵州教育出版社，2007：81－82.

础教育阶段的学生学习，诸如较为复杂的现代农业生产技术。因此，乡村基础教育校本课程开发除了考虑本乡本土本校的实际情况，还应从学生认知心理特点出发选择内容，在开发过程中注意学生已有的生活经验和原有的知识水平，以利于学生主动学习和建构知识体系。此外，能够成为基础教育校本课程的乡村资源，是反映乡村社会化文化发展的进步方向，有利于促进乡村发展；其内容应贴近生活，情境为学生所熟知、感知，且能满足学生的兴趣；其所蕴含的知识、技能或情感要点等要正确、合乎科学逻辑；同时，其对学生的教育影响应经得起时间的考验。因而，乡村基础教育校本课程开发，是一项复杂而系统的工作，需要乡村教育部门、教师、课程专家等的协同合作才能保证开发出的校本课程充分吻合乡村基础教育的需要。

在整合乡土资源、集合各方力量的基础上，乡村中小学校校本课程开发是一个动态、连续的过程，一般涉及六个步骤：一是学校建立校本课程开发的领导机构，明确校内外各类开发主体的职责与任务；二是开展本地资源和本校课程的现状分析，明确学校培养目的和课程目标，评估学生的发展需要、教师的能力储备、学校及乡村的发展需要，梳理学校及所在乡村或附近城镇的课程资源；三是确定本校课程开发的总目标及阶段性目标；四是编制校本课程方案，确定校本课程的结构和门类；五是落实校本课程方案，建立并完善校本课程管理制度、开展教师培训、编写校本教材等；六是对方案实施情况进行评价并对课程内容进行修订，以便进入下一个开发流程。①

3. 建设乡村基础教育课程资源库

乡村课程资源的丰富程度直接制约着乡村基础教育内容的开发广度与深度。缺少足够的乡村基础教育课程资源，乡村基础教育内容开发就成为无本之木、无源之水，无法构建富有乡土特色的课程体系。此外，乡村基础教育在课程建设、教学设计、师资培训、学生成长等诸多领域也需要课程资源的保障与完善。"在把握城市教育的优势和问题的同时，积极探寻乡村教育的劣势和优势，并且尽可能多地尊重并彰显其优势，让乡村少年能更多地乐于去

---

① 阮承发，富康. 农村初中校本课程开发研究 [M]. 兰州：甘肃文化出版社，2006：105.

感受、发现、利用乡村世界的独特教育资源。"① 所以，为有效推进乡村基础教育内容开发和可持续发展，避免乡村学校在教育内容开发过程中单打独斗、各自为政，从而导致乡村基础教育课程资源的建设的分散性、重复性和低效浪费，建设乡村基础教育课程资源库在当前国家重视乡村教育发展的背景下既具有必要性、也具有可行性。

乡村基础教育课程资源库是将基础教育阶段的各类乡土课程资源（诸如乡土教材、文选资料、网络信息、教学设备、博物馆、农科教基地等）加以汇集，进行统一管理、优化共享。一方面积极引导本地区各学校的师生全面、深入了解乡土教育内容的特点、体系，掌握乡土课程的动态和进展情况；另一方面，要为学校及其师生提供丰富、适用的教育素材，从而确保师生在使用过程中能够更为方便、有效地达到课程开发与课程实施的目的。② 资源库管理主体既可以是乡村普通中小学校、也可以是职业院校、高等院校和各级教育行政部门，具体负责单位根据各地实际情况而定，在条件成熟的情况下，可酌情构建省（直辖市、自治区）级、国家级乡村基础教育课程资源库，尽可能利用和彰显课程资源库的价值。

第二节 乡村职业教育内容

随着新型城镇化建设和乡村产业结构的调节，大量的乡村富余劳动力需要转移，农业增产、村民增收的愿望非常迫切，乡村社会精神文明建设的需求增强，乡村劳动力由粮食类向养殖类、经济类等农产业方向转移，由农业向非农产业流动，大批乡村劳动力跨地区流动和进入城镇经商务工。乡村社会结构性变化及其需求为乡村职业教育发展提供了广阔空间，乡村职业教育内容必须顺势而为，进行必要的改革和调整。乡村职业教育是以乡村知识和技能为基础，结合现代化农业和相关产业的知识与技能为主要授课内容，旨在为乡村经济发展培养实践人才，主要是第一产业技能突出的人才，同时为

---

① 刘铁芳. 乡土的逃离与回归：乡村教育的人文重建 [M]. 福州：福建教育出版社，2008：23—24.

② 宋林飞. 乡土课程理论与实践 [M]. 上海：上海教育出版社，2011：95—96.

乡村的经济发展提供后备人才，为乡村生产力的提高发挥自身优势的教育形式。我国作为农业大国，职业教育在一定程度上主要是乡村职业教育。[①] 当前，乡村职业教育发展的根本目的在于有效解决"三农"问题，促进乡村社会经济腾飞，为新型城镇化和新农村建设提供智力支持，而实现这一根本目的的重要途径就在于教育内容的开发与完善。

在新型城镇化和新农村建设背景下，在城乡二元社会结构的历史条件下，提升村民生产技能、推广农业新技术是乡村职业教育内容的重点。同时，只要有利于乡村发展和村民经济收入、文化素质提高的职业教育内容都应包含其中，诸如对乡村富余劳动力转移进行的培训内容，实际上是为乡村富余劳动力转移进行的专业培训内容，是为乡村富余人员进出城镇工作生活的准备教育内容，能够为乡村人力资源高效利用服务，为乡村地区收入增加作贡献，因而同样应是乡村职业教育内容的关注重点之一。

一、乡村职业教育内容存在的问题

当前，乡村职业教育已成为我国职业教育发展的重中之重。乡村职业教育内容开发正逐步适应城乡社会经济建设的需求，为我国新农村建设培养大批应用型人才发挥了举足轻重的作用，为优化我国乡村职业教育内容体系积累了经验。但是，我们应该清醒地看到，乡村职业教育内容建设虽然取得了长足进步，但仍存在诸多亟须解决的问题。

（一）乡村职业教育内容设置不合理

乡村职业教育的内容设置不合理，突出表现为职业院校课程设置缺少必要的调查研究，无法根据本土本乡所在地区新兴产业、传统产业、核心产业、优势产业和社会经济的发展需求优化教育内容，往往是哪个领域或专业近期较为火热就一哄而上，造成不同职业院校教育内容的重复建设，缺少自身特色优势，并相互争夺生源，导致恶性竞争。城乡二、三产业类教育内容没有及时融入乡村新形势的新成果、新知识和新技术，缺乏示范性、指导性和实

---

① 雷世平. 新农村建设与农村职业教育创新研究 [M]. 长沙：湖南科学技术出版社，2008：158.

效性，导致乡村职业院校相关专业不景气，处于维持状态。① 不注重研究职业
岗位的需要和变化，不遵循城乡企业行业的标准，不跟踪新知识、新技术和
新工艺的发展趋势，不吸收城乡职业教育改革的新成果，导致教育内容更新
缓慢，课程内容陈旧老化，教材所承载的知识落后于生产实际。由于教育内
容设置的不合理，在乡村职业教育实践中往往缺乏吸引力，无法满足乡村社
会经济发展的实际需要。

（二）乡村职业教育资源内容结构相对滞后

对乡村职业教育而言，内容结构无论在理论上还是实践中都发挥着重要
作用，容易受到乡村职业教育内外部因素的影响。当前，脱胎于乡村"知识"
的职业教育内容结构已经无法满足统筹城乡发展和新型城镇化建设对职业教
育内容的需要。乡村职业教育内容结构存在较为陈旧、层次不高、形式单一
等问题，阻碍了职业教育的发展，制约了乡村职业教育在新农村建设中应当
发挥的作用。具体表现在乡村职业学校课程结构上，仍然没有打破传统的格
局，主要围绕一些必修课程展开教学，课程类型较为单一，具体科目比重失
衡。② 部分地区的乡村职业教育内容结构过于强调城市化倾向，主张用适合城
市的课程内容来代替乡村社会中价值较高的教育内容，这无疑会阻碍乡村职
业教育的发展。学生在这种教育内容结构体系下形成的知识、技能、情感与
态度等，脱离乡村发展实际，对自身的提高作用有限，无法全面适应城乡社
会的发展变化。

（三）乡村职业教育资源利用率较低

乡村职业教育缺乏统一协调的管理体系，各机构办学的资源优势未能很
好地加以整合与利用。具体而言，虽然乡村职业教育学校都在努力构建完整
的内容体系，但缺乏专业教师，且许多乡村职业教育学校没有实验设施和实
验场地；一些村镇的农业技术推广机构拥有培训教师和实验场所等教育资源，
但与乡村职业学校联系较少；部分地区的妇联、共青团等社会团体开办有农

---

① 杨世君，王继华. 发展农村职业教育与解决"三农"问题研究［M］. 哈尔滨：黑
龙江人民出版社，2009：136.
② 李宁. 全球化视野下中国农村教育问题研究［M］. 长春：东北师范大学出版社，
2008：120，150.

业职业培训，并拥有自身的体系网络，但缺少教育机构，也没有自己的师资、完整的教育内容和实验场地。因此，乡村职业教育呈现出内容和资源分散、各自为政、优势难以互补的体系布局，导致乡村职业教育的资源利用率较低，阻碍了乡村职业教育内容的整合与优化，进而影响了教育质量的提升。

二、乡村职业教育内容的功能

针对当前我国乡村地区农业生产知识落后问题，普及农业生产新技术、推进农业现代化进程是乡村职业教育内容的核心功能。同时，乡村职业教育内容也应为解决进城务工人员的职业素养缺失和职业技能缺乏、乡村剩余劳动力高效转移等问题服务。

（一）为提升乡村职业教育学生的职业素养搭台

随着现代科技在生产中的普及与应用，当今世界已发生了天翻地覆的变化，对从业者的文化素质和综合应变能力的要求日渐提高，无论是科研机构还是企业对于人才的需求都转向了理论知识与实践能力并重，且具有创新精神的更高层面，在培养学生实际操作能力、提升职业素养等诸多方面对当代乡村职业教育内容提出了新要求。[①] 此外，提高乡村职业教育学生的职业素养也是乡村剩余劳动力在新型城镇化建设中有效转移的根本前提，是乡村职业教育内容必须肩负起的重要功能。职业素养是指人在社会中从事一定的职业所具备的基本素质和职业能力。[②] 而要提升学生的职业素养，势必以相关教育内容为平台，教育内容的重点是提升学生作为未来进城务工人员的职业意识。职业意识是指人们对于自身所从事职业的认知、意向，以及对职业所抱有的主要看法，包括人们对职业的一般了解、职业的价值取向、对未来职业的期望、对职业现状的评价、对自我工作角色的认知等内容。它是人们在对待职业问题上的心理活动，是自我意识在职业选择与定位过程中对自己职业现状

---

① 谢圣献，曹娜娜. 职业素养教育必不可少 [N]. 中国教育报，2009-09-28.
② 苏秀霞. 加强学生职业素养教育，培养农村高素质实用人才 [J]. 辽宁农业职业技术学院学报，2011（6）：58-60.

的认识和对未来职业规划的期待与愿望，反映了人们对职业的评价、情感和态度。① 职业意识是学生在有关职业问题上一系列心理活动的总称，它在很大程度上影响了学生的就业心理、就业态度、就业方式和就业结果。乡村职业素养教育内容，要在职业教育实践过程中认真研究不同工作性质、不同工作环境下务工人员的特点，有针对性地向学生展示职业素养的现代观念、道德、知识与技能等。让学生真切地了解现代职业的性质和工作状态，从而帮助其适应相应的工作。乡村职业素养教育内容对受教育的劳动力个体的积极意义在于，使学生能够掌握一定的职业素养知识，有助于其调整职业心态，有效地应对在今后务农或进城务工后遇到的职业挑战、充分把握职业机遇。

（二）为发展现代农业培养"普转专"专业型人才奠基

我国城乡社会经济发展进入新时期，工业化进入新阶段，信息化建设拉开序幕，现代农业的推进速度持续提高。在新时期，随着生产的发展和科技进步，经济结构由劳动密集型向技术密集型和知识密集型转化，生产过程中的智力成分大大增长，对村民综合素质的要求持续提高，从而导致对农业专门人才的需求增加。村民是否掌握了农业新技术，直接影响着乡村社会经济的发展。村民是农业科学技术应用的主体，如果村民具备较高的农业生产专业技术，就能积极主动地应用农业知识与技术，较快地接纳、吸收并消化农业新成果与新技术，从而充分实现其效益。反之，他们就可能不敢或不会轻易接受新知识、新技术或新品种，对新技术反应迟钝，缺乏消化和应用能力，从而影响农业技术的推广与农业科技进步。

长期以来，人们把乡村职业教育内容的功能主要界定在为"三农"发展服务的范畴中，纵观我国整个乡村职业教育的发展历程，这种界定在特定时期具有一定的合理性。从建国初期为恢复农业经济发展服务，到改革开放后为乡村经济建设服务，再到新世纪为培养新村民服务，乡村职业教育内容始终围绕着"三农"发挥其功能。在新的历史背景下，建设社会主义新农村和推进新型城镇化具有更为深远的意义与更加全面的要求，新农村建设是在我国总体上进入以工促农、以城带乡的发展新阶段后面临的崭新课题，是时代

---

① 杨玉芹. 从职业能力到职业素养：当代职业教育发展的价值超越［D］. 渤海大学硕士学位论文，2012：7.

发展与构建和谐社会的必然要求。当前我国全面建设小康社会的重点和难点在乡村，乡村教育内容的功能重在为发展现代农业培养"普转专"专业型人才奠基，从而更新传统生产模式，推进农业新技术进入乡村，使乡村地区同样享受到农业生产新成果和新技术给乡村生活带来的改善。

（三）为城镇化建设中非农产业培养"农转非"技能型人才服务

推进新型城镇化是全面建设小康社会、实现现代化的重要目标和任务，我国通过城镇化推进城乡经济社会发展，经济发展方式转变不仅表现在工业经济中的技术升级、结构优化和节能减排等方面，更重要的还在于拓宽了新型城镇化的内涵式发展道路。积极稳妥地推进城镇化建设要大力发展二、三产业，为城镇化提供产业支撑。有产业就有就业机会，而相对充足稳定的就业岗位是城镇化的基础，要确保乡村家庭进入城镇社会安居乐业，最基本的条件是能够安稳就业、有基本稳定的收入。从根本上讲，新型城镇化是非农产业集聚和发展的结果，必须有产业、能就业，使进入城镇的村民真正转为非农产业劳动者。从目前的情况来看，推进新型城镇化最为迫切的任务，就是要解决好进城务工人员就业问题，推动符合条件的农业转移人口在城镇落户并享有与当地城镇居民同等的权益。解决这一问题最主要的举措是提高村民尤其是青少年学生的专业技能，帮助其掌握一技之长。生产率较高的产业对劳动者的技能要求比较高，因为生产率较高的产业部门采用的生产手段和生产技术比较先进，而掌握生产手段与具备相应生产技术则需要专门的教育内容。乡村职业教育内容可以为学生提供相应的理念、知识和技能，使其掌握一定的专长和技术，增加其毕业进入城镇后获取就业岗位的机会，实现乡村剩余劳动力向非农产业稳步而有序的流动。同时，乡村职业教育内容还要为学生今后就业后实现致富奠定智慧基础，确保其职业更加稳定，生活质量持续提高，享受新型城镇化带来的社会红利。

三、乡村职业教育内容开发路径

随着社会发展、科技进步和教研教改的推进，对乡村职业教育内容产生了巨大影响。在城乡教育统筹发展的时代背景下，乡村职业教育要为村民提供化解新型城镇化建设的风险与挑战、抓住新型城镇化为乡村建设提供的机遇而服务，这就要求乡村职业教育内容开发能够在广阔的城乡时空架构中汲取更多、更好的资源，明确乡村职业教育内容设置的原则、完善其内容体系及结构，充分彰显乡村职业教育内容的价值。

（一）明确乡村职业教育内容设置的原则

乡村职业教育内容开发是乡村职业教育改革与发展的核心问题，直接影响着乡村职业教育的价值导向和教育质量。要积极创新和开发职业教育内容，促进乡村职业教育的健康发展，必须坚持以体现实用性为首、紧跟农业科技革命的趋势、确保以生涯发展为导向、充分反映地方和区域特色的总体原则，持续优化乡村职业教育内容体系的设计，及时更新教育内容、多渠道、多途径开发可利用的城乡职业教育资源，建立健全以地方政府为主导、多部门协调提供教育内容资源的运行机制，加强乡村职业教育内容开发和实施的基础建设。[①] 具体而言，乡村职业教育内容设置应根据城乡社会经济发展的需要，立足村民剩余劳动力专业的趋势，结合村民自身特点，遵循适应性、先进性和实用性等原则有效落实。[②]

乡村职业教育内容设置的适应性。乡村职业教育内容要适应时代的要求，适应新型城镇化和新农村建设的要求，适应教育对象的实际要求。例如，对农业生产管理方面的职业教育内容，要突出当代高新技术，适应科教兴农发展目标的要求；在农业工程方面的职业教育中增加涉及农业方面的知识；在高层次村民职业教育，如农业高职院校教育中应酌情增加农业产业化经营、市场经济、现代企业管理、现代经济法规、现代农业科技等相关教育内容。乡村教育内容的适应性必须遵循以就业为导向，以地区社会经济水平、工作岗位任务为前提，并按照教育内容开发的程序筛选并整合达到职业标准所需要的知识与技能要素，建立以职业能力为核心的内容体系。[③]

---

① 雷世平. 新农村建设与农村职业教育创新研究 [M]. 长沙：湖南科学技术出版社，2008：48.

② 陈遇春. 当代中国农民职业教育研究 [M]. 杨凌：西北农林科技大学出版社，2005：123.

③ 张大凯. 职业教育与社会主义新农村建设 [M]. 成都：四川大学出版社，2009：182.

　　乡村职业教育内容设置的先进性。乡村职业教育内容要突出当代"三农"理论、科学理论、技术知识、管理方法和技术手段等，特别是对于乡村职业学历教育的内容，要在基础理论内容符合职业需要的前提下突出当代的新理念、新知识和新技术，抛弃过时的理论和陈旧的方法，突出现代农业技术、生物技术和信息技术等。确保教育内容的先进性，以开阔学生作为未来新村民或新市民的眼界和思路，增长知识与才干，充分满足乡村建设的需要。

　　乡村职业教育内容设置的实用性。乡村职业教育的对象大都是村民子女，不论是农业教育内容还是非农教育内容，都要体现职业特点。因此，乡村职业教育的内容开发及设置必须突出实用性，针对不同对象满足其实际需要，把职业领域、实际工作及科研中最急需解决的关键理论知识、实用技术、重要方法、主要措施作为课程内容的重点，下表是湖南某乡村职业学校农业类专业课程体系及其教育内容框架，[①] 体现了乡村职业教育内容的实用性。

表6-1　农业类专业课程体系及教育内容框架

专业		课程体系	教育内容
现代农业种植技术专业	农村家庭经营专业	现代养殖技术专业	
		农产品储藏加工	农产品储藏，糖制品加工，蔬菜腌制品加工，果蔬干制品加工，粮食食品加工，豆制品加工，肉制品加工，蛋制品加工，水产品加工，农产品综合利用。
		种植技术	园艺作物的栽培，果树栽培，蔬菜栽培，观赏植物栽培，大田作物栽培，药用植物栽培。
		农业技术基础	生物的形态结构，生物的生理，生物遗传与繁殖，生物营养，有害生物及防治原理，农业生态，生物技术。
		养殖技术	畜禽养殖技术，特种动物养殖技术，动物疾病防治，养鱼基础，淡水鱼类养殖，名特优水产品养殖，鱼病防治。
		农用机电	农用机电，土壤耕作机械，排灌机械，病虫害防治机械，加工机械，养殖机械，专用传感器及应用。

---

　　① 陈拥贤. 湖南农村职业教育发展研究［M］. 长沙：湖南科技技术出版社，2008：180.

		农产品营销	农产品市场信息与预测，营销决策与计划，营销的主要任务与方式，营销的基本原则与方法。农产品市场管理人员，进入目标市场策略，营销产品策略，营销价格策略，销售技巧。
		农业政策法规	农业生产承包经营法律制度，农产品贸易法律制度，农业生产资料管理法律制度，动植物防疫检疫法律制度，减轻村民负担法制制度，农业资源与环境保护法律制度，农产品赋税法律制度，行政诉讼法律制度。
		小企业经营管理	小企业主的管理技能，小企业创建计划，开业前的准备和开业，开业后的经营管理，小企业评估，小企业经营管理实习。
		饲料加工与利用	青绿多汁饲料加工与利用，粗饲料的加工调制，能量饲料的加工调制，蛋白质饲料加工与利用，预混合饲料的加工与利用，配合饲料的加工调制。

（二）完善乡村职业教育内容体系及结构

乡村职业教育要落到实处、发挥实效，需要由不同类型的教育内容作为平台，教育内容尤其是学校课程具体构成了某一个专业或职业的教育体系，使教育内容能够按照不同的预想程序，组织成一个个有效的系统。改革开放尤其是新世纪以来，随着各级政府对"三农"问题的重视，乡村职业教育有了很大的发展，也促进了乡村职业教育内容的体系化和结构化。其一，秉持综合职业能力的乡村职业教育内容观，强调教育内容的目标由知识客体转向乡村师生主体，乡村职业教育内容设置与优化要把握城乡职业岗位当下与未来对于其从业者的素质要求；乡村职业教育内容实施也要由传统的"教程"向"学程"转化，教育主体尤其是教师也是教育资源的重要因素，成为乡村职业教育的促进者和组织者。其二，乡村职业教育内容开发与完善以市场为导向。乡村职业院校普通文化类课程以培养村民的科学文化素质为主，将传统文化课程中那些与专业有较大关系的内容从普通文化课程中分离出来，以模块课程的形式有机地穿插到乡村职业课程中去，将普通文化课程的功能定位到培养村民的一般能力或素质上来，加强乡村职业教育中普通文化课程的建设，使学生具有扎实的文化基础，以适应乡村职业教育改革的需要，从而更有利于村民对职业教育内容的学习，从更深层次上为职业服务，培养学生的职业道德和岗位技能。其三，乡村职业教育内容结构形态的多元化。乡村职业教育内容的内涵相当丰富，因此乡村职业教育内容的结构形式也比较复杂。乡村职业教育内容与其它教育类型的内容有许多不同，一般可分为两个层次：一是全部教育科目的不同性质的教育内容（如文化课、职业基础课及职业课程）、不同类型的教育内容（如学科课程、综合课程及活动课程）在纵向和横向上的排列、组合结构；二是某一门课中具体的教育内容经何种方式、准则进行编排和实现的形式。[①]

（三）更新乡村职业教育内容的领域及资源

在乡村职业教育内容开发过程中，教育内容与教育资源是两个含义不同但又密切相关的概念。教育资源是学校用于教育学生的各种条件，包括校外的与校内的条件。这种资源是多样的，有人力资源，如教师与学生；有非人力资源，如财力资源和物力资源等。[②] 近年来，乡村职业教育逐渐受到政府和社会的重视，但乡村职业教育内容及其资源尚未被相关决策者和管理者意识到或无暇顾及。[③] 由于乡村职业教育内容研究较为薄弱，相关人力、物力和财力的投入不到位等问题，导致乡村职业教育内容较为陈旧和落后。因此，结合城乡发展实际进行教育内容资源开发和利用存在较大空间，需要及时更新、不断优化乡村职业教育内容，多途径、多渠道、多领域开发可以利用的乡村职业教育资源显得尤为迫切。诸如，可以深入开展乡村职业教育学生、相关职业岗位的需求调查，明确乡村职业教育内容的定位和导向，将其转化为具体的课程目标；乡村教育内容的开发者和更新者要密切联系相关部门，深入了解乡村、新兴城镇、行业以及农业科学技术发展的特点和最新动向，抓住新型城镇化建设和统筹城乡发展中各种机遇，充分开发利用各种乡村职业教育中网络、村落、社区、企业等方面的各类资源，收集和整理相关资料，及

---

① 陈遇春. 当代中国农民职业教育研究［M］. 杨凌：西北农林科技大学出版社，2005：122—123.

② 熊川武. 实践教育学［M］. 上海：上海教育出版社，2001：100.

③ 雷世平. 新农村建设与农村职业教育创新研究［M］. 长沙：湖南科学技术出版社，2008：171.

时编写或修订相关课程，纳入乡村职业教育内容当中。此外，现代教育信息技术不仅是乡村职业教育的新兴手段，诸如使偏远地区以及由于各种原因不能接受乡村职业学校教育的村民提供了便利，并利用广播、电视和计算机网络的优势，提升自身不断发展的能力，而且是乡村职业教育内容开发的重要资源和对象，现代教育信息技术可以向村民推荐一些积极健康、有利于乡村生产、生活进步的电视节目和网络资源，扩大乡村职业教育内容的范畴。

第三节　乡村成人教育内容

乡村成人教育在我国乡村，通常也被称为村民教育，是乡村教育的一个重要组成部分。它是指对乡村成年人进行的文化科学技术和思想政治等方面的教育。目前，我国的乡村成人教育是乡村中"既要着重推进传统产业革命，又要迎接新技术革命挑战"的特殊时期的教育。[①] 它已经摆脱了以往传统的以补习基础文化为主的教育形式，取而代之的则是以适应农业产业结构调整为目标的多种形式、多种规格的灵活多样的教育。并且它在形式、对象、内容等方面都有了很大的变化，已从单纯的扫盲教育改变为包括文化、知识、技术、闲暇等各种形式的教育，其教育对象已经涵盖了乡村的全部人口。乡村建设所涉及的农、林、牧、副、渔、工、商、建、运、服务业等行业，可谓无所不包，内容十分广泛。也正是因为今天的乡村成人教育形式多样、层次不同、规格各异、量大面宽的特点，决定了乡村成人教育的范畴绝非基础教育内容可以代替，更非职业教育内容可以涵盖。新农村建设的首要任务是提高村民的文化素养，使他们成为"有文化、讲文明、懂技术、会经营"的新村民，而要实现这一目标，离不开新时期成人教育内容的及时更新和不断完善。

一、乡村成人教育内容的价值

乡村成人教育主要担负着培养新村民的重任。在新型城镇化建设和城乡

---

① 李彦肖. 新时期农村成人教育问题与对策研究 [D]. 山西大学硕士学位论文，2007：3.

统筹发展背景下，新村民不再仅仅是追求个人利益最大化的"经济人"，还需要具有自主意识，追求乡村社会或所在区域利益最大化的领军者，成为文明型、智慧型、技能型和知识型的村民。而要真正使广大的村民觉悟高、有文化、讲文明、懂技术、会经营，乡村成人教育内容作为平台无疑担负着重要的使命，其价值主要体现在如下三个方面。

（一）乡村成人教育内容是提升乡村居民文化素质的基本保证

建设现代化的乡村，提高乡村群众的文化素质，迫切需要提倡并推进积极、健康的文化教育内容进入乡村生活。"当前农民的苦，不是苦于纯粹物质的方面，而更苦于精神和社会的方面。当前的农民问题，不纯粹是一个经济问题，而更是一个文化问题，不纯粹是生产方式的问题，而更是生活方式的问题。"① 乡村文化生活单调落后，民俗文化日渐衰落，群众喜闻乐见的民族特色较为浓郁的文娱活动正逐步消失：以前较受欢迎的乡村电影、乡村文艺队演出等越来越少，乡村缺少积极健康的文化活动，无法陶冶情操，净化灵魂，形成良好的道德风尚。乡村精神空虚使他们难以得到真善美的启迪，紧跟时代主旋律，安顿精神家园，坚定理想信念。村民的整体素质还有待于提高，不良文化现象在乡村地区时常出现。不少村民把喝酒、打麻将、玩扑克等当作休闲娱乐的主要形式，甚至聚众赌博；有的村民信奉迷信，被一些愚昧的信念所统治，影响了乡村社会稳定和正常的生产活动，严重的甚至危害生命财产安全。从而导致"乡村社会的公共生活完全流于庸俗化的、没有传统乡村文化内涵的生活形式，乡村公共空间急剧萎缩，缺少文化内涵的乡村公共生活对乡村少年的健康成长害远大于利，甚至许多场景是有百弊而无一利"。② 因此，提升村民的文化素质，培养"有文化、讲文明、懂技术、会经营"的新村民是当前乡村成人教育的核心目的。村民的文化素质直接影响着他们接受信息的能力，制约着他们的思维水平和乡村经济社会的发展。同时，村民现有的文化素质在一定程度上影响了他们对先进文化的认可态度。村民

---

① 钱理群，刘铁芳. 乡土中国与乡村教育［M］. 福州：福建教育出版社，2008：223.

② 刘铁芳. 乡土的逃离与回归：乡村教育的人文重建［M］. 福州：福建教育出版社，2008：59.

素质是发展乡村生产力的决定性要素，村民素质的显著提高，能使乡村人口资源逐步转化为人力和人才资源，从而以村民素质的现代化推动农业和乡村的现代化。先进、积极的教育内容是乡村成人教育目的的科学体现，内容的选择、确定、编排和传授等科学与否，直接影响着乡村成人教育目的的实现。因此，乡村成人教育内容是不断提高村民生产技能素质和思想道德素质的基础，是实现乡村现代化的前提保证。

（二）乡村成人教育内容是减少乡村地区文盲数量的必要载体

文盲是当今世界最严重的社会问题之一，一个国家的文盲数量，在一定程度上反映了这个国家的文明程度。在政府的高度重视下，经过多年努力，我国扫盲工作取得了世界公认的历史性成就，联合国教科文组织 2014 年发布的报告显示，在过去 20 年，中国成人文盲数量减少了 1.3 亿（即下降了 70％）。虽然如此，我国成人扫盲工作仍然面临着严峻的挑战和艰巨的任务，根据中国国家统计局公布的《2010 年第六次全国人口普查主要数据公报（第 1 号）》，由于我国人口基数大，文盲人口的绝对数量还较大，现存的文盲人口仍然有 5000 多万人，且绝大部分文盲都在乡村。[①] 市场经济进一步深化，村民要直接面对多种竞争，没有文化和科技知识，就难以应对风云变幻的变革；随着科技的飞速进步，信息技术在乡村迅速普及，知识经济形态逐渐代替着传统的经济形态，生态环境、可持续发展、健康文明生活等新理念，以及新的生产、生活方式不断地融入乡村社会，村民如果没有文化，便很难理解并掌握这些新理念、新技术，也难以适应社会的快速变革。虽然基础教育是提高乡村劳动力素质的主要渠道，但基础教育的对象主要是青少年儿童，中老年文盲甚至部分青年文盲仍然存在，这种情况与提高我国乡村劳动力素质和加快乡村人力资源开发的预期及要求相差甚远。因此，必须继续加强乡村成人扫盲教育，促进农村劳动力资源整体水平的提高。而乡村成人扫盲教育中村民知识量的扩大主要借助教育内容实现，科学合理的成人教育内容能够使村民从无知到有知，不断提高自身的认识水平以及分析问题、解决问题的能

---

① 中国文盲数仍超 5000 万，青壮年文盲成扫盲重点［EB/OL］. http：//news. qq. com/a/20110527/000193. htm，2015－10－27.

力。同时，村民对乡村成人教育内容的学习也为他们奠定了持续扩大知识领域的基础，从书本扩大到乡村社会，成功走上脱盲之路。

（三）乡村成人教育内容是发挥乡村人力资源优势的重要平台

当前，我国 14 亿人口中有 8 亿多居住在乡村。在过去较长一段时间内，乡村只是我国农副业产品的生产供应基地，是城镇建设和发展需要的劳动力输出地，又是高校生源重要的供应地。我国乡村人口中蕴藏着的巨大的人力资源，是世界上任何一个国家都不能比拟的。乡村富余劳动力的竞争力表现为劳动者的素质，这些素质涉及思想政治、文化水平、技能技巧、生活方式、价值观念和心理生理等，将这些素质的提升作为乡村成人教育的内容之一，必然能够将乡村人口转化为人力资源优势。但是，由于各种原因，长期以来乡村丰富的人力资源还没有得到有效的挖掘，人才潜力没有得到有效释放。由此导致乡村人口问题反而一直成为国家和社会发展的包袱，成为社会主义现代化建设的障碍。因此，乡村成人教育的内容应积极面向新型城镇化进程中的广大村民，即引导乡村剩余劳动力就地转移或进入乡镇企业，或从事个体非农经济，走农业产业化道路。因而，围绕农业产业化，通过开展产品加工、运输、储存与销售方面的培训，包括产品设计、商标设计、包装设计、企业形象设计，以及现代营销策略与营销手段等，能够使村民根据自身特点，通过学习掌握一技之长，适应当地乡镇社会和企业发展的需求，顺利实现农村富余劳动力"离土不离乡"转移的目的。通过在乡村成人教育内容中增加有关农副产品加工、贮藏、营销等方面的技能知识，能有效延长农业产业链，实现真正意义上的农业产业化的重要平台；通过在乡村成人教育内容中融入诸如家政、礼仪、插花、园林、茶道、烹饪、摄影、医疗、保健、健美、美容、环保、保险、汽车驾驶等服务业相关的知识技能，能为村民掌握从事个体非农经济的本领提供平台，从而促进当地第三产业的发展，充分发挥乡村人力资源优势。

二、乡村成人教育内容的特性

乡村成人教育作为乡村教育的三大形式之一，对乡村社会发展的作用不言而喻。由于乡村社会人口构成的复杂性、乡村受教育需求的多样性等乡村成人教育的特点，决定了乡村成人教育内容的时代性、多样性、通俗性及实用性等特征。

（一）时代性

党的十六届五中全会对社会主义新农村作了明确的描述：即"生产发展、生活宽裕、乡风文明、村容整洁、管理民主"。可见，建设新农村是一个全面的目标，包涵了农村经济、政治、文化、社会和党的建设，具有鲜明的时代特征。2015年《中共中央关于制定国民经济和社会发展第十三个五年规划的建议》再次强调"提高社会主义新农村建设水平"。乡村成人教育在新农村建设的各个方面都发挥着重要的作用，因此，时代性是乡村成人教育内容的重要特征之一。例如，在新型城镇化和城乡统筹发展的过程中，乡村社会面临着巨大的价值冲击，不良社会现象容易乘虚而入，乡村成人教育内容适时地增加社会主义核心价值观内容就显得紧迫而必要。同时，乡村经济社会也在发生着众多变革，由于乡村居民普遍缺乏法律知识，遇到侵权事件难以合理运用法律武器为自身维权，因而法制教育已然是当前乡村成人教育内容的重点之一。现代信息技术飞速发展，乡村居民应从信息技术进步中受益，信息技术教育也是乡村成人教育的重要内容之一。可见，乡村成人教育内容的选择和更新，应顺应时代潮流，把握乡村发展命脉，凸显时代特性并符合其要求。

（二）多样性

在我国广大乡村，由于村民年龄、经验、受教育程度及知识结构参差不齐，导致他们对教育内容的需求也各不相同。例如，乡村中部分青年人希望能够继续接受文化教育跳出"农门"，进入城市的高等院校学习或者在非农岗位就业，另一部分中青年人则希望参加非农技能培训，如建筑业、制造业、安保业、家政业及邮政快递业等，他们更希望掌握一门技术外出务工或经商。对于那些留在乡村务农的村民则希望多学习一些现代农业知识与技术。由于其经营的项目不同而导致其需求不一：有的需要农作物、瓜果、蔬菜等种植业方面的知识和培训，有的则需要水产、牲畜、家禽等养殖方面的技能培训等。因而，乡村成人教育的内容应该是非常丰富多样的。

（三）通俗性

"要改变农民的生活方式，首先是要建构一种农村能够认同、接受的文化价值体系。"① 早在 20 世纪 30 年代，以陶行知和梁漱溟为代表的中国老一辈乡村教育家就指出，乡村教育内容的惠及面极广，具有通俗性。相比于 20 世纪 30 年代的乡村，今天的乡村社会环境已经发生了翻天覆地的变化，乡村社会的人口构成变得更为复杂，乡村成人教育的惠及面更加广泛，其通俗性也更加明显。既有针对文盲人群的乡村扫盲教育，针对乡村妇女的妇女教育，为满足乡村老年人需要的老年教育，还涉及乡村文化教育、家长教育和信息技术教育等，乡村成人教育内容要力争惠及所有乡村成年人口，针对不同人群都有与之对应的教育内容。同时，乡村教育内容的选材要通俗易懂，因源于乡村，故要积极针对乡村成人群体的身心发展特点，为乡村成人"量身定做"，充分彰显通俗性。

（四）实用性

乡村成人的学习是一种与现实生活联系密切的、以问题导向为主的、目的性极强的学习过程。换句话说，村民们参与学习培训不是单纯地为了学到知识，更多的是为了能够在生产生活中应用，进而解决农业生产生活中的问题。对此，乡村成人教育严格遵循"学习为了应用"的原则，在内容设置上讲求实用性和操作性，切实让乡村成人教育内容能为村民的现实生产生活服务。为满足农业生产的需要，我国乡村成人教育主要向村民传授相关的农业知识、农业技术等；为满足村民生活和精神需要，乡村成人教育将诸如家政教育、花草种植、艺术欣赏、电脑培训等新型内容有机融入进来；为促进乡村富余劳动力的有效转移，乡村成人教育又积极推行面向广大村民的职业技能培训等。总之，实用性强是乡村成人教育内容的又一大特点。

三、乡村成人教育内容的主要范畴

积极推动乡村学习型社区建设、加强构建村民终身教育体系，是时代赋予我国乡村成人教育的新使命，也是乡村成人教育内容发展的新趋势。新型

---

① 钱理群，刘铁芳. 乡土中国与乡村教育 ［M］. 福州：福建教育出版社，2008：21—22.

城镇化建设背景下乡村成人教育内容必须具有前瞻性，不仅关注乡村成人的当下需求，还要明确未来城乡社会需要什么样的人才，为乡村成人的终身发展负责。对此，乡村成人教育应该以新农村建设为依托，立足乡村社区，积极改善乡村文化环境，营造良好的学习氛围；不但要把乡村社区作为乡村成人教育的重要基地，积极促进学习型乡村的建立，而且还要把乡村成人教育作为乡村终身教育体系构建的主阵地。为达成这一目标，乡村成人教育内容应密切结合村民的特点和新农村建设的发展需求，着重开发与广大村民日常生产生活相关的文化素养和精神需求等方面的内容，为乡村终身教育内容体系的构建奠定基础。总体而言，乡村成人教育内容主要包括以下几个范畴。

（一）以乡村文明建设为主的乡村文化教育内容

村民是建设新农村的主人，他们既是新农村建设的主体，也是新农村建设的受益者，没有文明的村民，就谈不上文明的乡风。乡土文化是乡村大众世代生活的历史积淀，是乡村社会的精神之根，濡化着一代代乡村大众。在传统乡土社会中，乡村教育与乡村社会、乡土文化融为一体，不仅参与着乡村社会的建设，而且还发挥着乡土文化的守护和传承功能，乡村教育以自身的文化优势引领着乡村文化的发展。随着城乡统筹改革的深化，伴随着现代文明的发展、社会流动的加剧、新兴文化的渗透以及乡村教育结构的改变，乡村教育逐渐远离乡土社会，乡村教育与乡村社会、乡土文化之间的天然纽带正被现代文明逐渐吞噬。[①] 乡村成人教育逐渐远离乡土文化，沦为了乡土文化的"他者"和"陌路人"，导致村民的思想观念正在逐步发生深刻的变化，他们在求富、求知、求美、求乐的同时，一些村民受社会不良风气的影响，出现了信仰危机、公德缺失、价值观念退化、是非观念模糊等问题，这些都与社会主义核心价值观及建设新农村的价值导向背道而驰。为此，中央确定的社会主义新农村建设的"生产发展、生活宽裕、乡风文明、村容整洁、管理民主"二十字目标要求的内涵，就是在乡村发展物质文明的同时建设精神文明和政治文明，三个文明一起抓，形成以经济政策为主体的综合发展蓝图，

---

① 李森. 新型城镇化进程中我国乡村教育可持续发展的现实困境与战略选择 [J]. 西南大学学报（社会科学版），2015（4）：98－105.

最终实现乡村生产方式和生活方式的两个根本性转变。中国传统文化最突出的特点之一就是崇尚文明礼仪和道德廉耻。① 建设社会主义新农村，培育文明乡风是关键。在乡村社会中，许多富于道德情感的淳朴乡风民俗依然存在。为了维护和弘扬富有传统文明的乡风，排除各类消极价值观的诱惑和不利影响，就应该在乡村成人教育内容中强化对村民进行有关传统美德教育的知识与价值导向，弘扬社会主义核心价值观，以德治国、以德兴乡、以德立村。乡村成人教育内容在农村精神文明建设中发挥着一种"治本"的作用。乡风文明是每一个村民的所愿所盼，也需要村民自觉去学习与践行。乡村成人教育内容可以通过充实乡村文化活动中心、图书阅览室等方式，向村民普及乡村文化知识，开展健康向上的群众文化活动，寓教于乐，移风易俗。确保健康向上的现代文明融入乡村千家万户，按照社会主义核心价值观的要求，努力构建尊老爱幼、学习科技、诚信守法、开放进取、遵守公德、艰苦创业的新型乡风。

（二）以提升文化水平为主的乡村扫盲教育内容

传统的乡村扫盲教育内容以识字教育为主。新时期，时代和社会发展给乡村扫盲教育内容赋予了新的要求，除了识字教育内容之外，还应包括城乡新文化、新知识和新技术，以及"互联网＋"等信息技术方面的相关内容。尤其要为乡村扫盲对象介绍符合时代要求的农业生产知识与技术，使他们在阅读文字的基础上理解和掌握新技术的要义及使用方法，并尝试运用，使之不会成为新时代的"技术盲"。而新兴教育内容的传播主要是为了防止落后思想或封建迷信在乡村扫盲人群中有机可循。因乡村扫盲对象文化水平偏低，较为容易受社会不良文化特别是落后思想或封建迷信的影响。因此，在优化扫盲教育内容时，应重视扫除乡村文盲群体的"文化盲"和"思想盲"，帮助他们提升信息鉴别能力，了解社会文化动向和先进文化思想。此外，现代信息技术为人们的生产生活和学习活动提供了巨大的便利，但乡村扫盲对象虽然能够识字，却因为不会操作电脑或上网，无法从"互联网＋"的便利中受益。因而，随着电脑和网络在城乡社会的普及，乡村成人扫盲教育中应该酌

---

① 张岱年. 文化与价值 [M]. 北京：新华出版社，2004：8—12.

情增加有关现代信息技术及其使用方法的内容，引导乡村扫盲对象自己去探索学习、寻找资料，享受网络带来的丰富学习资源，这些内容对扫盲工作的成效往往能够发挥事半功倍的效果。

（三）以乡村妇女为教育对象的妇女教育内容

乡村妇女素质的高低直接影响着婚姻家庭生活和社会生活，影响着对上一代老人的赡养和下一代儿女的培养，影响着整个乡村经济社会的发展甚至是整个社会的进步。常言道，教育一个乡村妇女，就是教育一个乡村家庭，教育乡村三代人。而受历史传统、社会环境等多方面影响，当前乡村妇女群体普遍存在着文化素质不高、思想观念落后、道德觉悟较低等问题。新农村建设的顺利进行离不开广大乡村妇女的积极参与，帮助乡村妇女提高自身素质并成功实现角色转型，是乡村成人教育内容当前必须涵盖的一大范畴。改革开放以来，随着村民进城务工大潮的来临，"留守妇女"成为一个新的群体。对此，乡村成人教育内容有必要为留守妇女提供生产生活、身心健康、法律法规等方面的帮助。要结合新农村建设改善乡村妇女的文化生活环境，在乡村成人教育内容范畴中囊括乡村妇女生理健康、法律法规、心理辅导、婚恋教育和人口教育等方面的知识，增强她们的社会责任感和道德感，充实她们的精神生活，有效提升她们的综合素质和维权意识。此外，随着乡村经济体制改革和乡村产业结构调整，科技兴农、科技致富已经渐渐成为广大乡村妇女脱贫致富的共识。乡村成人教育在内容开发时应该充分结合时代特色和现实需要，设置适合市场需求的家政服务业、餐饮业、手工编织等方面的培训内容，合理引导乡村妇女有效就业。

（四）以乡村老年人为教育对象的老年教育内容

民政部 2010 年 6 月发布的《2009 年民政事业发展统计报告》显示，截至 2009 年底，我国 60 岁及以上老年人口有 16714 万人，比上年增长了 4.53％，占全国总人口的 12.5％，这标志着我国已经进入人口老龄化社会。2010 年，第六次全国人口普查数据表明：2010 年我国 60 岁以上人口达到 1.77 亿，2015 年之前将突破 2 亿人。随着老龄化社会的到来，关于如何让老年人尤其是乡村老年人利用好闲暇时间、如何充实老年人的晚年生活以及如何使老年人愉快地安度晚年等话题日益受到社会和广大学者的关注。类似于乡村"留守儿童"与"留守妇女",随着近年来大批农村青壮年外出务工,大批老人带着孙辈留守乡村。为此,乡村老年教育一方面应当以休闲教育和养生教育为主要内容,以乡村社区为阵地,增加面向广大乡村老人的花草种植、养生保健、艺术欣赏、健身娱乐等方面的教育内容,从而满足老龄化社会到来后丰富乡村老年人晚年精神生活、提高他们晚年生活质量的需要,也可以有效促进乡村精神文明建设,进而为新农村建设增砖添瓦;另一方面,也可以适当增加一些祖孙辈隔代教育的内容,既可以充实乡村老人的精神世界和业余文化生活,使他们老有所乐、老有所学,也能够合理引导留守儿童健康成长。

(五)以乡村家长为教育对象的家长教育内容

父母是专业性很强的角色,父母的言行举止、育儿态度、个人品质等,都在潜移默化中影响着子女的品德和人格发展。家长的溺爱、娇惯等错误的育儿态度和方法,容易造成孩子人格上的缺失和承受挫折能力的不足,而家长关爱的缺失将对子女成长造成严重的负面影响,特别是近几年发生在乡村留守儿童和寄宿生身上的犯罪、吸毒、校园暴力、早恋甚至是性侵犯等问题。因此,乡村成人教育有必要通过在乡村社区或村委会创办家长学校,定期宣传"母亲学习班""双亲班""家庭教育讲座"等教育内容,帮助家长树立新的家教观念,获得合理的家教理论和方法,有效提高家长对子女的家庭教育水平,使家庭育人环境得到优化,促成乡村学习型家庭的形成。对乡村家长进行态度、观念、知识和方法等方面的教育,引导他们激发子女的学习动力和健康情趣,学会培养子女良好的生活学习习惯。家长教育是乡村成人教育内容的重要组成部分,高素质的家长可以保证高水平的家庭教育,并有效促进家庭团结、乡村和睦以及社会安定。因此,提高乡村家长的教育水平,是乡村成人教育的一项重要内容。

四、乡村成人教育内容的开发策略

在城乡教育统筹发展背景下,以城乡教育资源为依托,不断丰富乡村成人教育内容的范畴,大力开展多种形式和内容的成人教育,是完善乡村成人教育内容体系、促进学习型乡村建设的有效措施。

(一)立足乡村成人教育的本土实情

开发乡村成人教育内容，应立足本乡本土的实情，确定教育内容及其结构层次。我国乡村幅员辽阔，不同区域、不同省份、不同市县的乡村社会经济发展很不平衡，大体可以分为发达、次发达、一般和贫困四类。即使在同一类地区，受自然条件和历史传统形成的生产生活习惯的影响，社会经济发展的主要领域及项目也不尽一致。因此，乡村成人教育内容开发必须与"乡情"、"村情"相吻合。具体而言，乡村成人教育内容的开发与优化要立足本乡本土发展水平和特色资源，结合国家方针政策在本地的实施情况，充分考虑村民的生产习惯、文化水平和学习要求。乡村教育内容开发既要具备广阔的视野，又要在开发实践中体现"地方化""本土化"，内容要具有浓厚的"乡土味"，使村民在学习过程中产生亲近感、富有操作性与实用性。同时，还要区分轻重缓急，明确开发重点，有计划地稳步开发。各地乡村情况不同，成人教育内容的重点也不应完全一致。例如，对身处连片特困乡村、文化程度较低的村民，在难度上应以初中级实用知识与技术为主，在目标上应着力培养初中级技术人员和有一技之长的劳动者。随着新型城镇化建设的推进，城镇各类企业从业人员的岗位培训内容也应成为当代乡村成人教育的内容之一。乡村社会经济持续发展，村民素质在不断提升，乡村成人教育的重点也应随之调整与优化。

（二）整合城乡成人教育的相关资源

乡村成人教育资源由两大板块构成，一方面是乡村的成人教育资源，另一方面则是城镇的成人教育资源。这两大板块资源整合在一起，才能确保乡村成人教育的有效开展。新中国成立以来，在乡村中陆续建立的村民夜校、计划生育学校以及科普学校等资源尽管可能已逐步脱离当下的时代需求，但仍是乡村成人教育可以改造、利用的重要资源。乡村成人教育内容首先要充分整合这些资源，广泛开展乡村成人教育活动；同时，城镇的成人教育资源相对而言较为丰富，新型城镇化进程中许多村民离开家乡进入城镇务工、生活，城镇作为村民劳动力的接受者和受益方，理应承担起乡村成人教育这一重要任务。例如，这些年我国许多城市开展的农民工培训计划等，就是乡村成人教育充分利用城镇资源的积极形式。实践证明，乡村和城镇的成人教育资源只有进行有机整合，将乡村和城镇有益于村民成人教育的资源优化组合，才能充分发挥其应有的价值，反之，则会弱化乡村成人教育内容的价值。

（三）结合乡村成人与职业教育内容

如前所述，当前乡村成人教育的价值导向主要涉及两个方面：一是通过调整农业结构和推进农业产业化，引导村民脱贫致富，改善村民生活质量；二是通过转移乡村剩余劳动力，推进新型城镇化进程，增加村民非农收入。无论哪种价值导向，乡村成人教育的内容都要密切结合职业教育内容，不能将二者完全割裂。对继续在乡村务农的村民需要进行农业方面的成人教育，提高他们规模化生产经营的知识、农产品深加工的知识与技术，同时融入新知识、新技能、国际化、现代化等方面的成人教育内容。对于到城镇在二、三产业就业的进城务工村民要进行必要的转岗培训，因地制宜地通过丰富乡村成人教育内容，不断补充、更新和提高他们的专业知识与技能。[①] 成人教育内容与职业教育内容的结合，不能仅仅强调经营方面的知识与技术，培养缺乏社会人文知识，满脑子功利实用，只注重竞争和盈利的村民。因此，乡村成人教育内容在结合职业教育内容时，更应加强社会公德、职业道德、公民意识、合作精神、环保意识等领域的教育内容，确保村民通过乡村成人教育成为具备高尚人品和完整人格的新村民。

（四）拓展乡村成人教育内容的范畴

乡村成人教育内容的真正源泉蕴藏在民众之中，村民是创造乡村成人教育内容的重要主体。各级政府、教育机构及其专业人士对乡村成人教育内容的开发，都不能忽视对乡村文化所蕴含的各种成人教育内容范畴的挖掘与拓展。乡村成人教育内容绝不限于书本上的文字，乡村节庆文化、乡村游戏、乡村舞蹈、乡村艺术、乡村饮食、乡村建筑等都是乡村成人教育内容的宝库。在新型城镇化进程中，传统节庆习俗在乡村仍然保存相对完好，乡村社会对于中国传统节庆习俗等一直具有较高热情，这些节庆习俗代代相传，是村民日常生活的重要组成部分。在我国广大乡村地区，节庆文化活动是增强乡村民众凝聚力的重要平台，理所当然应该纳入乡村成人教育的内容范畴；乡村游戏往往是一种以口头形式传授，以直接参与为目的的竞技和演示活动，不

---

① 狄成杰. 成人教育发展论［M］. 长春：吉林大学出版社，2005：229－230.

仅有儿童类游戏，也有成人类游戏，这些游戏不仅是一种娱乐放松方式，还是锻炼身体和磨练意志的有效手段，对成人身心发展都具有寓教于乐的重要功能；乡村舞蹈是一种传统的借助于身体形态造型和有规律、有节奏的运动而表达情感和思想，保存与传播乡土文化的艺术形式，一般是在特定的语境中表演，比如乡村节庆、聚会和祭祀等；乡村艺术主要是乡村传统的美术形式，以乡村世代传承为主要流传方式，包括乡村剪纸、乡村绘画、乡村雕刻、乡村刺绣和乡村玩具等；乡村饮食是乡村社会传统的饮食行为和习惯，包括食品及其属性、范围、制作过程和仪式、礼仪、保存与禁忌等，在乡村社会，饮食不再是一种单纯的生物学活动，而是包含着丰富社会意义的重要文化活动；乡村建筑除了各地民居，还有各种仓库、窝棚、磨房、坟墓、牲口房屋以及制作各种生产生活资料的建筑，如砖窑、烤烟炉等，乡村建筑是传统乡土文化的立体展示，对保存和传播传统乡土文化具有重要价值。[①] 拓展乡村成人教育内容的范畴，发掘其中深层次的文化教育意蕴，在建设社会主义新农村时代背景下具有特殊而重要的价值。

---

① 陈锟. 中国乡村教育战略 [M]. 北京：中共中央党校出版社，2006：191－200.

第七章　乡村教育组织形式

　　教育通常分为两种形式，即有组织的教育与无组织的教育。无组织的教育是融于日常生活中的情境式的教育形式，它没有明确的教育目标、严密组织的教育内容、相对固定的学习时间与正式的效果监测等。在一定意义上而言，无组织的教育时刻发生在我们的日常生活中，是"耳濡目染"式的教育，人在何处即教育在何处。有组织的教育也可称之为正式教育或正规教育，它有一套相对完善的理论与实践体系做支撑，包括较为明确的教育目的、课程内容、教学方法、评价体系与较为稳定的时空环境等要素。有组织的教育的核心即组织，它是与无组织的教育相别的标志。不同类型的教育因教育主体、目的与实现目的的资源差异，其组织形式也存在着差异，如乡村教育组织与城市教育组织存在着形式上的差别，基础教育、职业教育与成人教育也存在着组织形式上的差别。基于教育组织构成要素之间存在的差异，乡村教育组织包括基础教育组织、职业教育组织与成人教育组织三种类型，不同的组织有数种表现形式，从而构成相对完善的乡村教育组织体系。

　　就乡村基础教育组织、乡村职业教育组织与乡村成人教育组织之间的关系而言，三者之间具有相互交叉的地方，主要体现在师资、教学活动场地两个方面。乡村基础教育组织的教师可以担任成人教育组织的教师与职业教育组织的教师，教学场地之间也存在着互用的情况。尤其是在乡村成人教育与职业教育方面，其交叉更多，很多乡村职业教育组织与成人教育组织难以分开。就三者之间的差异而言，主要体现在教育主体方面，即乡村基础教育组织主要以未成年人为教育主体，乡村职业教育组织既包括未成年人也包括成年人，乡村成人教育组织则主要以乡村成人为教育主体。基于三类乡村教育组织之间的关系与差异，我们这里主要讨论三类组织的乡村建设功能、其存在的教学形式以及组织形式中的教学方式。

第一节　乡村基础教育组织形式

基础教育是我国乡村教育体系中最为完善、规范与最具独立性的乡村教育类型。基于我国传统观念重视乡村基础教育而轻职业教育与成人教育的事实，我国乡村基础教育组织在乡村中的地位、特征与重视程度更高，成为乡村社会的文化中心。然而，随着教育功利化色彩的愈发浓厚，乡村基础教育组织的乡村特性日趋消失，逐步成为"造人"的工具，其传承乡村文化的价值也在逐步消减，乡村特性渐趋模糊。就乡村建设的长远而言，乡村基础教育组织的建设与发展需回归其本真，承担起乡村文化的传承与创生、乡土情怀的培养等责任。

一、承接乡村文化的内在需求

费孝通先生认为文化是指"一个团队为了位育处境所制下的一套生活方式"。[①] 乡村文化的基础是乡村自身的现实环境，即处境。乡村文化则是乡村居民为适应具体的生产生活环境所创造并代代相传的生活方式。文化称之为文化，其包括两个方面的内涵，即文与化。文是静态的，化则是动态的过程。从动态的视角而言，文化的本质内涵可理解为人类所创造并在一定范围内得以认可的生产生活方式不断传承与创新的过程。传承与创新是文化内在的固有特性，是文化的生命力所在。传承通常存在于代际之间，即上一代通过一定的方式把文化传给下一代，即文化的濡化。创新通常存在于传承的过程中，当文化在传承时，传承文化主体发现原有文化已与现实的生产生活方式发生冲突或不能满足现实需求时，文化主体即会根据自己对原有文化的理解以及

---

① 费孝通. 乡土重建［M］. 长沙：岳麓出版社，2011：1.

对新的他文化的涵化，并结合现实需求对二者进行提炼与改造，使文化适应主体需求，此即为文化的创新。

乡村文化是乡村人在祖祖辈辈的生产生活过程中总结与提炼出的文化，是乡村人民智慧的结晶。它具有扎实的乡村根基，也具有浓郁的乡土韵味。例如，苗族的"苗年"即苗族先民在长期的生产生活实践中提炼与创造的文化，哭嫁习俗即土家族先民在长期的生产生活实践中创生的文化。除了具有乡土自身浓郁的地方特色文化之外，乡村也存在着由国家主导的"主流"文化，它与乡土传统文化融于一起，共生共延。在传统的中原地区，乡土文化与"主流"文化大致属于同一种文化类型，无论基础教育、职业教育，还是成人教育，都以此种文化为精神核心。在民族聚居地区，两种文化则存在着差异，而且其传承方式也存在着差异，即"主流"文化的传承与创新以基础教育机构为主阵地，传统的乡土文化的传承则以民俗与成人教育、职业教育组织为主要传播方式。然而，如果职业教育与成人教育组织属于官方主导的，那么它对传统乡土文化的传承与创新功能相对较弱。

无论是传统意义上的乡土文化，还是"主流"文化，若要发挥其对乡村社会的建设价值都需要通过传承与创新，这样二者才能在乡村社会扎根、发芽并为乡村社会建设与发展服务。这也是文化之所谓"文化"的本质功能所在。乡村基础教育组织的主体是未成年人，他们是未来乡村社会的主体与建设者，因此通过他们开展文化的传承与创新，对于未来乡村社会的存续至关重要。乡村基础教育组织是乡村未成年教育的专职机构，其地位与家庭教育、社会教育同等重要。家庭教育与社会教育对乡村儿童的影响更多是以潜移默化的形式进行的，如长辈的说教、参与民间的各类社会活动都是乡村文化传承与创新的主要途径。乡村基础教育组织对文化的传承通常是对"主流"文化的传承，如目前中小学的教学活动主要传承的是政府指定的文化，这种文化从国家层面来看是一种具有普适价值的、科学的文化，代表着社会发展的前进方向。随着近年来国家在开发地方课程与校本课程方面投入力度的加大，乡村基础教育组织的活动被逐步注入了传统乡村民族文化的积极因素，同时被扣上落后帽子的乡村文化的社会地位正在逐步得到改变。例如，民族舞蹈、民族体育活动、民族节日庆典、民族建筑与服装等逐步被融入到课堂中。

乡村基础教育组织主要包括乡村普通中小学、乡村少年宫、乡村各类青少年培训机构与基础教育管理机构等类型。乡村中小学是最主要的类型，承担着乡村文化传承的主要任务。乡村少年宫是为乡村儿童开展课外活动所建立的教育组织，而各类培训机构则是为提升乡村青少年的文化成绩，发挥某方面的特长，如音乐、美术、书法等，所建立的具有基础教育性质的机构。乡村基础教育管理机构主要指乡（镇）级的教育管理办公室、辅导站或中心校等教育管理或辅导机构，它们只是管理乡村基础教育组织，而不承担乡村基础教育的教育教学任务。各类乡村基础教育组织在乡村社会中各负其责，共同构成乡村基础教育体系，承担着乡村文化传承与创新的任务。

二、班级为主的教学组织形式

教学组织形式是指为完成特定的教学任务，教师和学生按一定要求组合起来进行活动的结构。教学组织形式并非一成不变，而是随着社会政治经济和科学文化的发展及其对人才培养要求的不断提高而不断发展与改进的，如在教学史上出现的影响较大的教学组织形式有个别教学制、班级授课制、分组教学制和道尔顿制等。具体的教学组织形式也会因为教学内容、教师的个人喜好等被授课教师确定下来。而且不同类型的教育组织机构通常也会采用不同的教学组织形式。就目前而言，我国乡村教学的组织形式仍是以班级为主要单位。

乡村普通中小学、乡村少年宫、乡村各类青少年培训机构与基础教育管理机构四类组织作为乡村基础教育的主要组织，从乡村文化传承的视角来看，其功能有所差异。乡村普通中小学肩负的是乡村文化传承与创新的主要任务，乡村少年宫与各类培训机构事实上是作为乡村普通中小学的延伸或补充机构而存在的。基础教育管理机构承担的任务是管理前述三类机构，并不直接承担文化传承与创新的任务。乡村中小学、少年宫与各类培训机构是基础教育性质的教学单位，青少年是其教学主体，该类教学组织运转的过程事实上即是乡村文化传承与创新的过程，青少年是文化传承与创新的主体，同时也是目的。教育教学活动是乡村基础教育教学组织活动中的核心活动，除针对青少年儿童的教育教学活动外，总体来看，乡村基础教育组织最终是为教育教学活动服务的，教育教学是乡村基础教育组织的中心。

从教育教学的基本构成要素而言，教育者、受教育者与教育媒介是其最基本的构成要素。基于三要素在现实环境中的特点以及社会发展对受教育者素质的基本需求，形成了不同的教育教学组织形式，如个别辅导、学习小组、学习班等。个别辅导也称之为一对一辅导，是最小的教学组织，指教师根据青少年的个体特点制定相应的教学计划，组织教学内容并开展教学活动的微小组织。其优势在于各个学生都能得到最优的发展，同时其特长也能得到相应的发挥。其缺陷在于一对一辅导会耗费教师大量的时间，对师生比要求高。就目前的乡村师资配备而言，一对一辅导不能成为主要的教学组织形式，它只是存在于少量的社会培训机构与普通中小学的特殊学生的教育上。学习小组是为完成共同的学习任务所建立起来的学习单位，人数多于 2 人，但是比班级人数要少。学习小组通常存在于户外或文娱类学习活动中，偶尔也会出现在班级教学活动中。就乡村的现实而言，其实际存在数量比一对一多，然而，肯定比班级少。班级是基础教育最基本的也是最广泛的教学单位，也称之为教学班。班级之所以成为乡村基础教育最基本的教学组织形式，其原因主要在于班级的效率较高。班级通常按照学生的年龄、认知水平等所构成的，因此班级内的学生通常在认知水平上具有较大的同质性，从而使得教师在教学过程中可以采用相对稳定的针对班内学生的教学方法，组织学生学习同样的教学内容。这种一对多的教学组织形式能缓解教师人数少，学生人数偏多的问题。尤其是在建国后教师队伍极度短缺的时代，班级的存在为提升人民群众的基本文化素养起到了积极的推动作用。相对城市教育而言，乡村教师的师资较为短缺，因此，以班级为主的教学形式符合乡村基础教育发展的需求。尤其是国家的二孩政策以及城镇化政策将会推动乡村人口的回升，因此班级为主的教学形式仍会是未来我国乡村基础教育教学的主要形式。此外，我国的管理体制与乡村基础教育发展的水平也适合以班级为主的教学形式。我国是教育集权管理的国家，在国内教育资源分配不平衡的背景下，以班级为主的教学单位有利于国家对课程、教师与教学资源的调控，尤其是乡村教育资源较为贫乏，这样的教学组织形式有助于整个教育管理体系的正常运转。教学班建设的初衷源于传统的工业化对大批量人才的需求，事实上它仍属于粗放式的教育组织形式。乡村基础教育组织要突破这种粗放的教学组织形式，需要高水平的教育环境与高素质的师资为保障，这样乡村教育才能在乡村社会环境中自主发展。然而，就目前我国乡村基础教育而言，无论经济文化环境，还是社会意识等都无法支持超越班级规约的自主式教育的发展，因此未来乡村基础教育教学组织形式仍将以班级为主。

然而，在以班级为主要教学单位的乡村基础教育组织中，仍存在着以班级为单位但其实际形式类似于小组学习或个别辅导的教学组织形式。这种组织形式是在乡村人口大量外迁的情况下造成的，但是在本质上仍是以班级为编制的。如新华网曾报道，在湖北恩施土家族苗族自治州的大山里，就存在只有一位老师和一名学生的龙凤镇大龙潭村杉树湾教学点。尽管只有一名学生，但其仍是以班为单位的教学组织形式。随着我国城镇化的推进，类似的乡村教学组织形式将会逐渐减少。

三、体验为主的教学活动方式

教学组织形式讨论的是管理方面的问题，而教学活动方式讨论的是教学如何实施的问题，它指的是教师为完成教学任务而采用的主要方法所表现出来的外在形式，具体包括教师教的方法与学生学的方法。根据师生在教学活动中的地位和作用，教学活动方式主要包括自主式、合作式、探究式、开放式与体验式等。就乡村教育教学活动方式的发展趋势而言，以体验为主的教学活动方式是其主要的发展方向。理解何为体验为主的教学活动是分析乡村教育教学组织活动中体验式教学的前提。据《辞源》的解释，体验既有"领悟""体味""设身处地"的含义，又有"实行""实践""以身体之"的含义。前者强调的是内心的理解与接受，后者强调的是外在的行动，质言之，其含义即为通过亲身的经历来认识外在的事物。体验式教学即指教师根据学生的认识特点与规律，结合教学的实际内容，通过创设实际情景，呈现、再现或还原真实的场景，学生通过身临其境的活动，从而建构知识、发展能力，并生成意义的教学活动形式。

以体验为主的教学活动形式之所以在乡村基础教育组织中具有很重要的价值，主要基于以下几个方面的原因。一是传统的以班级为主的教学活动的开展强调的是教师、教材与课堂中心，学生的主体地位被消解，成为知识的容器。如"教师是辛勤的园丁、学生是祖国的花朵"、"要给学生一碗水，教师必须得有一桶水"即是对这种教师中心的教学活动的真实隐喻。就乡村普通中小学的教学而言，这种传统的教学方法隔离了学生与真实环境之间的联系，学生的学习只能停留在记忆、推演上，这样的教学模式压制了学生的创造力，抽离了学生的乡土情怀。然而，上个世纪乡村中小学学生的学习任务并不繁重，课程总量少，甚至有些半日制学生周课时量不到 20 节，这使得学生有足够的课余时间去参与劳动，并亲身体验乡土生活。这在某种程度上可以弥补课堂教学中乡土情怀教育的缺失。2000 年以后，随着经济的发展，乡村人口大量外流，留在乡村的人口数量日趋减少，而且之前与乡村亲切接触的农业劳动也日趋减少，这使得乡村儿童失去了更多与乡土亲密接触的机会。二是由于教育功利性的加强，乡村学生的学习时间与任务也逐渐加重，如寄宿制学生一周至少被封闭在学校五天，周学时数基本都达到 25 节或 30 节以上，而且各类学习辅导资料满天飞，各类基于知识记忆的教学改革也是层出不穷。在此背景下，学生处于被隔离乡土的乡村，加上为应对考试的内容也与乡土自身关联不大，学生与乡土被彻底剥离了。学生不再是乡村学生，也非城市学生，是身在乡土而思想意识观念近乎于城市的学生，他们游离于现实的乡村与理想的城市，缺乏乡土情怀。他们难以在乡村找到归宿感，同时也难以融入城市。在这样的背景下，乡村基础教育组织的教学要联系乡村、融入乡村。

教学活动要紧密与乡村结合在一起，需要改进现行的强调记忆与应付考试而采用的教学方法，加强教学活动与乡村生活的联系，培养学生的乡土情怀以及在乡土环境中体悟对乡村生活的热爱。体验为主的教学方式是引导乡村基础教育摆脱上述困境的主要方式。一是就教学内容的学习而言，青少年学生处于知识与经验的积累阶段，只能培养其创新意识。在此情况下，教学活动的设计要引导学生去模拟先前的知识获取过程，并在此过程中体验创造带来的喜悦，同时其学习也能更加紧密地结合实际，而不是单纯停留在听说层面。二是就学生与乡村的剥离来看，体验式为主的教学方式可以让学生走出高墙围起来的校园，把知识学习与乡土环境结合起来，让学生在现实的环境中体验学习的乐趣，感受学习与现实生活之间的紧密关系。这既有助于学生对知识的领悟与迁移，同时也能培养学生的乡土情怀，提升教育的价值和意义。三是现行的教学活动中的部分内容需要教师采用体验式的教学方法，与乡土实际结合起来，学生才能更好地理解与吸收。例如，某乡村教师在教学生识"故宫""天坛"两个词时，只教学生这个字怎么读、怎么写，而并未创设情境把从未去过北京的学生的实际生活与这四个字联系起来，学生也未体验到这两个名词的真实含义与自己的关系，影响了学生对词语的意义建构。

第二节　乡村职业教育组织形式

职业教育是指传授某种生产知识与技能的教育，主要包括职业道德教育、职业技术教育与职业交往教育等三种主要形式。职业教育与非职业教育的区别在于职业教育主要以提升生产或工作技能为主，且这种生产与工作技能通常是受教育者的主要谋生手段。从社会经济的视角来看，乡村职业教育是直接服务于乡村经济发展的教育类型，只是它对乡村经济的促进作用是通过提升乡村人口的生产技能来实现的。在普及九年义务教育之后，乡村职业教育的学员以成年人为主，它更多是一种提升乡村成人生产技能的教育。根据当前乡村经济发展的现状，乡村职业教育的教学组织主要以短期小班教学为主，而且强调合作探究是乡村职业教育教学活动未来的主要形式。我们在这里讨论的主要是乡村成人职业教育，而针对乡村义务教育后的中职教育不加以讨论，原因在于中职教育是由中职学校来实施的，它培养的学生毕业后更多是为城市服务，而且其本身也有一套完善的正规教育体系做支撑。

一、着眼于乡村经济社会的发展

民国时期著名的职业教育家黄炎培提出"使无业者有业，使有业者乐业"的主张，成为了民国时期我国职业教育发展的指导方针。职业是与经济学相关的事业，有稳定的职业则会有相对稳定的经济收入，收入的稳定代表着生活的稳定。职业带来的收入越高意味着经济增长加快。在此意义上职业是经济稳定与增长的重要影响因素。经济稳定与发展是社会发展的重要衡量指标，经济增速稳定有序，政治、文化与教育才能有序发展，从而促进社会的全面发展。经济与职业有着紧密的关系，也与就业有着紧密的关系，就业则说明有职业，失业则说明职业数量大于社会需求。按照国际标准，失业率达到7%及以上，国家经济处于下滑状态，社会政治也处于不稳定状态。因此，经济与社会的稳定发展需要提供足够的职业，即要保证"使无业者有业"。"使无业者有业"提出的是职业教育发展要满足社会需求，这是职业教育最基本的发展目标。在此基础上"使有业者乐业"是职业教育发展的第二个目标，即从业者需要热爱自己的职业，具有职业情怀，能以积极的心态投入到工作中。职业者乐业才会敬业，敬业才能创造出更多的社会财富，这样社会经济才能更快地发展。

在城市工业经济快速发展的情形下，乡村社会因经济发展慢，就业机会少等原因，致使大量的乡村劳动力外流，乡村呈现出一片凋零景象。分析其现象背后的原因，主要包括三个方面。一是乡村经济以农业为主，农产值相对低下，以此为业所带来的经济收入难以满足现代生活的需求；二是乡村因交通以及国家政策等原因，工业难以深入乡村从而成为乡村就业的主要渠道。三是尽管部分地区已开展乡村旅游等活动，为乡村社会提供了就业机会，然而乡村旅游业毕竟对GDP的贡献有限，因此政府对乡村旅游的真正重视程度仍不够。在此情形之下，乡村社会的发展要立足于乡村社会实际现状，以农民生活质量的提升为目的，开展乡村建设活动。从职业教育的视角而言，职业教育要立足于乡村社会实际，以"使无业者有业"为指导思想，开展符合乡村社会发展需求的职业教育活动，同时树立乡村居民热爱家乡，具有扎根乡村的理想。这样乡村居民才会乐于自己的职业，创造更好的乡村生活，并为乡村经济发展做贡献。乡村社会居民有职业并热爱自己的职业，乡村经济才能发展稳定，人民生活才会幸福，在此基础上乡村精神文明、政治文明等建设才能有效推进。

然而，就我国乡村职业教育组织的现实情况而言，主要存在着缺失或准缺失两种情况。缺失指乡村职业教育组织缺位，即原本应存在于乡村的职业教育组织根本不存在。准缺失指乡村职业教育组织有名无实。职业教育组织的缺失或准缺失直接导致乡村职业教育处于瘫痪或半瘫痪状态，并影响到乡村经济社会的发展。就缺失的情况而言，主要表现为在乡村并未有临时的或长期稳定的职业教育组织来间断或持续地为乡村经济社会发展服务。就准缺失的情况来看，主要表现为部分乡村因为地方政策的需求，设置了职业教育机构，如农民技术学校、农民职业技能培训中心等。然而，这样的机构只是一种表面的形象工程，只是短暂地开设过相应的职业教育活动或从未开展过职业教育活动。如前所述，乡村经济社会发展的前提是"使无业者有业，使有业者乐业"，在当前经济发展转型的情况下，乡村职业教育组织需承担起乡村职业发展的重任，为乡村经济发展、新型城镇化、乡村信息化、农业产业化与新农村建设等添砖加瓦，否则乡村职业教育组织的存在价值难以体现出来。在我国也不乏乡村职业教育组织发展促进乡村建设成功的案例，以重庆市巴南区二圣镇天坪村为例。

十年前政府提出建设"万亩梨园"的规划，并根据其辖区内天坪村的自然环境与气候条件，拟在该村建设万亩早熟梨园。项目启动后，政府遂请专家进入该村进行早熟雪梨种植技术培训，并为雪梨销售提供平台。以此为契机，天坪村在政府的支持下开展了茶叶种植与加工、乡村旅游、花卉栽培与家政服务等职业技术培训，并建成了茶场与部分旅游示范点。二圣镇的举措吸引了一批村民回到家乡就业与创业，促进了乡村经济社会的发展。

总体而言，乡村职业教育发展要以乡村人口的就业与创业为导向，重点关注乡村职业与乡村经济发展的基础关系，把职业教育作为促进乡村经济社会发展的手段，这样乡村职业教育发展才能落实，才能具有实践基础。

二、小班制为主的教学组织形式

乡村职业教育教学实施机构主要有乡村农业技术学校或培训中心、社区学校或学习中心以及各类对口专业的培训中心等。除此之外，还有同时承担成人教育与职业教育的乡村成人学校、农民夜校等机构。此类机构事实上只是乡村职业教育实施的平台，乡村职业教育要真正落到实处，需要回归到具体的教学实践活动上，这是决定乡村职业教育实施效果的关键环节。乡村职业教育教学实践活动的组织形式主要包括一对多与一对一两种形式。一对多主要适用于理论课程、职业道德课程等教学，而一对一则适用于职业技术方面的教学内容。然而，采用一对多或一对一的教学组织形式要根据具体的乡村职业教育情况来确定。我们这里先比较乡村基础教育教学组织形式与乡村职业教育组织形式之间的差异。中小学因学生人数固定且较多，因此其主要以班级教学活动为主，即班级是其最基本的教学单位。在乡村职业教育层面，如果采用中小学同样的班级授课制，则难以保证乡村职业教育的效果。因此乡村职业教育需要根据乡村的实际情况，确定基础教学单位，这样便于职业教育活动的开展，以有效地保证职业教育的实施效果。影响职业教育教学组织形式的因素主要包括三个方面的内容，即职业教育的目标与内容、受教育者的人数、受教育者相关的知识与技能基础。

首先，就职业教育的目标与内容来看，主要包括职业教育道德、职业教育技术与职业交往三个方面的内容。然而，在乡村实际的教学活动中，职业道德与职业交往两方面的内容通常是被忽视的，因此其主要是以职业技术教育为主。在目标方面表现为让学习者掌握某种知识和技能，尤其是技能的掌握是乡村职业教育最重要的目标，相应的乡村职业教育内容主要以技能性内容为主。技能性的内容需要通过演示与模拟或现场讨论等形式实施教学活动，这样效果会更好。基于这样的原因，在学习班级的人数方面，则需要以小班教学为主。一是学员人数少的时候能保证所有的学员能看清楚示范的内容；二是学员人数少有利于学员与授课教师之间进行有效互动与讨论，共同解决学员的疑问或课程中未提及但现实中却经历过的问题。

其次，乡村职业教育是以乡村经济发展为旨归的职业教育，而乡村经济主要是以农业、畜牧业等为主的综合型经济样态。如果同一乡村人口都从事同样的职业，有限的资源难以满足众多村民从事同一职业的需求，因此乡村职业同样具有多样化的发展趋势。例如村民可以种粮食、烟叶、蔬菜、花椒、水果等，养鸡、鸭、鹅、鱼、牛、羊、猪等。基于这样的情况，职业教育要分类进行，这样每个班的学员人数都不会太多，这是导致乡村职业教育小班教学的另一重要因素。例如，贵州省黔东地区的某镇开展农民养山羊技术培训，本身山羊的放养要大片草场，因此全镇大约只能有数十户农户进行规模化养殖。对此开展的养羊技术培训的人数最多也就是 10 余人，同样的情况也会出现在其他的培训中。鉴于乡村农业产业化与规模化的发展趋势，未来乡村职业的类型呈多样化的发展趋势，基于某一职业的培训人数将会愈发减少，因此农业职业教育方面的小班化势在必行。

第三，乡村农民是乡村职业教育的学员，根据我国的实际状况，其文化水平普遍偏低，尤其是在西部农村地区更为典型。这给乡村职业教育带来难度，尤其是对职业教育内容理解上的难度。基于这样的现实状况，授课教师需要花更多的时间，用符合学员文化水平特点的方式方法开展教学活动，尤其是在教学活动中要有针对性地进行个别指导，这样才能保证职业教育的效率。从班级组织的角度而言，这也是导致开展小班教学的原因之一，小班教学能保证授课教师与学员之间的有效沟通，提升教学效果。

总体而言，随着乡村人口向城镇迁移，乡村人口将会越来越少，在乡村地区大量人口从事同一行业的情况也在不断改变，因此职业教育将不断趋向于精准化、专业化，小班制将会成为我国乡村职业教育未来发展的主要形式。这种情况是一种普遍的趋势，如果在某些乡村建有大型工厂，或者从事某种行业区域范围较大，大班教学仍然可能会出现。例如，在重庆市巴南区的二圣镇，由于种植雪梨的人数较多，因此一次性参与培训的人数曾达到100余人，当然这针对的是雪梨种植理论知识的教学，具体到操作层面，仍是以小班教学为主。

三、探究式为主的教学活动形式

探究式教学指教师在学习过程中组织学员深入实地去探讨与研究，找出问题的根源并提出解决方案的教学形式。探究的主要目的在于充分发挥学习者的主动性、积极性与创造性，培养其发现问题、分析问题与解决问题的能力。主动性是探究式教学活动顺利开展的前提，也是探究式教学活动致力于培养的习惯。脱离主动的探究式教学效果将会受到严重影响，同时其教学的后续效果也较差。简言之，探究式教学即引导学员主动思考、发现并寻求解决问题的方案的教学活动形式。然而，探究式教学活动并非是万能的，其开展需要具备相应的条件。一是学习者需要具备探究主题相关的知识、技能或经验，这是探究式教学活动的前提和基础。二是探究式教学活动适宜于成年人，因为成人对现实社会的认识的体验较深，具有一定的判断力，这样才能使得探究不偏离方向，同时能深入下去。三是探究式教学活动适宜以问题或小主题为探究主题，而且主题要与实际生产生活紧密结合，探究学习才能深入，探究的结果能提升学习者信心。四是探究式教学活动的开展需要合作的精神，要有主动与他人合作完成探究任务的意识与能力，即集体探究精神与能力。如果缺乏上述四个方面的条件，则探究教学活动不仅难以实施，而且探究的效果也会大打折扣。

就乡村职业教育的目的而言，其主要在于通过职业教育活动提升乡村居民的生产能力及其在生产生活过程中发现问题、分析问题与解决问题的能力。从人的长期发展来看，乡村职业教育是一种"授人以渔"的教育。因此，培养乡村居民主动的职业意识、职业能力与职业习惯尤为重要，它能增加乡村居民职业的延续性，同时相关的能力也容易迁移到居民自身新的职业中。探究式教学活动本身是培养学员在现实生产中主动积极地发现问题、分析问题并解决问题的教学组织形式，因此从理论上看其符合乡村职业教育的基本需求。

就现实情况而言，乡村职业教育作为以农民为主要对象的教育活动，目前主要采用的是讲授法与示范法。这样的教学活动形式是职业教育活动中比较常用的。讲授的目的是告知学习者相关的理论知识与要领，示范是告知学习者在具体的操作过程中如何去做。讲授法与示范法在工业职业教育活动中使用较多，而且有效。其原因在于相对农业生产而言，工业生产的程序固定、环环相扣，而且只要程序不乱，操作娴熟，生产效率则会提高。乡村地区的职业教育主要是以农业、畜牧业为主，相对工业生产而言，由于受气候、地理环境等因素的影响，农、畜牧业生产的可控性较差，因此在具体的生产过程中如果像工业生产一样按部就班，生产效果将会受到严重的影响。例如，水泥生产只需要把相关的原材料按照固定的程序进行生产则能得到预期的产值，整个过程都在生产者的控制下。然而，在猪的饲养过程中，如果按部就班则可能会影响到猪的生长，因为其中很多因素不是按部就班就能控制的，如猪不是在固定的时间会生病，饲料并非适宜于所有的猪等。鉴于工业生产与农业、畜牧业生产之间存在的差异，农业与畜牧业教育不适宜完全采用讲授法与示范法。而是针对难以控制的实际问题采用探究为主的教学活动形式，把农业与畜牧业生产中的基本常识教给学员，同时组织学员开展各种探究活动，培养其探究意识与精神，这样学员才能在遇到无法解决的问题时主动探索并找到问题解决的方法。因此，针对乡村成人所采用的探究式教学方法与基础教育所采用的探究式存在着不同，基础教育领域所采用的探究主要是具有预设性结论的探究，而职业教育领域所采用的探究主要是解决现实问题所采用的探究方式。

乡村职业教育是以农业与畜牧业教育为主的职业教育，而且其规模通常也不是很大，因此乡村职业教育适宜采用探究为主的教学组织形式，把乡村农民组织起来，共同探讨生产过程中遭遇的各种问题，培养学员发现问题、分析问题与解决问题的意识，养成主动探究问题的习惯。从乡村职业教育的具体现状而言，其满足采用探究式学习为主的教学组织形式的条件。乡村职业教育的对象基本是成人，他们具有相关领域的知识、技能、经验，并且较为丰富的社会经历使其具有一定的判断力，此外，乡村职业教育探讨的问题事实上是乡村农民在生产过程中所面临的现实问题，其参与学习是以相关问题的预防与解决为目的的。在此情形下，乡村职业教育适宜采用以探究为主的教学组织形式。

例如，在贵州某农村，2013年稻谷遭遇大面积的瘟症，眼看即将成熟的稻谷一片一片倒下，农民试用了多种农药都无济于事。基于这样的现实状况，村民中抽出几名在这方面爱钻研且有一定经验的村民组成了研讨小组共同商讨解决办法。他们请来农业局的相关技术人员到稻田里共同研究稻谷的病症，并且在短时间内把这种瘟症控制住，保证了稻谷的收成。从此事件可以看出，需要培养农民这种主动积极的合作探究意识与精神，以便在生产过程中遇到现实问题时能团结起来共同解决问题，而非按部就班或者等着他人来解决。

第三节　乡村成人教育组织形式

顾名思义，乡村成人教育即以乡村成人为主要对象的教育活动，主要包括成人文化教育、职业教育、生活常识教育以及政策法规教育等。由于我们在前面讨论的乡村职业教育主要指乡村成人职业教育，因此在这里则把乡村职业教育剥离出来。乡村成人教育即指存在于乡村的以成人文化、生活常识、政策法规教育等为主要任务的成人教育。接下来我们讨论的乡村成人教育组织形式即是以此为基础展开的。从乡村成人教育实施的平台来看，乡村成人教育组织根据所在区域的经济与交通情况通常分为两类。在贫困、交通较不发达的地方主要命名为成人文化技术学校、人口学校、夜校、冬学等。在经济条件较好的地方通常以社区命名，如社区教育中心、社区学校、社区学院等。此外，还包括成人远程学习中心以及部分临时性的乡村成人教育组织。

一、立足于乡村人民的生活实际

职业教育主要服务于乡村生产，而成人教育主要服务于乡村生活。乡村成人教育源于乡村生活，最终也服务于乡村生活，因此乡村成人教育组织建设需立足于乡村生活，以提升乡村人民的生活质量为目的。

第一，乡村成人教育组织发展的时代性昭示着乡村成人教育组织建设应立足于乡村人民生活的实际。从乡村成人教育组织发展的历史而言，新中国成立以来其发展主要经历了四个阶段，即以扫盲教育与政治教育为主的时代、以计生教育为主的时代、在经济浪潮中遭忽视的时代与以乡村经济社会发展为主的时代。就每个时代的目的而言，扫盲教育时代与政治教育时代乡村成人教育组织的勃兴是因为当时乡村农民中的文盲比例太高且农民具有学习文化知识的欲望，政治教育的勃兴是当时乡村人民需要精神追求来填补内心的空虚，计划生育为主的时代是因为国家人口增长影响到社会的全面发展同时也影响到乡村人民生活的幸福指数，遭忽视的时代是因为传统的教育已不适应社会发展的需求而新的与经济发展相关的教育尚未开展，当前的勃兴是因为乡村成人教育组织建设立足于乡村社会的全面建设，在一定程度上满足了乡村民众的现实需求，例如乡村成人教育组织所开展的乡村民主政治教育、中老年健康教育、生活安全常识教育、休闲娱乐教育、亲子教育等都是立足于乡村居民实际需求的教育活动形式。该类活动不仅满足了乡村居民生活中的实际需求，同时推动了新农村建设政策的落实。

第二，成人学习需求的现实性促使乡村成人教育组织为乡村人民的生活服务。成人学习需求的现实性指成人学习主要立足于其实际的生产生活，并为解决实际的生产生活问题服务。成人学习的现实性主要基于三个方面的原因。一是在法律意义上，成人是具备完全行为能力的人，他们同时承担着社会责任与家庭责任。如果全身心投入到学习中，势必会影响其承担相应的社会责任与家庭责任，因此他们的学习关注学习目的、内容与时间上的现实性，尤其对学习的效率要求较高。二是由于成人的主要任务是承担着创造生产生活资料的责任，相对而言，其学习时间较为有限，学习只是次要的任务，而且只能是碎片化的学习。成人只能将有限的学习时间用到学习上，因此学习通常是基于实际需求的，而对那种为追求自我价值实现的学习兴趣相对不高，这种现状在乡村地区尤为普遍。基于乡村成人学习需求的现实性，乡村成人教育组织的建设需要立足于村民的现实需求，为乡村居民现实的生产生活服务，这样乡村成人教育组织才具备现实的根基，其生命力才能得以延续。

二、专题式为主的教学组织形式

专题式教学主要是从教学内容组织的视角而言的，强调教学内容以专题形式来呈现，而不是按照传统的教材编写的方式呈现。专题教学主要有三个方面的优点。一是专题教学的内容是高度精炼与升华的内容，它减少了内容中可有可无的细枝末节的内容，增强了教学内容的实效性。二是专题式教学弱化了专题与专题之间的联系，学习者即使只学习专题中的某个专题，也不影响学习的效果。三是以专题为主的教学组织形式可以根据专题的教学需求灵活地选择教学环境，具有情境式教学的特征。四是专题式教学的内容主要是以问题为导向的，通常每个专题针对的是某类现实问题，学员可以根据自己在生产生活中遇到的具体问题选择相应的专题或自己感兴趣的专题去学习。基于对专题式教学的分析，综观我国乡村成人教育教学的现状，专题式教学组织形式符合我国乡村成人学习者的需求。尽管目前我国乡村成人教育组织开展的频率不高，且效果也不尽如人意，但以专题为主的教学组织形式仍是我国乡村成人教育教学组织的主要形式。随着乡村成人教育的发展以及专题式教学组织形式的逐步完善，未来乡村成人教育教学组织形式仍将以专题为主，并且会更加完善。

第一，乡村成人教育组织的教学内容较弱的专业特性决定了乡村成人教育组织适合采用专题式教学组织形式。与乡村职业教育教学内容相比较，乡村职业教育内容的专业性更强，而乡村成人教育内容的专业性则相对较弱。乡村职业教育的内容即乡村成人学习之后即能提升生产效率，农民学习的积极性更高。而乡村成人教育内容通常不会立竿见影，乡村成人教育即使未开展，乡村生活照样继续，似乎关联不大，在此意义上乡村成人教育带有更多的关怀性质。基于这样的现实情况，乡村成人可以根据自己的喜好或者生产生活中遇到的现实问题选择自己喜欢的某个专题。即使不选择其他专题，其学习效果也不会受到影响。

例如在贵州省黔北地区的某村庄，乡政府组织在乡村夜校连续一周开展了系列成人教育活动，总共包括政策与法规、乡风文明、健康知识与安全常识等方面的主题，尽管政府要求所有的村民都参与学习活动，但因村民都需参加劳动以及照顾家庭等方面的任务，很多村民根本不能完全参与相关的活动，只是在有空的时间去听自己想听的内容。但通过反馈情况来看，并不存在没有听政策与法规专题而直接去听乡村文明专题却听不懂的情况。其原因主要在于政策与法规、乡风文明以及健康知识等各专题之间在知识方面的关联程度不大。

第二，乡村成人学习的特点需要采用专题式教学组织形式。如果以经济收入来衡量，与城市经济相比，乡村劳动所创造的经济收益通常效率较为低下，即同样的劳动时间难以获得与城市同样的劳动报酬，加上乡村社会的便利化程度较低，使得乡村成人需要花大量的时间在生产与生活上。空闲时间的偏少导致乡村成人的学习时间偏少，因此，乡村成人参与学习，对学习效率的要求较高，即追求的是花最少的时间掌握最多的学习内容。专题式教学内容根据乡村成人学习的需求与特点浓缩了学习内容，能从时间上保证其学习的效率而不会影响正常的生产生活。

例如在某村村委成员的选举规则宣讲过程中，镇党委成员利用晚上农民空闲的时间深入乡村，把乡村成人组织起来开展选举规则宣传的专题式教育活动，相关工作人员只花1小时的时间讲解完此专题。1小时的时间几乎不会对村民的常规生活与休息产生任何影响，村民也不会对参加学习有抵触情绪。

第三，乡村成人的多样化学习需求呼唤采用专题式教学组织为主的情境式教学组织形式。乡村成人教育属于实用型教育，由于乡村居民在生产生活中所面临问题的种类较多，相应地学习需求也较多。同时，为提升教育教学质量，乡村成人教育需要根据教学内容在不同的场所开展，这样村民才能有身临其境之感，教学效果才更好。专题式教学组织形式正是根据居民的学习需求组织起来开展教学活动的形式，不同的专题教学可以在不同的场所进行，符合乡村居民多样化的学习需求。例如，健康知识讲座需要在乡村卫生室开展效果最好，这能让学习者感受到健康与医疗的紧密关系，用电安全知识需要在有典型问题的农户家里进行，学员才能亲身感受到用电与家庭财产安全、人身安全之间的关系。

第四，专题既可理解为专门的主题，也可以理解为专门的问题，从本质上来看，专门的主题与专门的问题是相通的，或者说是同一事物的不同表述形式。乡村居民学习与普通教育之间的差异在于其生产生活中遇到什么问题即去学习什么。为了提升学习的效率，乡村成人教育的管理者需要深入实际开展调研活动，统计出相应的学习专题，并根据专题来组织具有相应需求的村民开展学习活动。如针对出现动物瘟疫的乡村，瘟疫成为村民遇到的问题，乡村成人教育组织即可围绕瘟疫问题设计专题教育活动，帮助村民应对相应的问题。

在贵州省贵阳市贵安新区的某村，成人学校的负责人先深入村民中开展调研，统计出村民需要学习的主题及其对应的人数，成人学校据此聘请师资，根据学习专题组织学员，选择合适的地点开展教学活动，效果明显。

三、参与式为主的教学活动形式

"参与式教学既是一种教学理念，又是一种教学方法。从理念上讲，参与式教学提倡以学生学习为中心，强调教学过程中师生平等和共同参与；从方法上讲，参与式教学要求师生平等参与到学习活动之中，共同讨论学习中的问题，实现教学活动中的师生互动和教学相长。"① 归根结底，参与式教学即要求学员真正参与到学习中，而非学习的旁观者。传统的教育理念认为，学

---

① 陈时见. 参与式教学的内涵特征［J］. 教师教育学报，2014（4）：18—25.

习者即无知者，教师即知者，这种传统的知识观塑造了教师的权威，从而造成一种教育压迫现象，即教师是知识的输出者，学员是接收知识的容器，永远处于被动地位，成为教师"自弹自唱、自编自导"的陪衬。尽管这种现象在基础教育领域较为普遍，事实上随着成人教育的勃兴，同样的现象在成人教育领域也凸显出来，即在课堂教学中成人与儿童同样处于被动地位，是教育活动的旁观者，这样的教学效果也大打折扣。参与式教学是对这种压迫式教学无视学员课堂地位现象的挑战，要求提升学员的课堂地位。当然，参与式教学活动并非要求课堂教学活动走向另一极端，无止境地提升学员的地位而压制教师的地位。与基础教育对象相比，成人生产生活与学习的特点更加符合参与式教学的特点与需求。

第一，农民是教学活动的中心。乡村人口构成主体包括成人与儿童两类，儿童属于基础教育的服务对象，成人属于成人教育的服务对象，乡村成人几乎都是农民，因此乡村成人教育事实上是农民教育。乡村成人教育的中心是农民，具体到学习活动层面，农民是学习活动的中心，其它的成人教育构成要素则属于乡村成人教育教学活动的保障条件。此外，农民是乡村社会的主人，他们熟悉乡村的一草一木，而成人教育是为提升其生活质量服务的，理所当然成人应属于乡村学习活动的中心，真正地参与到学习活动中，这样的教学活动才能落到实处，才能切实地为乡村农民的生活服务。例如，在贵州某村庄关于饮水卫生安全处理的教育活动中，扶贫机构按照自己的想法设计了一套方案，要求村民遵照执行，并对水源地的卫生进行治理。政策宣讲完后，村民集体提出了反对意见。原因在于根据村民长期的经验，扶贫机构制定的整改方案在枯水季节是可行的，但是在雨季可能会造成更严重的卫生问题，最后扶贫机构接受了村民的意见。

第二，农民的学习特点符合参与式为主的教学活动形式。与儿童的学习特点比较，成人的学习特点主要包括三个方面：一是成人的认知水平比儿童高，他们更容易真正地参与到学习活动中，发表自己的见解，与他人共同讨论遇到的疑问。二是成人都具备了基本的生产生活经验，经历了成功的经验，也有失败的教训，因此他们对现实的生产生活有自己相对固定的判断，如果不让其真正参与到教学活动中，他们可能会质疑教师的某些授课内容，甚至可能会在课堂中造成不好的氛围与反对教师的声音。三是成人在长期的生产生活实践中形成了基本的发现问题、分析问题、解决问题以及相对独立的自我判断能力，具有相对稳定的认识世界的方式，而成人教育中的某些内容是与其原有的思想观念相悖的，因此要成人接受相关的学习内容，也需要亲自参与到学习中，在思想的碰撞中去接受或修正自己的思想、观念或想法。

第三，师生地位平等、共同讨论、教学相长。成人是教学活动的中心只是从理念上提出了学员参与到学习活动中的问题。具体到实践层面，成人参与到学习活动中需要通过三个方面来体现，即师生地位平等、共同讨论与教学相长。传统的教学总是认为学生什么都不知道，是知识的输入对象，致使课堂教学中师尊生卑，因为城市成人在见识方面总体而言比乡村成人广。相比城市成人教育而言，乡村成人教育教学过程中的这种现象尤为普遍。这是师尊生卑观念在成人教育领域的映射。就现实的成人教育而言，因信息化程度的发展，乡村成人的思想、见识等也在提升，这种师尊生卑的思想也不符合当前乡村成人教育的需求，而是需要转变观念，把成人学员置于与教师平等的地位，这样教学活动才能真正开展。师生地位平等要落到实际的教学活动中则是话语权平等，摒弃教师绝对权威的观念，师生话语权的平等具体表现为课堂上教师与学生能共同讨论，学员敢于也可以对教师的观点提出质疑，并共同讨论完成学习任务。乡村成人教育的主体是乡村的成人农民，他们多年生活于乡村，熟悉乡村的地理气候以及乡村的风俗习惯。成人教育的部分教师是从外面请进来的，他们对教育主体生活的环境了解不够深，因此在教学中难免会出现不符合地方特点的观念与内容，从而影响教学效果。如果参与学习的成人能真正参与到教学活动中，与教师共同讨论，这将有助于教学任务的顺利完成，也能相互之间取长补短，共同进步。

第八章　乡村教育治理

第一节　乡村教育治理概述

党的十八大报告中指出："坚持走中国特色新型工业化、信息化、城镇化、农业现代化道路，推动信息化和工业化深度融合、工业化和城镇化良性互动、城镇化和农业现代化相互协调，促进工业化、信息化、城镇化、农业现代化同步发展"。[①] 大力推进新型城镇化建设是我国推进社会结构转型，落实城乡统筹发展，促进经济持续增长，提高人民生活水平，全面建成小康社会的重要路径。在新的历史时期，新型城镇化建设一方面为统筹城乡教育发展，推进城乡教育均衡与公平以及乡村教育的现代转型提供了时代契机，另一方面，由于受传统文化、城乡二元体制以及诸多思维误区的制约，在新型城镇化进程中，乡村教育可持续发展面临着系列的挑战和发展危机。无论是从历史的爬梳，还是现实的考察，都可以发现和确证，作为乡村社会的有机组成部分，乡村教育对乡村儿童的健康发展、乡村人民的性格塑造、乡村文化的传承与创新、乡土社会建设以及中华民族的伟大复兴都发挥着举足轻重的作用。然而，在新型城镇化进程中，我国乡村教育遭遇着许多现实困境，诸如村民纷纷变成"市民"，原来的一村一校逐渐消亡，撤点并校，几村一校

---

① 十八大报告［EB/OL］. http：//www. xj. xinhuanet. com/2012 — 11/19/c ＿ 113722546 ＿ 4. htm.

或一乡一校，留下大量闲置的村落学校，人去楼空，了无声息，严重制约着城乡教育的一体化发展和新型城镇化的内涵式推进。为此，在新型城镇化进程中，全面开展和实施乡村教育治理，推进乡村教育治理现代化，不仅具有一定的理论意义，而且富有重要的现实价值。基于此，深刻揭示和把握新型城镇化进程中我国乡村教育治理的内涵、特征、类型与意义，厘清我国乡村教育治理遭遇的现实困境，探讨新型城镇化进程中我国乡村教育治理体系和治理能力现代化，有助于推进城乡教育的均衡协调发展，实现教育公平，为乡村人民提供足够的优质教育，办好人民满意的教育。

一、乡村教育治理的内涵

"乡村教育治理"是一个偏正式短语，由"乡村教育"和"治理"构成，解析"乡村教育治理"的内涵需要在明晰"治理"的内涵的基础上，对"乡村教育治理"做出界定。

（一）治理

2013 年，党的十八届三中全会对全面深化改革作出了战略部署，提出了推进国家治理体系和治理能力现代化的总目标。自此，"治理""治理体系""治理能力"成为了人们广泛关注和大量使用的高频词汇。"治理"一词并非舶来品，它有着深厚的历史根基和悠久的发展历程，"从中国古代'治国理政'的'治平''治化''治术''治本''治宜'之说，到善治、法治、民本、和谐、强国、公平、综合施策、风清气正及重视核心价值体系作用的有益经验，再到建国后'全能主义国家治理模式'向国家与社会的'共治'及管理向治理的积极转变，注重顶层设计与末端治理相结合的系统性改革和治理方略正式形成"，[①] 充分表明了"治理"一词的历史性和发展性。英语中的"治理"（"governance"）一词源于拉丁文和古希腊语，原意是控制、引导和操纵，主要用于与国家公共事务相关的管理活动和政治活动中，在政治学领域和社会经济领域广泛使用。[②]

---

① 李龙，任颖. "治理"一词的沿革考略［J］. 法制与社会发展，2014（4）：5—27.
② 俞可平. 治理和善治：一种新的政治分析框架［J］. 南京社会科学，2001（9）：40—44.

　　无论是在专业性的研究报告、政策文本，还是研究者的论著中，治理一词都有着不同的定义和内涵。如，全球治理委员会于 1995 年发表了题为《我们的全球伙伴关系》的研究报告，指出"治理是各种公共的或私人的个人和机构管理其共同事务的诸多方式的总和。它是使相互冲突的或不同的利益得以调和并且采取联合行动的持续过程。它既包括有权迫使人们服从的正式制度和规则，也包括各种人们同意或认为符合其利益的非正式的制度安排"。[①]联合国发展计划署认为："治理是基于法律规则和正义、平等的高效系统的公共管理框架，贯穿于管理和被管理的整个过程，它要求建立可持续的体系，赋权于人民，使其成为整个过程的支配者。"[②] 英国学者罗茨（R. Rhodes）教授对治理进行了系统研究，详细列举了六种关于治理的不同定义：一是作为最小国家的管理活动的治理，它指的是国家削减公共开支，以最小的成本取得最大的效益；二是作为公司管理的治理，它指的是指导、控制和监督企业运行的组织体制；三是作为新公共管理的治理，它指的是将市场的激励机制和私人部门的管理手段引入政府的公共服务；四是作为善治的治理，它指的是强调效率、法治、责任的公共服务体系；五是作为社会——控制体系的治理，它指的是政府与民间、公共部门与私人部门之间的合作与互动；六是作为自组织管理的治理，它指的是建立在信任与互利基础上的社会协调网络。[③]

　　由此可见，治理的主体是多元化的，包括政府、第三方部门、社会组织以及公民等；治理的性质在于民主、协商和审议；治理的权力来源于法律、各种契约以及协议；治理的权力运行通常是平行或者多向度的；治理的边界较为广泛，包含了各种公共领域。治理的理想状态是"善治"，即实现公共利益的最大化。[④] 因此，治理是指以公共利益最大化为目标，多元主体协同参

---

　　① 俞可平. 治理和善治：一种新的政治分析框架 [J]. 南京社会科学，2001（9）：40－44.

　　② UNDP. Public Sector Management, Governance, and Sustainable Human Development [M]. New York，1995：9.

　　③ 俞可平. 治理和善治引论 [J]. 马克思主义与现实，1999（5）：37－41.

　　④ 俞可平. 推进国家治理体系和治理能力现代化 [J]. 前线，2014（1）：5－13.

与，通过协商、审议、合作等方式协作应对和处理各项事务的动态过程。

（二）乡村教育治理

教育治理是指国家机关、社会组织、利益群体和公民个体，通过一定的制度安排进行合作互动，共同管理教育公共事务的过程。它强调多元共治，主张教育管理的社会参与和民主参与，是教育管理的一种高级形态。① 教育治理是由治理主体、治理内容和治理路径构成的有机整体，包括三个层次：一是宏观层次，即各级各类教育关系的协调；二是中观层次，即教育活动、教育体制、教育机制和教育观念的协调；三是微观层次，即教育活动、教育体制、教育机制和教育观念中各子要素关系的协调。② 乡村教育治理是教育治理的有机构成部分，它是指国家各级教育行政部门、各类乡村教育组织、社会团体和公民个体，依据教育法律法规，遵循乡村教育实际，通过一定的制度设计和实践策略进行协商、审议，共同管理乡村教育事务，促进乡村教育可持续发展的过程。新型城镇化进程中我国乡村教育治理则是指立足于新型城镇化的时代背景，乡村教育的各类利益相关者通过多元共治的方式，协同管理乡村教育公共事务的动态过程，以期推进乡村教育与新型城镇化建设、乡村教育与城市教育以及乡村教育系统自身的动态平衡与协同共进，充分发挥乡村教育的乡村重建和乡土文化传承功能，促进乡村儿童的健康成长。

具体而言，新型城镇化进程中乡村教育治理包括如下三层意蕴：

首先是特定的时代背景。新型城镇化建设是国家的大政方针和战略举措，它既为我国乡村教育治理创造了机遇，同时也带来了诸多挑战，全面评估新型城镇化对我国乡村教育治理的影响以及深度分析我国乡村教育治理对新型城镇化建设的价值是促进我国乡村教育可持续发展的关键。其次是多重关系之间的协调统一。新型城镇化进程中我国乡村教育治理蕴含三类关系。一是时间维度上乡村教育的历史、现状与未来的关系；二是空间维度上乡村教育与全球化发展、新型城镇化建设的关系，乡村教育与乡村社会之间的关系，乡村教育与城市教育的关系以及乡村教育系统内部的关系；三是价值维度上

---

① 褚宏启. 关于教育治理的几个关键问题［J］. 人民教育，2014（22）：21－25.

② 陈牛则，邱露. 推进教育治理体系和治理能力的现代化［J］. 中小学管理，2015（2）：36－38.

乡村教育的传统与现代、后现代的关系。新型城镇化进程中我国乡村教育治理蕴含着错综复杂的关系。因此，诸多关系之间合理张力的形成与运作是促进乡村教育走向善治，实现乡村教育整体性与开放性发展的关键。再次是任重而道远的责任。在新型城镇化进程中，我国乡村教育治理意味着任重而道远的责任担当。一方面是乡村教育的本体责任，即乡村教育通过治理和完善，提升教育质量，从而有效地培养健康向上的乡村儿童，使其更好地融入现代文明，成为和谐社会的建设者和享受美好生活的幸福人。另一方面是乡村教育的延伸责任，作为乡村社会的有机组成部分，乡村教育必然承担着乡村社会建设的责任，即通过自身的文化优势，为乡村社会的发展提供智力支持；作为文化的重要传播方式之一，乡村教育势必担负着乡村文化的传承与创新责任，即乡村教育不仅要善于整理、保存和传播历史悠久的乡村文化，并赋予其新的时代意义，而且还要通过对乡村文化的开发、乡土教材的编撰等，不断创新乡村文化，并通过学校教育、社区教育的形式使乡村文化得以传承和创新；作为社会风尚的引领者，乡村教育必然担负着缔造健康的乡村风俗与构建积极的乡村文明的责任，即通过社会主义核心价值观与优秀文化的宣传、社区文艺活动的举办、传统文化节日的回归等方式，塑造积极向上、幸福和谐的乡风文明，从而促进乡村社会的长治久安与国家的和谐稳定。因此，多重责任的自觉担当是我国乡村教育回归乡土本质、张扬乡土意蕴与融入现代文明的重要举措，也是我国乡村教育治理的应有之义。

二、乡村教育治理的特征

事物的特征是事物基本性质的体现，是一事物区别于他事物的关键特质。通过对事物特征的甄别与凝练，有助于全面掌握事物的现实样态与深入理解事物的根本性质。治理是多元主体参与的民主化管理过程，具有四个显著特征：一是治理是一种动态性的复杂过程；二是治理过程的基础在于多元主体的协调和商议，而非控制和压迫；三是治理主体既涉及政府部门，也包括私人部门和第三方组织等；四是治理强调持续的互动和协作，而非命令式安排和僵化式实施。① 基于此，新型城镇化进程中我国乡村教育治理并非线性的、机械式的和分割式的改革与修正过程，而是一种整体性、关联性与协同性的系统化过程。具体而言，新型城镇化进程中我国乡村教育治理表现出如下特征：

（一）整体性

系统论专家贝塔郎菲（Bertalanffy）认为，系统即是指整体，是由密切相关的各部分有机构成的统一体。② 钱学森指出，"系统是由相互作用和相互依赖的若干组成部分合成的具有特定功能的有机整体，而且这个系统本身又是它所从属的一个更大系统的组成部分。"③ 由此可见，整体性是系统的基本表征，系统是各要素有机构成的整体，具有特定的功能，系统的整体功能大于部分功能，因而整体性是系统各个部分有机构成、良性运转与功能发挥的保证。新型城镇化进程中我国乡村教育治理是一种整体性和系统性的改革与发展过程，主要表现在三个方面：一是突破空间间隔，即立足全球化的时代背景、新型城镇化建设的当下场境与城乡教育一体化发展的趋势，我国乡村教育治理跳出乡村社会的空间局限，高瞻远瞩，谋求全局性和整体性的长远发展；二是注重时代定位，通过梳理与剖析乡村教育发展的历史经验、检视与反思当下乡村教育发展的现实问题、想象与展望乡村教育发展的未来愿景，从而把握我国乡村教育发展的时代定位，在乡村教育治理实践中实现历史、现实与未来的整体性统一；三是统筹乡村教育系统内部各要素，通过结构的优化重组，提升乡村教育治理的效率，实现乡村教育治理效果的最大化，从而提升乡村教育质量。

（二）协同性

协同是指主体基于善治的需要，以实现相互之间的利益最大化为目标，在尊重事物发展规律的前提下，充分发挥主导作用，协调处理各要素之间复

---

① 全球治理委员会. 我们的全球伙伴关系［M］. 牛津：牛津大学出版社，1995：23.

② 王雨田. 控制论、信息论、系统论科学与哲学［M］. 北京：中国人民大学出版社，1988：422－438.

③ 钱学森等. 论系统工程［M］. 长沙：湖南科学技术出版社，1982：10.

杂关系的过程。协同性是新型城镇化进程中我国乡村教育治理的主要特征，如乡村教育治理目标体系的协同。由于主体利益的差异，势必导致在乡村教育治理中形成各自独立的目标。从国家主体的角度而言，乡村教育治理的目标在于传播主流文化思想、构建社会和谐秩序以及维护国家长治久安。无论是民国时期的"文字下乡"（乡村建设运动、乡村教育改革），还是当前的"文字上移"（撤点并校、乡村学校城镇化），都充分体现了国家借助乡村教育达致开启民智、传播主流思想和维护统治秩序的根本目标。从学校主体的角度而言，乡村教育治理旨在消除办学过程中长久积下的弊病，提升办学质量，促进学生综合素养的提升。从乡村人民的角度而言，乡村教育治理的目标在于为学生的长远发展奠定基础，通过学校教育，促进学生成才，从而改善家庭生活，乃至"光宗耀祖"。在新型城镇化进程中，我国乡村教育治理目标体系的协同不仅体现在目标的根本性质上在于促进乡村儿童的健康成长，促进城乡教育的均衡与公平，而且更表现在各类目标之间的有机统一，如通过乡村教育促进乡村文化的传承、乡村风尚的重塑以及乡村社会的建设等。

（三）开放性

开放性是系统实现动态平衡的前提，是系统与外部环境实现物质、能量与信息自由顺畅地输入和输出的基本属性。开放性是系统打破封闭格局，实现系统与环境双向互动的关键，是系统运转动力得以源源不断的输入和系统自我更新的保证。新型城镇化进程中我国乡村教育治理体现出开放性的特征，主要表现在摄入和输出两个方面：前者是指乡村教育治理是一个动态的发展过程，在治理过程中始终保持开放状态，随着全球格局的变动与社会政治、经济、文化的革新而不断汲取最新信息，调整战略、重组结构，从而积极应对和适应环境的变化；后者是指基于对外部环境和时代发展的科学研判，乡村教育通过文化创新、人才培养、社会服务等促进乡村社会的建设和新型城镇化的内涵式发展。因此，通过物质、能量和信息的输入和输出，推进乡村教育与外部环境的动态平衡与和谐发展，是乡村教育开放性的必然状态，也是新型城镇化进程中我国乡村教育治理并走向善治的应然诉求。

（四）自组织性

自组织是有机体的基本功能，是有机体维持运行活力，确保系统自身与外界环境保持动态平衡的前提。在有机体与外界进行物质、能量和信息交换的过程中，由于二者之间的不对称性和差异性，致使有机体与外界之间的平衡态被打破，使得有机体偏离生态位，阻碍有机体的良性运行。然而，有机体能够合理地发挥自组织功能，通过物质、能量和信息的调控，促进有机体与外部环境建立新的平衡态，从而维持有机体的生机与活力。新型城镇化进程中我国乡村教育治理具有自组织性的特征，这不仅是外部环境的现实要求，更是我国乡村教育治理的内在本性。譬如，随着新型城镇化建设和城乡一体化发展，为促进教育资源的优化配置，整体提高教育质量，国家在广大农村地区实施了"撤点并校"政策，以期通过乡村学校的结构调整，促进教育资源的优化配置，从而提升基础教育办学效益和整体质量。但考虑到儿童的适应能力、家校距离、成本分担等因素，部分乡村学校并未实施简单的学校撤并，而是因地制宜和因时而行，同时国家也出台了政策，暂停"撤点并校"政策的施行。由此可见，新型城镇化进程中我国乡村教育治理的自组织性主要体现为乡村教育能够根据外部环境的变化以及自身发展实际，因地适时地调整策略，保持与外部环境的动态平衡。

（五）公平性

治理是多主体之间协同共治的过程，公平是治理的内在属性，它是确保主体之间建立相互信任、形成合作关系和采取实质行动的前提。一般而言，公平有形式公平和实质公平之分。形式公平是一种程序公平，是实现实质公平的重要保障。实质公平强调的是一种内容上的公平，体现了正义的性质。实质公平不仅遵循一定的制度设计，而且充分考虑现实状况和多元格局。公平性是新型城镇化进程中我国乡村教育治理的内在属性，主要体现在三个方面：一是在政策上，在乡村教育治理过程中，国家制定和实施城乡教育公平发展的政策，并结合乡村教育发展的现实状况，遵循合理的分配原则，适当向乡村教育倾斜；二是在资源配置上，乡村教育治理强调基础条件的保障，重视和加强乡村教育基础设施建设，建设标准化学校，提供足够的经费支持，同时引进优秀的教师资源，确保师资质量水平；三是在发展机会上，乡村教育与城市教育均等地享有各种发展机会，如学校信息化建设、教改实验、教师培训等。

三、乡村教育治理的意义

教育是推动社会发展的重要力量，乡村教育对于乡村社会，乃至整个社会的发展和进步都发挥着举足轻重的作用。因而，新型城镇化进程中我国乡村教育治理对新型城镇化建设、城乡教育的均衡与公平发展、乡村文化的传承与创新以及乡村儿童的健康成长和全面发展具有重要的战略意义。

首先，新型城镇化进程中我国乡村教育治理旨在通过善治促进乡村教育的可持续发展，这有助于推进新型城镇化的内涵式发展。新型城镇化建设并非外延式扩展的"土木工程"，而是基于人的素质不断提升的内涵式发展。乡村教育治理和可持续发展是实现新型城镇化建设的战略性举措，通过对人口素质的整体提升，为新型城镇化建设提供丰富的人力资源和智力支持。譬如一部分人在完成基础教育后进入生产领域参与新型城镇化建设，乡村教育通过提升该部分人口的能力和素质，在一定程度上能够满足新型城镇化进程中产业结构优化与升级的需求。

其次，新型城镇化进程中我国乡村教育治理有助于推动乡村教育的公平与均衡发展，更好地保障乡村人口的教育权利。由于受城乡二元社会结构的制约，乡村人口处于相对不利的地位，未获得与城市居民同等程度的社会待遇，尤其是在教育方面，乡村教育更是处于不利地位。与城市教育相比，无论是硬件实施等资源配置，还是师资队伍等软性力量，乡村教育明显处于弱势地位。新型城镇化进程中我国乡村教育治理有利于促进教育资源的优化配置与保障乡村人口的教育权利，为乡村人口提供更多的在社会中向上流动的机会和条件，消解新型城镇化对乡村教育的不利影响，确保乡村教育的入学率，让乡村教育充满生机与活力，促进城乡教育的均衡与公平。

再次，作为文化传播的重要途径，乡村教育有助于乡村文化的传承与创新以及国家主流文化价值观的推广与普及。如通过课程设置、教学内容选择以及教师培训等方式，实现乡村教育对乡村文化和民族文化的传承，通过社会主义核心价值体系进入课堂、融入课程等方式，促进国家主流文化和社会核心价值观的弘扬和宣传。新型城镇化进程中，通过乡村教育治理，能够整合各方力量，充分发挥乡村教育的文化功能，促进传统文化与现代文化、乡村文化与城市文化的融合与互补，为城乡精神文明建设、城镇生态文明发展作出重要贡献。

最后，作为乡村教育主体的有机构成部分，乡村儿童是乡村教育的活力所在，也是乡村社会发展的未来曙光。乡村儿童的健康成长和成人成才是乡村教育存在和发展的根本目的和意义所在。因此，通过乡村教育治理，充分调动乡村教育发展的利益主体、整合乡村教育发展的多元力量，合理配置乡村教育发展的各类资源，优化乡村教育的课程设置，从而促进乡村教育发展方式的现代转型，有助于提升乡村教育的整体质量，为乡村儿童的健康成长奠定优良的文化环境和提供多样化和优质化的教育支持。

第二节　乡村教育治理的困境

新型城镇化进程中乡村教育治理面临诸多困境，这些困境的存在不仅是当下乡村教育治理亟须面对的难题，也是在乡村教育的历史发展过程中长期积累下来的诸多历史问题的当下显现。因此，剖析新型城镇化进程中乡村教育治理的现实困境，需要对乡村教育发展过程中存在的诸多问题进行有效的揭示和系统的梳理。

一、乡村教育面临的突出问题

（一）乡村教育的"边缘化"问题

陶行知先生曾说："乡村学校做改造乡村生活的中心，乡村教师做改造乡村生活的灵魂。"[1] 在传统社会中，乡村教育是乡村社会的有机构成部分，是乡村社会的文化中心，更是乡村人民的殷切"希望"。乡村教育扎根于乡土社会，与乡民生活融为一体，与乡土社会共治共荣。随着社会进程的推进，受城乡二元结构的制约，相对于城市而言，乡村已经成为了"落后"的代名词，乡村教育正经历着多重边缘化，处于乡土社会中名副其实的边缘境地。

首先，由于受地理位置的制约，乡村教育正经历着地理的边缘化。乡土

---

① 徐莹晖，徐志辉. 陶行知论乡村教育 [M]. 成都：四川教育出版社，2010：47.

社会远离城市中心，尤其是"老少边穷"地区，更是与城市相距甚远，相对于城市教育而言，乡村教育正处于地理的边缘位置，导致乡村教育难以获得应有的发展机会，成为现代文明的"离弃者"。其次，由于受现代城市思维的影响，乡村社会意味着"落后""愚昧""贫穷"，乡村教育的灵魂，即身处乡村社会的乡村教师难以形成合理的身份认同，导致乡村教师身份的边缘化，这是乡村教育边缘化的现实表现。一方面由于地理或者人际交往的原因，乡村教师与城市教师联系较少，另一方面由于乡村社会的发展，尤其是现代文明在乡村的渗透，导致乡村教师很难涉足乡村事务。因此，在一定程度上而言，乡村教师处于城市与乡村的双重边缘位置，无论在名义上，还是现实中，乡村教师都不属于城市，这无疑加剧了乡村教育的边缘化。再次，尽管国家大力呼吁关注乡村教育，如在乡村教师方面，开展寻找"最美乡村教师"活动，实施乡村教师生活补贴等，但这些只是杯水车薪。在一定程度上而言，道德刺激或者道德绑架是对乡村教师最大的不公平，乡村教师首先是作为个体的人而存在，然后才是作为培养乡村儿童，建设乡村社会的教师，乡村教师不仅需要崇高的师德，同时也有基本的生活、健康与精神需要。最后，在国家颁布的相关政策中，关于乡村教育的条款少之又少，乡村教育处于制度的边缘是一个毋庸置疑的事实。在国家中长期教育改革和发展规划纲要（2010—2020）等政策文件中，"乡村教育"的字眼已被"教育"二字遮蔽，或者也仅仅是由寥寥数语"重点发展农村学前教育"覆盖，[①] 这种普遍化的规定实则是对乡村教育的遗忘。

（二）乡村教育的"断裂化"问题

在传统社会中，乡村教育与乡村社会、乡土文化融为一体，不仅参与着乡村社会的建设，而且还发挥着乡土文化的守护和传承功能。乡村教育以自身的文化优势引领着乡村文化的发展。然而，伴随着现代文明的发展、社会流动的加剧、新兴文化的渗透以及乡村教育结构的改变，乡村教育逐渐远离乡土社会，乡村教育与乡村社会、乡土文化之间的天然纽带正被现代文明逐

---

① 国家中长期教育改革和发展规划纲要（2010—2020）［EB/OL］. http：//www. moe. edu. cn/publicfiles/business/htmlfiles/moe/moe _ 177/201008/93785. html.

渐吞噬，乡村教育面临着结构上的"断裂化"问题。

首先，在乡村教育与乡村社会的结构上，乡村教育正疏离于乡村社会。一方面，由于现代文明的渗透，尤其是电视、计算机等媒介进入乡村社会，乡村人民可以较为便捷地了解国家大事和新兴信息，加上社会流动的加速，广大村民通过进城务工、创业等不仅给乡村社会带来了新的信息和奇闻趣事，而且部分致富能手成为了乡村人民的榜样，这在很大程度上消解了乡村教育，尤其是乡村教师的文化权威，导致乡村教师被动的远离乡村、疏离村民，加剧了乡村教育与乡村社会的割裂和分离。另一方面，由于乡村社会的文化变迁，乡村人民对乡村学校、乡村教师的无意识疏离，致使乡村教师主动地远离乡村社会，成为乡土社会的"异乡人"和"寄居者"，乡村教师的活动范围逐渐地局限于学校之内，进一步肢解着乡村教育与乡村社会的天然纽带。其次，在乡村教育与乡土文化的结构上，乡村教育逐渐远离乡土文化，沦为了乡土文化的"他者"和"陌路人"。乡土文化是乡村人民世代生活的历史积淀，是乡村社会的精神之根，濡化着一代代乡村人民。在传统社会中，乡村教育的主体乡村教师凭借着自身的文化优势，往往和乡村社会中德高望重的老者一同整理乡土文化典籍，参与主持各种乡村活动仪式。然而，随着乡村教师与乡村社会的疏离，乡村教师不仅为城市取向的教育内容所束缚，而且日益发达的网络文化无孔不入地笼罩着乡村教师的日常生活。在现代文明的冲击下，极具情境性、差异性与特色性的乡土文化呈现出衰落之势，乡村教育与乡土文化之间呈现出"断裂化"趋势。

（三）乡村教育的"现代化"问题

随着城乡一体化进程的推进，乡村教育是为城市教育所"俘虏"，还是坚持走自己的路？是作为城市教育的翻版，还是保持自身的特色？是秉持自身的"优良传统"，还是彻底无根的"现代化"？这些问题时刻拷问着乡村教育。乡村教育是否该"现代化"？如何实现"现代化"？这是乡村教育遭遇和亟须解决的问题。

在全球化进程中，现代文明是时代发展的必然趋势。乡村教育如何处理好"现代化"问题是乡村教育时代定位的关键。因此，乡村教育需要处理好传统与现代、后现代之间的关系问题。在乡村教育发展中，乡村教师的现代化问题尤为突出。由于乡村教师，尤其是年龄较大的教师谙熟并受益于传统文化，因此对传统文化保持着天然的敬畏感，是传统文化的坚定拥护者。然而，现代文明的发展，势必要求乡村教师不断学习新型的文化，掌握新式的教育教学手段。但是，由于乡村教师长期身处乡村社会，相对于城市教师而言，对现代文明的接触较少，对现代技术的掌握较为欠缺，尤其是在现代多媒体技术应用方面显得捉襟见肘，从而导致乡村教师形成对现代技术的抵触思维，部分年龄较大的教师甚至对现代技术持拒绝心态。此外，尤为值得关注的是随着后现代文化的渗入，后现代思维方式深刻地影响着教师的教育教学。在日常教学中，如何处理好教师的引导与学生的建构、学生自主性的发挥等问题往往困惑着乡村教师。因此，如何传承优良的传统文化，积极地汲取现代文明，实现思维方式的现代转换是我国乡村教育发展面临的关键问题。

（四）乡村教育的"离土化"问题

在传统社会中，乡村教育与乡村社会、乡土文化融为一体，维持着天然的纽带关系，乡村教育不仅肩负着乡土文化的传播与创生，而且积极地融入乡村生活，尤其是大部分乡村教师在乡村结婚生子，成为地地道道的"乡里人"。然而，在现代社会，乡村教师不再以成为"乡里人"而感到自豪，他们纷纷逃离乡土，打破了传统乡村教师的"世代坚守"。在新型城镇化进程中，乡村教育的"离土化"问题尤为突出。

随着现代文明的发展，在城市文明的强烈冲击下，乡村文明逐渐式微。乡村教育的"离土化"早已成为不争的事实。"当下的乡村教育设计，扩而言之，我们的整体教育设计，实际上更多的是一种'逃离乡土'式的教育设计，乡村只是作为城市文明的参照、补充，作为被城市所'观看'、俯视的对象，乡村作为前现代的'他者'被排斥在为教育所展开的现代性想象的边缘"。[①]其中，表现尤为突出的则是乡村教师的"离土化"。身处乡土社会的乡村教师把自己定义为"城市人"或者"城镇人"，而不是传统意义上的乡土文化的代言人。首先，在思想上，乡村教师倾向于把自己定位为"城市人"，从而区别

---

① 刘铁芳. 乡土的逃离与回归——乡村教育的人文重建 [M]. 福州：福建教育出版社，2008：7.

于乡村人民。因而，在行为表现中，乡村教师谈论着城市人的生活话题，喜欢流行时尚，标新立异，彰显城市人的生活气质。其次，大多数乡村教师仅仅是乡村社会的"暂居者"，而且仅仅局限于学校场域中。他们通常周一至周五在学校工作，周末便返回城镇，开始城市人的生活方式。更有甚者是工作时在学校，放学便回到城镇，乡村学校仅仅是工作的场所，他们是彻彻底底的乡村社会的"陌路人"。再次，由于乡村教师在城市接受了现代化的教育，不管是思想观念，还是日常的生活方式，已经融入了城市生活。因此，返回乡村学校，他们便迷失了方向，再也找不回乡土社会的生命之根。同时，由于部分乡村教师是被迫或者出于无奈才在乡村学校从事教育工作，自打踏入乡村社会，他们就在心里盘算着如何逃离乡土社会。因此，他们一边应付着日常教学工作，一边积极准备着公务员考试，或者城市的教师公招考试，只要一有机会，他们便会毫不顾忌地挤往城市，这在大部分年轻乡村教师的身上体现得尤为明显。此外，乡村教育培养目标的精致化取向、乡村教育内容的城市中心化等无不体现出乡村教育的"离土化"问题。

二、乡村教育治理的现实困境

乡村教育所遭遇的边缘化、断裂化、现代化和离土化问题，不仅对乡村教育的可持续发展提出了巨大的挑战，而且也使得新型城镇化进程中乡村教育治理问题丛生。

（一）治理价值取向的偏失

价值是指客体满足主体需要的属性，或者是指事物的正当属性。价值取向通常表明主体对事物属性或者发展趋势的认识倾向和价值偏好。由于受历史积弊、制度设计、现实环境等客观因素的影响以及认识水平、思维偏失等主观因素的制约，新型城镇化进程中乡村教育治理在价值取向方面存在一定的偏颇。

一是随着新型城镇化进程的推进，乡村逐渐走向了消亡，乡村教育也相应地发生了改变，逐渐沦为了城市教育的翻版，出现了"乡村教育城化论"的价值倾向。如伴随着"新派"教师充实到乡村教育中，城市取向的教育理念、"现代化"的教学设计和方法使得传统的乡村教育逐渐丧失了乡土本色；

大量乡村学校、教学点的撤并，使得乡村学校存在的空间场域发生了位移，随着大量乡村学校向城镇的集中，乡村学校存在的本土之根和文化场域瞬间发生了颠覆式的倾覆；伴随着现代性知识对地方性知识和乡土知识的控制和侵占，城市取向的知识选择机制导致在教学知识体系中，乡土知识被无情的淹没和遗忘。乡村教育的城化论取向以"城市教育是现代的，代表着人类的未来发展方向，乡村教育是落后的，是需要着力改造的对象"为前提假设，本身是一种二元对立的思维方式，① 忽视了乡村教育的历史基础、乡村社会的客观事实以及乡村教育的本体价值。

二是随着现代化的发展，现代文明在给人类带来巨大福利的同时，也滋生了破坏性的后果。工具理性对价值理性的觊觎，人类主体性的丧失、精神世界的荒漠化等使得人类开始反思现代文明的价值，并在传统文化和乡村文明中寻找治愈现代性后果的处方。人们逐渐认识到了乡村文明的独特价值和文化底蕴，以及乡村教育之于乡村社会乃至人类世界的重要意义。因此，在乡村教育的建设和发展中，出现了"乡村教育特色论"的价值取向，即认为："尽管城乡教育在培养目标上是一致的，但可供城乡教师使用的教育资源是不一样的，城乡儿童的社会活动空间和主体生活经验也是不同的，现代化的教育不能脱离儿童经验和乡土资源"。基于此，主张"乡村学校完全可以按照现代的教育理念，利用乡村的自然、社会、产业和文化等特色资源优势，探索出符合乡村社区和儿童特点的现代化教育模式，培养个性全面发展的现代新人"。② 乡村教育特色论认识到了乡村教育自身的价值所在，但由于对现代文明的借鉴和利用不够，最终可能导致乡村教育的改革与发展走向封闭和退化。

（二）治理主体的单一化

一般而言，乡村教育主体包括各级教育行政管理部门、乡村学校、社会组织、教师、学生以及家长等。乡村教育的发展是多元主体共同协力推进的结果。但在乡村教育治理实践中，由于全能型政府思维惯性的影响，以及社会力量缺乏专业的治理能力，导致教育行政管理部门在乡村教育治理中往往

---

① 邬志辉. 乡村教育现代化三问［J］. 教育发展研究，2015（1）：53—56.
② 邬志辉. 乡村教育现代化三问［J］. 教育发展研究，2015（1）：53—56.

是"一竿子插到底"，乡村学校仅仅成了各项政策的不折不扣的执行者，尚未发挥自身参与治理的主体性和能动性。广大教师、学生和家长则是乡村教育治理的"陌生人"，一方面在乡村教育治理过程中，无论是政策的制定和实施，还是教育水平的检查和评估，教育行政管理部门根本就没有让教师、学生和家长参与、商议和合作的意识，广大教师、学生和家长群体并未进入管理者的视野，遑论参与乡村教育的治理。另一方面，作为乡村教育的真正实施者、受教育者以及利益直接相关者，教师、学生和家长亦没有作为真正的主体参与乡村教育治理，这不仅缘于他们缺乏一定的治理能力和支持条件，更在于其从未意识到自己的教育主体地位，也尚未萌生过参与乡村教育治理的意识。为此，教育行政管理部门的单一化治理和直线式管理成为了乡村教育治理的客观现象。

在一定程度上而言，乡村教育治理主体的单一化有助于相关政策的传达和执行，自上而下的政策下达和自下而上的信息反馈有利于提高政策执行的效率。然而，由于主体的单一化，势必造成视域的狭窄和思维的封闭，导致对现状的掌握和问题的剖析不够全面和深刻，从而达不到预期的效果，甚至产生负面的后果。如有学者指出，在国家撤点并校运动中，由于教育行政权力运作的不透明与乡村家长和学生声音的缺失，造成许多不应该被撤并的学校也被强行撤并，导致乡村儿童就近入学的机会被剥夺，增加了上学的空间距离和时间成本，加重了家庭的教育负担，滋生了儿童的心理问题。[①] 基于此，乡村教育治理不仅需要国家自上而下的制度设计，也离不开自下而上的乡土社会的参与，"只有通过国家力量与乡土力量的相互碰撞和磨合，才能更深刻地领会现代教育的意蕴以及反思和规避现代性所带来的问题与局限，从而找到乡村教育在现代教育中的真正立足点"。[②] 因而，新型城镇化进程中，乡村教育治理主体从单一走向多元，由独治走向共治，是乡村教育实现善治，并推进乡村教育可持续发展的应然趋势和现实选择。

---

① 蔡志良，孔令新. 撤点并校运动背景下乡村教育的困境与出路 [J]. 清华大学教育研究，2014（2）：114—119.

② 高水红. 乡村学校教育变迁与时空意识的变革 [J]. 北京大学教育评论，2012（4）：14—32.

（三）治理力量的碎片化

在新型城镇化进程中，由于乡村教育治理主体的单一化，导致了乡村教育治理力量的碎片化，严重削减了乡村教育治理的整体力量，阻碍了乡村教育系统功能的发挥。乡村教育治理力量的碎片化主要表现在三个方面：

一是乡村教育治理力量条块分割，较为分散。各级教育行政管理部门主要负责乡村教育管理和发展的相关政策的制定、监督和评估，各类乡村学校则是在制度框架范围内，按照教育部门的政策和有关文件开展教育教学活动，乡村社会组织很少参与到乡村教育活动中，广大教师、学生和家长则成了乡村教育治理的现实"他者"，远离乡村教育治理实践。因此，由于乡村教育治理主体的缺位，导致了乡村教育治理力量的单一化和碎片化。

二是乡村教育治理缺乏系统性、完整性和持续性。乡村教育可持续发展不仅需要完整的乡村教育治理的顶层设计和框架体系，而且要求相关政策的执行具有衔接性和连续性。然而由于治理力量的碎片化，导致在乡村教育改革与发展过程中，出现了"头痛医头、脚痛医脚"的片面现象和问题导向的线性思维，缺乏对乡村教育治理的整体性考量和系统化设计。

三是乡村教育治理过程缺乏协同、商议与合作，各自为政、自成一体的现象较为明显。这种"各人自扫门前雪，莫管他人瓦上霜"和"事不关己高高挂起"的思维方式和处世态度，导致在乡村教育治理过程中，各类教育主体的视域仅仅局限于自己的一隅，如教育行政管理部门仅仅关注政策的制定和实施、各类学校组织则将重心放在教育教学活动和日常管理上、社区机构则几乎不参与乡村教育治理。此外，在乡村教育资源的配置与利用过程中，由于各类教育主体缺乏协同和互动，导致教育资源的闲置和浪费。如撤点并校运动之后，大量村小和教学点被停办，留下了大量闲置的教育资源，这些资源对于乡村职业教育和成人教育的开展具有重要的现实价值。然而由于教育行政部门之间各级管理机构的分割和各类教育组织的封闭，导致这些闲置资源并未获得有效的利用和开发。

（四）治理过程的形式化

新型城镇化进程中乡村教育治理是多元主体协同共治的动态过程，既强调国家顶层设计与地方实践策略的有机结合，又注重利益相关者的利益诉求和现实需要。乡村教育治理的目标在于通过"共治""自治"和"法治"等方式实现乡村教育的"善治",进而促进乡村教育的可持续发展。然而,在乡村教育改革与发展中,出现了治理过程的形式化问题。

乡村教育治理过程形式化问题的产生不仅在于乡村教育自身的复杂性使得乡村教育治理难以找到根底问题而囿于不断丛生的乱象,游离于乡村教育的本质,而且更缘于功利化价值取向的诱发和治理主体的应付思维,导致乡村教育治理往往体现为"盲人摸象",难以实现整体性和系统化的高效治理。如受经济至上和实体思维的制约,乡村教育治理通常体现为加大经费投入、实施标准化学校建设、增加校舍面积等,这在很大程度上有助于乡村教育现状的改善和质量的提升,但由于忽视了乡村教育发展的历史背景、现实因素、村落文明以及文化底蕴,导致乡村教育治理仅仅停留在外部问题的应付,而未涉及乡村教育治理的价值取向、知识选择和文化引领等深层次问题。此外,乡村教育治理过程的形式化还突出地表现在广大乡村地区的"控辍保学"运动中。由于尚未认识到乡村学生辍学的根源在于现代性知识与地方性知识的冲突,导致地方性知识的式微,以及学校教育中大量充斥着现代性的知识体系和城市化取向的教育教学设计,使得乡村学生在地方性知识和现代性知识的转化过程中捉襟见肘,并逐渐丧失了学习的乐趣和动力,从而产生了辍学问题。因而,乡村教育主体在治理辍学问题中,往往局限在形式方面,以期通过运动式治理和常规治理、目标责任制和奖惩制等降低辍学率,提升巩固率和普及率,实现统计数据的完美化。[①]

（五）治理环境的恶劣化

随着现代化进程的推进,作为乡村人民安身立命的存在空间——乡村,已经发生了翻天覆地的变化。这种变化一方面是乡村社会的历史变迁和自身运演的结果,另一方面则是由于城市化进程的强力推进和外来文化的强势入侵所致。乡村社会的历史变迁是现代文明发展的必然结果,是不可避免的历史潮流。然而,在新型城镇化进程中,由于受城市化思维、城乡二元结构制

---

① 沈洪成. 教育下乡:一个乡镇的教育治理实践 [J]. 社会学研究,2014 (2): 90—115.

度等的制约，乡村教育治理环境越来越恶劣，严重制约了乡村教育治理的有效实施，不利于乡村教育的可持续发展。

乡村教育治理环境的恶劣化主要表现在如下四个方面：一是生态环境的恶劣化。随着城镇化进程的推进，乡村已经逐渐丧失了昔日的自然、宁静、祥和的面貌。缺乏规划的违章建筑打破了乡村的阡陌有序；大量房屋建造产生的飞扬尘土取代了乡村的炊烟袅袅；嘈杂的电锯声、轰隆的汽笛声以及杂乱的垃圾散发出的臭味消解了乡村的鸟语花香。二是公共环境的恶劣化。随着麻将、赌博等在乡村的兴起，乡村的宁静与祥和就幻化成了一种想象。昔日村头的漫天闲聊、田间地坎上的经验分享以及秉茶畅谈的围炉夜话成了乡村人民难以释怀的记忆。三是文化环境的恶劣化。在现代城市文明和多元价值的冲击下，乡村的文化气息已是奄奄一息。作为乡村传统文化的守护者，年长一代逐渐丧失了文化权威，成为了现代文明的边缘者；作为乡村传统文化的继承者，年轻一代在功利化思想和市场利益的驱动下，外出务工，走向了城市。乡村传统文化面临着后继无人的接续危机。四是心态环境的恶劣化。在功利化思想和市场逻辑的影响下，"有用"和"利益"成为了人们判断和选择的依据。乡村人民之间的朴实情感、互帮互助被"工资""礼钱"等替代。人们不再为他人的成功而喜悦，而是为他人的失败而庆幸；不再为公共利益而挺身而出，而是为自己的私利"奋不顾身"。为此，多重环境的恶劣化使得乡村教育治理困难重重。

第三节　乡村教育治理现代化

乡村教育面临的突出问题和乡村教育治理遭遇的现实困境严重影响和制约了新型城镇化进程中乡村教育的可持续发展。为了进一步提升乡村教育治理的效率，推动乡村教育持续健康的发展，需要完善新型城镇化进程中乡村教育治理体系，提升乡村教育治理能力，推进乡村教育治理体系和治理能力现代化。

一、乡村教育治理现代化的内涵

"现代化"的英文词汇是"modernization"，意为"使其成为现代"。有学者指出，"现代"一次包括两层含义：一是在时间维度，泛指从中世纪结束以来一直延续到今天的一个"长时程"；一是在价值维度，指区别于中世纪的新时代精神与特征。① 由此可见，"现代"是一个具有时间和价值双重意蕴的概念。从时间的视角而言，"现代"是经过古代到近代的演变，再到现代的发展，是时间的更替和历史的发展。从价值的视角而言，"现代"相对于传统而存在，强调现代性的生存方式、思维方式和价值取向，是立足于传统基础上的继承和创新。

"现代化"一词最先被用于描述从农业社会到工业社会的转变特征，或者是从传统社会向现代社会转换的过程。美国学者西里尔·E·布莱克认为现代化是指："历史形成的各种体制对迅速变化的各种功能的适应过程，这些功能因科学革命以来人类控制环境的知识空前激增而处于迅速变化之中。"哈佛大学的塞缪尔·P·亨廷顿教授对现代化进行了描述，认为："现代化是一个革命的过程、复杂的过程、系统的过程、全球化的过程、长期的过程、阶段性的过程、同质化的过程、不可逆的过程、进步的过程。"② 概而言之，"现代化实质上就是人类社会从传统的农业社会向现代工业社会转变的历史过程，是自科学革命以来人类急剧变动过程的统称，不仅限于工业领域或经济领域，同时也发生在知识增长、政治发展、社会动员、心理适应等各个方面，不仅在技术使用层次，也是一种心理态度、生活方式和价值观，是个特定历史时代的'文明形式'"。③ 由此可见，现代化是一个外延广泛、内涵丰富的复杂性概念。

乡村教育治理是教育治理的有机构成部分，它是指国家各级教育行政部门、各类乡村教育组织、社会团体和公民个体，依据教育法律法规，遵循乡村教育实际，通过一定的制度设计和实践策略进行协商、审议与合作，共同管理乡村教育事务，促进乡村教育可持续发展的过程。乡村教育治理现代化并非是对传统乡村教育的否定，而是立足于新的时代背景，基于全球化和新

---

① 罗荣渠. 现代化新论 [M]. 上海：华东师范大学出版社，2013：4—5.

② 陈柳钦. 城市现代化及其指标体系新框架 [J]. 中国市场，2010 (37)：71—81.

③ 蓝志勇，魏明. 现代国家治理体系：顶层设计、实践经验与复杂性 [J]. 公共管理学报，2014 (1)：1—9.

型城镇化建设的当下场境，在对城乡教育的比较差异、乡村文化的丰富蕴含以及乡村教育的实践特征进行全面把握的基础上，充分利用现代文明、借鉴新兴的科学技术，多元主体协同治理乡村教育的过程，以期推进乡村教育的现代转型，促进城乡教育一体化发展和乡村儿童的健康成长。乡村教育治理现代化是一个复杂性的概念，涉及乡村教育治理体系现代化和乡村教育治理能力现代化等范畴。具体而言，至少包括三层意蕴：一是乡村教育治理现代化绝非是对传统的否定、对乡土的背离，而是借助现代文明，促进乡村教育的传统与现代的融合。同时，通过乡村教育的现代化实现乡土价值的张扬、乡村文化的弘扬，从而找寻乡土的本质。二是乡村教育治理现代化是一种民主式、协商式和科学化的整体性治理过程。通过国家顶层设计、地方积极参与，多元主体积极合作、有机互动，共同应对和处理乡村教育的各项事务。三是乡村教育治理现代化不仅注重问题解决，更强调愿景引导。通过"问题解决式"治理，能够及时地发现乡村教育治理中存在的问题，并及时地应对和处理。但"问题解决式"治理具有一定的局限性，它不能全面地诊断出乡村教育治理的症结。因而，乡村教育治理现代化更强调愿景引导，通过目标规划、顶层设计和蓝图导引，能够在整体上对乡村教育治理的现代转型做出系统的反应，达致"未雨绸缪"之效。概而言之，乡村教育治理现代化意味着在新型城镇化进程中，乡村教育治理将更加的科学、民主和法治，并不断地走向规范化、秩序化、制度化和人性化。

二、乡村教育治理现代化

自党的十八届三中全会提出"推进国家治理体系和治理能力现代化"的总目标后，"治理体系现代化"和"治理能力现代化"的命题受到了学界乃至社会各界的广泛关注。国家治理体系是由"各个领域的指导思想、组织机构、法律法规、组织人员、制度安排等要素构成的一整套紧密相连、相互协调的体系"，在横向维度包括"政治权力系统、社会组织系统、市场经济系统、宪法法律系统、思想文化系统"等内容，在纵向维度涉及"治理理念、治理制度、治理组织和治理方式"四个层次。国家治理能力是指"运用国家制度管理社会各方面事务的能力，涵盖行使公共权力、履行国家职能、制定公共政策、提供公共产品、分配社会资源、应对突发事件、维护社会稳定、建设和谐社会、促进社会发展、处理国家关系等各个方面的能力"。① 二者之间存在着密切的关系，健全的国家治理体系是提高治理能力的前提和保障，治理能力的发挥和提升是对国家治理体系效能的充分展示和彰显。基于此，作为国家治理体系的有机构成部分，乡村教育治理体系则是指由乡村教育指导理念、治理目标、相关主体、治理方式、运行机制、制度安排、治理环境以及评价体系等构成的密切相关和相互协调的有机系统。乡村教育治理能力则是指乡村教育主体遵循教育规律和乡村教育实际，利用各项教育制度治理乡村教育事务的整体能力，一般涉及乡村教育发展的前瞻预测能力、顶层设计能力、系统规划能力、积极动员能力、快捷执行能力、协调平衡能力、监测评估能力、信息反馈能力以及实践反思能力等范畴。

综上分析，乡村教育治理现代化包括：乡村教育治理理念现代化、乡村教育治理目标现代化、乡村教育治理主体现代化、乡村教育治理机制现代化、乡村教育治理评价现代化和乡村教育治理环境现代化。

（一）乡村教育治理理念现代化

理念即理想的信念，它对主体的行为及其发展起着导向性作用。一般而言，理念具有激励功能、调节功能和引导功能。它能够激发主体为着特定的理想和信念持之以恒、不懈努力；它能够通过意识或者意念的中介作用，对主体的思想、行为、情感等进行适时合理的调节和控制；它能够引导主体克服困境，并逐渐实现目标。乡村教育治理理念是乡村教育主体开展乡村教育治理的理想信念，是乡村教育主体对乡村教育未来趋势和发展走向的理想性蓝图和美好期望。乡村教育治理理念现代化并非是对传统乡村教育发展理念的批判和否定，而是立足时代背景和新型城镇化建设的当下场境，促进乡村教育治理理念的现代转型，是对乡村教育治理的现代思考和美好想象。

新型城镇化进程中乡村教育治理理念现代化的核心在于通过乡村教育治理理念的现代转型，实现乡村教育的"善治"，进而促进乡村教育的可持续发展。具体而言，乡村教育治理理念现代化是指乡村教育主体在对乡村教育实

---

① 许耀桐，刘祺. 当代中国国家治理体系分析 [J]. 政治学研究，2014 (1)：10—19.

施法治和德治的基础上，以期通过教育行政管理部门"元治"、多元主体"共治"、学校"自治"和专业组织"他治"，从而实现乡村教育的"善治"，推进乡村教育积极健康的发展。因此，乡村教育治理理念现代化包括：乡村教育的法治和德治理念、教育行政管理部门的"元治"理念、多元主体的"共治"理念、乡村学校的"自治"理念以及专业组织的"他治"理念。

首先，乡村教育治理的法治和德治理念是乡村教育治理理念的前提和基础。一切乡村教育治理必须遵循国家宪法和相关教育法律法规，在此基础上，充分发挥德治的作用，促进法治和德治的有机融合，实现法、理、情的整体功能。其次，教育行政管理部门的"元治"理念，主张在乡村教育治理过程中，教育行政管理部门要简政放权，减少对乡村教育治理和改革的过多干预，为乡村教育治理创造更多自主的空间。同时，教育行政管理部门需要积极发挥"元治"的作用，对乡村教育治理及其未来发展做出整体规划和顶层设计，引领乡村教育治理的方向；协调乡村教育主体之间的利益和冲突，实现主体之间利益的最大化；加强对乡村教育治理的宏观监测和评估，提升乡村教育治理的整体质量。第三，多元主体的"共治"理念旨在突破过去单一的政府控制理念和"一竿子插到底"的管理方式。通过发挥政府、学校、社会组织、教师、学生以及家长之间的协同作用，提升乡村教育治理力量；借助多元主体之间的民主协商、合作互动，优化乡村教育治理方式，增强乡村教育治理效果。第四，乡村学校的"自治"理念，旨在强调乡村学校的主体地位和能动作用，主张给予乡村学校充分的自主权，"让学校摆脱对政府的依附性，逐步形成'自主管理、自主发展、自我约束、社会监督'的机制，凸显学校的主体性，增进学校办学的专业性，更好地满足学生的教育需求，促进学生的发展"。[①] 第五，专业组织的"他治"理念，重在突出在乡村教育治理中，适当地引入第三方机构，借鉴其专业的治理能力，提升乡村教育治理的效果。第三方组织不是利益的直接相关者，具有相对的独立性，具备专业化的能力，在一定程度上能够保证其治理过程和治理结果的客观性、公正性和真实性。因此，充分发挥专业组织的"他治"作用，有助于实现乡村教育的善治，提

---

① 褚宏启. 教育治理与教育善治［J］. 中国教育学刊，2014（12）：6—10.

升治理效果。

（二）乡村教育治理目标现代化

"目标"一词由"目"和"标"二字构成，其中"目"在《甲骨文字典》中解释为"象人眼之形，有人眼、侦伺之义"，"标"为合体字，根据"独体阅文，合体阅字"之原则，"标"由"木"和"示"构成。"木"释为"木，冒也，冒地而生，东方之行。从屮，下象其根。甲骨文木字，上象枝，中象干，下象根。"关于"示"，其中"'丅'象以木表或石柱为神主之形，丅之上或其左右之点划为增饰符号。卜辞祭祀占卜中，示为天神、地祇、先公、先王之通称"。① 基于此，可以看出"目标"是指基于现实的，神圣、严肃的预期指向。在《辞海》中，目标被解释为："组织预期要求达到的目的或结果。具有预测性、可计量性和激励性等特点。"② 因此，所谓目标，简言之，就是指主体预先设定的结果。它是主体根据对象和活动条件的现实情况预先设定的在具体活动中能够测量和预期达到的结果。基于此，乡村教育治理目标是指乡村教育主体对乡村教育发展成效和结果的预期和展望，包括两层含义：一是直接目标，即实现乡村教育的善治；二是长远目标，即通过乡村教育治理的革新，推动乡村教育可持续发展，促进乡村社会长治久安、乡村文化传承与弘扬以及乡村儿童的健康成长。乡村教育治理目标现代化是指立足于新的时代背景和实践场域，重新研判和定位乡村教育治理的现代目标体系。

具体而言，新型城镇化进程中乡村教育治理的目标体系包括角色定位目标、时代发展目标、价值定位目标和具体发展目标。首先是角色定位目标。只有正确的角色定位才能形成合理的角色认同。乡村教育是国民教育的重要组成部分，是我国教育体系的有机构成内容，包括村落教育和乡镇教育。乡村教育与城市教育承担着共同的责任、享有平等的权利，这是乡村教育消除内外部边缘化的基础。基于此，新型城镇化进程中乡村教育治理的角色目标在于城乡教育的平等、均衡与公平发展。尽管乡村教育和城市教育扮演着不同的角色，但其本质是一致的，都是国民教育体系的有机构成部分。因此，

---

① 徐中舒. 甲骨文字典［Z］. 成都：四川辞书出版社，2003：361－362、639、10－11.

② 夏征农. 辞海［Z］. 上海：上海辞书出版社，2002：1200.

在教育治理过程中，应该正视乡村教育治理的角色，尊重乡村教育治理的规律，促进城乡教育的公平发展。其次是时代发展目标。当前，我国乡村教育治理以全球化为时代背景，以新型城镇化建设为现实场境。在此基础之上，我国乡村教育治理的时代目标在于抓住全球化和新型城镇化建设的时代契机，以西方发达国家新型城镇化建设和乡村教育发展的经验为借鉴，充分利用现代文明技术，推进乡村教育治理现代化。再次是价值定位目标。在明确乡村教育角色定位的基础上，需要充分认识我国乡村教育治理的价值目标，尤其是对构建和谐社会、推进新型城镇化建设以及实现国家现代化发展等发挥的积极作用。同时，我国乡村教育治理和可持续发展有助于推进教育治理体系和治理能力的现代化，从而构建现代化的国民教育体系。最后是具体发展目标定位。新型城镇化进程中我国乡村教育治理肩负着多重责任，其目标在于：一是构建和完善乡村教育治理体系，提升乡村教育质量，促进乡村儿童健康发展；二是通过乡村教育与城市教育的交流、互动和资源共享，推进城乡教育均衡与公平发展；三是通过乡村文化进学校、进课堂等形式，传承、传播和创生乡村文化；四是疏通乡村学校与乡村社会的有机联系，通过二者的有效互动，促进文明、和谐乡村社会和新型城镇化的建设。因此，在对新型城镇化进程中我国乡村教育治理目标进行分析的基础上，需要构建符合乡村教育治理和可持续发展的科学道路，在国家教育发展规划中彰显乡村教育的战略意义，提高乡村教育在国家教育发展布局中的战略地位，使之上升为国家发展战略，从而在政策上为我国乡村教育可持续发展提供有力保障。同时，在制定教育整体发展战略中，消除乡村教育的边缘化状况，秉承城乡教育一体化发展理念，推进乡村教育的信息化发展，提升乡村教育的现代化水平。[①]

（三）乡村教育治理主体现代化

主体是相对于客体而言的，在事物发展与活动运行中发挥着主导作用。针对乡村教育治理主体单一化、治理力量碎片化问题，亟须促进乡村教育治理主体的现代化。在新型城镇化进程中，乡村教育治理主体的现代化强调乡

---

① 闫守轩. 乡村教育"悬浮态势"的困境与出路 [J]. 教育科学，2013（2）：34—38.

村教育治理主体由单一化走向多元化、由碎片化走向系统化，主张通过乡村教育多元主体的协同共治，促进乡村教育的善治和提升治理质量。具体而言，乡村教育治理主体涉及各级教育行政管理部门、乡村学校、教师、学生、家长以及社会组织。由于不同主体的角色和地位不同，因而在乡村教育治理过程中发挥着不同的功能，只有各个主体之间各司其职、相互协作，才能实现良好的乡村教育治理。

首先，各级教育行政管理部门包括中央教育行政管理部门和地方教育行政管理部门。他们在乡村教育治理过程中发挥着领导者、设计者和决策者的作用，旨在通过对乡村教育发展现状的评估和对乡村教育发展趋势的研判，制定乡村教育发展政策，监测乡村教育发展质量。因此，教育行政管理部门主要担当着乡村教育"元治理"的角色，重在对乡村教育治理进行顶层设计和整体把握。其次，乡村学校是乡村教育治理的直接参与者、受作用者和效果展现者，在乡村教育治理过程中担负着政策执行者、治理组织者的角色。一方面，乡村学校要认真领会相关政策的精神和要义，依据有关教育政策和实施纲要对学校的发展做出具体的规划；另一方面，乡村学校要根据自身实际，有目的、有计划、有组织地开展教学活动，并在实践中不断地调整战略和实施策略，促进乡村学校健康发展。第三，广大教师和学生是乡村教育的重要组成部分，是乡村教育的活力所在，是乡村教育治理最为直接的利益相关者。一方面，教师是乡村教育的实施者，日常教育教学活动的有效开展离不开教师，相关教育政策的执行需要教师的亲力亲为。另一方面，学生是乡村教育治理的直接受益者，乡村教育治理的核心目的在于促进学生综合素质的提升和精神成人。因此，在乡村教育治理中，需要充分考虑广大师生的现实状况、利益诉求，发挥师生的积极能动作用，促进相关教育政策的有效实施。第四，作为学生的监护人，家长是乡村教育治理的直接利益相关者。在一定程度上而言，广大家长具备不同的素养和专业能力，能够成为乡村教育治理的重要组成力量。在乡村教育治理过程中，需要充分调动和发挥广大家长的积极作用，如组建家长委员会、家长学校等，通过家校合作，增强乡村教育治理的整体力量。第五，社会组织因其具备一定的组织能力、专业能力，也是乡村教育治理需要依靠的重要力量。在乡村教育治理过程中，如通过第三方教育评估机构对乡村教育治理效果进行检测和评估，有助于更为客观公正地评价乡村教育治理的效果，诊断其存在的问题，并提出改进策略。总之，乡村教育治理主体现代化不仅要求各个主体充分发挥自身的治理优势，而且强调各个主体之间相互合作、有机协同，形成正向合力，实现整体功能大于部分功能之和之效果。

新型城镇化进程中，乡村教育治理主体现代化要求通过主体联动，提升治理的整体力量，实现治理效果的最大化。联动即联合行动之意，是指相关主体通过协商、审议、合作等方式协同应对和处理问题的过程。新型城镇化进程中我国乡村教育治理需要多方主体的协同联动，才能形成正向的合力，推动乡村教育充满活力的、持续性的和健康的发展。具体而言，新型城镇化进程中我国乡村教育治理的主体联动包括横向联动和纵向联动。横向联动包括乡村教育与社会政治、经济、文化的联动以及乡村教育与城市教育的联动。在乡村教育与社会政治、经济、文化的联动方面，乡村教育以基础教育为主体，因而主要是通过奠定乡村儿童的知识基础与能力基础，提升乡村儿童的综合素养，为高一级学校输送人才，从而间接为社会的发展培养合格人才。同时，由于一部分人接受基础教育后将进入社会，参与社会建设，因此乡村教育，尤其是高中教育需要考虑社会的需求，合理设置课程与调整教学方式等，促进乡村教育与社会的有机衔接。在乡村教育与城市教育的联动方面，由于乡村教育处于弱势地位，需要建立乡村教育与城市教育之间的平等关系，从而实现互促互进。一方面，通过构建城乡教育交流机制，如校长轮岗制、教师轮岗制、责任考核制、奖励推进制等，推动城乡校长、教师之间的交流，促进优秀管理资源和教师资源的公平共享；另一方面，通过合理和优化配置城乡教育资源，充分发挥城市学校的示范帮扶作用，引领乡村学校的发展。纵向联动主要是指中央教育行政部门、地方教育行政部门、学校、社区等的有机联动。纵向联动是确保政策方案顺利实施的保障，是各级部门实现信息互通共享、提高政策执行效率的关键。新型城镇化进程中我国乡村教育可持续发展的纵向联动表现在平等的审议协商制度、自上而下的政策下达制度和自下而上的反馈制度。平等的协商审议制度是指乡村教育发展的相关责任主体就乡村教育的问题进行集中研讨和审议；自上而下的政策下达制度是指在政策制定和纲要规划的基础上，通过逐级下达，各级部门有效地执行相关政策；自下而上的反馈制度是指在政策执行过程中，基层部门对政策实施后的效果和存在的问题及时上报，从而进一步修改和完善政策。因此，新型城镇化进程中我国乡村教育可持续发展需要各级部门互通信息、上传下达，科学制定发展政策，并促进政策的有效执行。

（四）乡村教育治理机制现代化

机制一词来源于希腊文"mechane"，意指机器的构造和运转的原理。[①] 它是机器各个部分之间的相互关系及其运行方式。《现代汉语词典》中关于机制的词条主要有："一、机制是机器的构造和工作原理；二、机制是有机体的构造、功能和相互联系；三、机制是某些自然现象的物理和化学规律；四、机制泛指工作系统的组织或部分之间相互作用的过程和方式。"[②] 由此可见，机制的内涵主要包括：第一，它是构成事物的各部分存在；第二，各个部分之间的相互关系及运转原理；第三，它是事物内部的规律，对事物的运动与发展发挥着重要作用。因此，机制是指构成事物系统的各个部分以及各部分之间的相互关系和运行方式，它是系统得以运作并不断更新的关键所在。乡村教育治理机制是指乡村教育治理主体通过设计治理方案、协调利益关系、分配教育资源等，促进乡村教育治理有效运转的内在机理。乡村教育治理机制现代化强调乡村教育治理机制的有效性、系统性和科学性。具体而言，新型城镇化进程中乡村教育治理机制涉及决策机制、协同机制、责任机制、调控机制和监督机制等范畴。

首先，决策机制包括新型城镇化进程中乡村教育治理信息的收集和研判、决策方案形成和决策方案实施三方面内容。信息收集和研判是指通过对历史经验的借鉴、现实背景的分析和未来趋势的评估，从而判断事物的发展路向并做出合理的选择；决策方案的形成是指决策主体在对决策信息进行全面深入分析的基础上，通过讨论、辩护、表决等方式制定决策方案的过程；决策方案的实施是指通过上传下达、内外衔接、协力推进方案落实的过程。新型

① 孙绵涛. 教育管理学 ［M］. 北京：人民教育出版社，2006：283.

② 中国社会科学院语言研究所辞典编辑室. 现代汉语词典 ［Z］. 北京：商务印书馆，2000：582.

城镇化进程中乡村教育治理必须充分发挥有效决策机制的积极作用，才能够制定科学的发展政策和实施方案。其次，协同机制是指在新型城镇化进程中，促进和确保乡村教育主体之间的互助合作的内在机理，旨在促进乡村教育治理主体的沟通、参与和整合。在乡村教育治理过程中，需要发挥协同机制的积极作用，整合各级力量，深入乡村社会，走进乡村学校，深度调研乡村教育的发展现状，合理借鉴乡村教育发展的历史经验，为乡村教育治理的有效实施奠定扎实基础。同时，乡村教育主体之间需要通过协同机制，对乡村教育治理的相关问题展开充分的讨论、辩护、批判，并通过民主表决的方式形成实施方案，并通过逐级下达、部门衔接与相互监督等方式，推进治理方案的实施。第三，责任机制是指在乡村教育治理过程中，治理主体权责关系的界定和分配机理。权责关系的厘清有助于各个机构和主体各司其职、各负其责，充分行使法律规定的权力，形成和维护良好的乡村教育治理秩序。在乡村教育治理过程中，一方面需要清楚地划定各个主体之间的权力范围，使其有权可用，为其能力的发挥创造空间；另一方面需要明晰各个主体的责任，通过目标责任制能够帮助主体找准任务，提高治理的针对性和有效性。第四，调控机制是指主体运用各种手段对对象进行调节和控制，使其符合事物发展规律的过程机理。新型城镇化进程中我国乡村教育治理的调控机制是指相关主体充分利用政策、经济、行政、法律等手段，对影响和制约乡村教育治理的相关因素进行调节和控制，从而协调和处理乡村教育治理面临的各种复杂关系，使乡村教育系统内部和外部形成和谐关系，并保持动态平衡。调控机制包括两种基本方式，即人为调控和环境调控。[①] 前者是指相关教育主体在全面调研的基础上，遵循教育规律，对乡村教育系统及其各种复杂关系进行有目的、有计划的调节和控制；后者是指乡村教育的外部环境，如乡村社会、新型城镇化、产业结构等根据乡村教育是否满足其需求水平，来决定对乡村教育的投入而实现的调控，即通过社会政治、经济、文化与科技等对乡村教育的反作用实现调控。新型城镇化进程中乡村教育治理需要综合利用人为调

---

① 罗明东，陈瑶. 区域教育可持续发展系统论［A］. 2005 中国可持续发展论坛——中国可持续发展研究会 2005 年学术年会论文集（下册）［C］，2005：432—439.

控机制和环境调控机制。第五，监督机制旨在对事物的发展或者活动的运行进行科学的监控，确保权力的合法行使与合理运用，形成良好的公共秩序。乡村教育治理的监督机制旨在形成科学有效的权力监督机理，规范各个治理主体的公共行为。一般而言，监督机制可以分为常规监督机制和非常规监督机制，前者如定期检查、工作汇报、职务考核等，后者如不定时的暗访、突发式检查等。新型城镇化进程中乡村教育治理的有效监督，需要综合运用常规监督机制和非常规监督机制，不仅要逐步推进监督的常态化，还要通过临时性的检查和监督，提高主体的警惕性和法制观念，确保乡村教育治理的合法化和高效化。

（五）乡村教育治理评价现代化

评价是指建立在一定准则和价值标准基础上的价值判断活动。它是主体依据一定的标准，遵循一定的原则，借助特定的工具和方法对对象进行事实描述和价值判断的活动。评价具有诊断功能、导向功能、调节功能、反馈功能和激励功能。它不仅能够诊断和揭示存在的问题，引导对象的发展方向，而且还可以通过评价信息的反馈及时调整策略，促进对象的进一步发展。乡村教育治理评价是指评价主体依据一定的标准对乡村教育治理过程及其成效的定量描述和定性判断。乡村教育治理评价有助于及时诊断和发现乡村教育治理过程中存在的问题，总结乡村教育治理的现实经验，为教育行政管理部门的政策制定和决策提供实践依据，为乡村学校教育教学活动的开展提供反馈信息和改进方向。乡村教育治理评价现代化意味着乡村教育治理评价主体的多元性、评价类型的多样性、评价手段的现代性、评价过程的科学性以及评价结果的真实性。

首先，从主体的角度而言，宏观层次的教育行政管理部门评价主要是一种教育评估，是教育行政管理部门对教育发展情况的整体判断。在乡村教育治理评价过程中，教育行政管理部门主要是对乡村教育治理过程中的价值方向、政策执行、经费使用、整体布局等进行总体性评估，从而在整体上掌握乡村教育治理及其发展的基本情况。中观层次的学校评价是指乡村学校对自身运行和发展的多维诊断，涉及乡村学校的办学目标、规章制度、人事管理、教学质量等范畴。乡村学校治理评价是乡村学校对自身发展的全面诊断，不仅有助于乡村学校及时发现现实中存在的问题，并及时改进，而且有助于乡村学校形成进一步发展的动力和明晰未来发展的方向。微观层次的教师评价和学生评价，主要是指教师、学生以及家长对乡村教育治理以及学校治理的价值判断。教师、学生和家长是乡村教育治理的亲历者、参与者和利益相关者，不仅有权利参与乡村教育治理评价，同时也能够为乡村教育治理评价及其改进提供有效的信息。其次，从评价类型而言，乡村教育治理评价包括诊断性评价、形成性评价和终极性评价。诊断性评价主要用于对乡村教育治理中特定问题的专项评价，突出评价的针对性和操作性。形成性评价重在关注乡村教育治理的过程及其发展变化，强调对乡村教育治理过程中各主体、治理范畴以及影响因素等的全面评价。终极性评价旨在对乡村教育治理的效果进行终极性判断，它是在整体上对乡村教育治理质量的定量表述和定性判断。新型城镇化进程中乡村教育治理评价需要根据实际情况，综合运用诊断性评价、形成性评价和终极性评价，从而有效地揭示乡村治理中存在的问题，总结乡村教育治理的经验，为乡村教育治理的改进提供参考信息。最后，在评价过程中，有效运用各种现代化的评价手段，采用多种评价方法，能够提高乡村教育治理评价的科学性。如，通过大规模的数据调查，收集乡村教育治理的大量数据，并借助高速运算的计算机和现代分析技术对大数据进行系统分析，从而揭示数据背后的深层问题。此外，在乡村教育治理评价中主张实施过程性评价和发展性评价。过程性评价关注主体行为的变化、过程中的事件等。发展性评价则主张评价的正向功能和促进作用。因此，乡村教育治理的评价，不仅要关注乡村教育治理目标的实现情况，而且要关注乡村教育治理过程中的变革，如主体思想的变化、思维方式的转变、治理行为的改进等。充分发挥评价的激励和促进作用。通过对乡村教育治理的监测和评价，为进一步推动乡村教育治理提供有效的反馈信息，促进乡村教育治理质量的提升。

（六）乡村教育治理环境现代化

乡村环境不仅是乡村人民赖以生存的空间，而且也是乡村文化延续和乡村教育治理与可持续发展的重要保障。2013 年 12 月，中央城镇化工作会议指出，在新型城镇化建设中"要体现尊重自然、顺应自然、天人合一的理念，依托现有山水脉络等独特风光，让城市融入大自然，让居民望得见山、看得见水、记得住乡愁；要融入现代元素，更要保护和弘扬传统优秀文化，延续城市历史文脉；要融入让群众生活更舒适的理念，体现在每一个细节中"。①由此可见，在新型城镇化建设中，需要加强生态环境、公共环境和文化环境建设，让人民群众生活得更舒适、更安心。基于此，推进乡村教育治理环境现代化，需要更新理念、融入现代元素，促进乡村教育生态环境、公共环境和文化环境的现代化。

首先，在乡村教育生态环境建设方面，要体现尊重自然、顺应自然与天人合一的理念。基于乡村生态环境的客观实际，进行合理规划，充分利用现代技术，融入现代元素，促进乡村生态环境的现代转型，改变乡村环境"脏乱差"现象，打破乡村环境的封闭性与无序性，构建和谐的乡村生态环境，建设美丽乡村，为乡村人民打造舒适的生存空间，为乡村教育发展奠定坚实的保障性条件。其次，在乡村教育公共环境建设方面，应加强乡风文明建设，培植积极向上的民俗乡风。如推进乡村社区和成人教育组织建设，通过有目的、有计划与有组织的实施与开展，不仅能够充分利用乡村人民的业余时间提高其综合素养，而且有助于培养乡村人民积极的生活方式，逐渐消除赌博等不良陋习。因此，通过乡村公共环境建设，可以为乡村教育治理和乡村教育发展提供支持性力量。再次，在乡村教育文化环境建设方面，需要充分挖掘和弘扬优秀的乡村文化，并积极发挥其教育功能。同时，还需要借助现代文明和技术，不断地创造和传播新型乡村文化。一方面，需要调动乡村社会中的文化主体，尤其是具有一定文化权威的贤者参与乡村文化建设，加强对乡村文化的挖掘和整理，并形成具有乡土特色的文化体系；另一方面，则需要借助现代科学技术，对乡村文化的载体和表现形式进行加工，并推进乡村文化的传播，扩大其影响力。通过乡村文化环境建设，可以为乡村学校的校本课程开发与乡土教材研制提供直接的材料和技术支持。同时，乡村文化环境建设有助于培养乡村儿童的乡土认同感和归属感，促进乡村儿童的健康成长与发展。

---

① 中央城镇化工作会议报告［EB/OL］. http：//www.zgsz.org.cn/2013/1217/9589.html.

第九章 乡村教育质量监测

21世纪是质量的世纪。在追求质量的努力过程中，质量监测成为任何人类活动都离不开的组成部分，教育活动也不例外。新千年以来，世界各国和国家组织越来越重视对教育质量的监测。2002年，第57届联合国大会宣布"可持续发展教育十年（2005－2014）"行动计划，将教育质量作为教育可持续发展的必要条件。2005年，世界全民教育组织（EFA）发表年度报告，强调提高质量是目前最亟待解决的教育问题之一。我国政府对教育质量监测高度重视，先后与上海教育科学研究院和北京师范大学合作，成立教育质量监测中心和教育部基础教育质量监测中心。不过，受条件制约，我国教育质量监测无论是重视程度还是技术手段上，仍与国际先进水平存在差距。特别是在农村教育质量监测方面，更亟待提升。

第一节 乡村教育质量监测内涵解读

一、乡村教育质量监测释义

"质"总是"与'量'一起构成事物的规定性"，"是一事物区别于其他事物的一种内在规定性"。"质量"则可表示事物的"优劣程度"。国家质量管理体系（ISO9000）进一步解释了所谓的"优劣程度"，认为"质量"是"反映实体满足或隐含需要的能力的特性的总和"，同时也是"顾客对产品或服务的满意程度"。可见，质量所包含的优劣，既体现于产品（也包括隐性的服务产品）本身的客观特性，也包含产品使用者需求得到满足程度的主观判断，是内在特性与外在需要的综合。教育质量，同样也包含此两方面。就内在特性而言，教育质量是教育的一种固有性质，是教育存在与发展状态的一种客观反映，强调教育满足主体对教育需求的能力，通常称为教育质量"性质说"。就需求而言，教育质量是教育对主体需求的满足程度，通常称为教育质量"合需求说"。此时的主体，既可指个人，亦可指社会。综合言之，教育质量即是教育满足个人与社会需求的能力与程度。

监测，辞海有两解，一曰"监视测量"，二曰"对人群中疾病或临床现象不断地进行系统收集和分析，将结果反馈、分析，并采取有效措施的一种方法"。不难发现，第二种解释只是"监视测量"在医疗领域的具体演绎，完全可以将其推论于其它社会领域，如大气监测、水源监测等。较之第一解，第二解更能充分描绘"监测"的"全景"。首先，监测是一个过程，至少包括"测量、评价、反馈与修订"四个步骤——"测量"是对监测对象的某种状态进行有目的的系统收集，评价则是对收集到的信息进行分析与定性，反馈是将分析"结果"返回给"执行者"，"修订"则是依照反馈的信息采取有效措施。其次，监测处于动态之中：一方面，它贯穿于监测对象发展变化的全过程，具有及时性；另一方面，"测量、评价、反馈与修订"四个步骤处于不停的循环往复过程中，具有滚动性。再次，监测是一个方法"体系"。不同层面的"方法"概念涵盖不同。监测是为一种方法，但显然，作为一种方法的监测实则是综合全过程、各步骤、多行为的一个方法体系，既包涵宏观层次的思维模式，也包括中观层次的技术综合，还包括微观层次的行为操作。监测的对象越宏大，其方法体系便越复杂。综上，我们认为，监测就是对对象事物的发展状态或结果进行测量、评价、反馈并最终改进对象事物的活动。

在对"质量"与"监测"有了充分认识之后，我们尝试着对乡村教育质量监测进行定义，即对教育满足乡村个人及社会发展需要的程度进行测量、评价、反馈并进行有效提升的活动。

二、乡村教育质量监测的特点

乡村教育的性质与内容决定了对乡村教育质量的监测拥有与其它教育系

统质量监测共性的同时，也有其自身独特之处。具体而言，体现为综合性、地区性、经验性与发展性。

（一）综合性

作为城镇化发展和新农村建设的重要促成力量，乡村教育肩负更多使命。对乡村教育质量的监测，既涵盖在教育质量监测的领域之内，也是社会发展质量监测的组成部分。因此，乡村教育质量监测是对教育目标与社会目标满足程度的双向、乃至多向考察，具有综合性的特点。以基础教育质量监测为例，它主要针对学龄段学生，将他们的学业成就水平作为主要指标放置于历史与区域的比较中衡量基础教育质量高低，以此为镜透视整个基础教育体系的发展水平。但乡村教育除了基础教育之外，还包括职业教育与成人教育，除了发展乡村子弟的个体素质之外，还要为乡土生态、村社文化乃至地区稳定提供支持。因此，从目标、任务、内容等各个层面上看，乡村教育质量监测都是一项综合性的工作。并且，教育与社会两个领域的交汇，不是简单的叠加或拼装结构，而是你中有我、我中有你的交融状态，单一的维度、对象或指标均无法真实反映出乡村教育质量水平。我国的很多乡镇，不乏优秀的学校与学子，但仅凭学生学业水平，特别是升学考试的成绩来判断该地的整体教育质量，是片面的。这样的学校，培养的优秀学生可能"跳出龙门"便一去不返，而真正留在乡土的人，以及与留下的人一起沉淀下来的文明程度，才是教育质量的真实反映。这种教育对乡村社会整体水平的影响与表现，才是乡村教育质量监测综合性的真实反映。当然，综合性的特点也决定了乡村教育质量监测的复杂与困难。

（二）区域性

我国幅员辽阔，又是一个农业大国，由于地理、经济、历史等诸多因素的差异，东西南北无数的乡村有着各自独特的自然与人文特征。这些特征间的差异决定了各地区对乡村教育的起点和期望不尽相同，也影响着各地区实施乡村教育的目标、内容、方法、过程及质量。理所当然地，各地区教育质量的监测也应符合当地乡村教育的现实情况与目标定位，体现地区性的特点。区域性，它既反映着东西、南北的区域差异，反映着城、乡二元结构的差距，但它也有别于区域性与二元结构，是每个乡村独特性的具体表达。比如，对于那些地处边远、"留人守土"成为主要矛盾的乡村，用广而化之的教育质量监测标准来衡量显然不合时宜；而那些靠近城镇，深受城镇化发展影响的乡村，教育质量的监测又应该向劳动力素质培养与相应的教育资源投入倾斜。因此，对乡村教育的质量进行监测，既应该有一般性的教育质量监测作为基础，更应该将区域性的乡村社会文化发展特点和需求作为重要的，部分情况下乃至决定性的组成部分。

（三）发展性

改革开放之后，我国的乡土社会已然发生巨大变化。无数乡村青壮年离开故土到经济发达地区和城市寻觅生活，形成了新的乡村生态。在新型城镇化建设的推动下，我国乡村社会在今后相当长的一段时间内仍将持续发生变化。这种变化的趋势及过程，对于乡村教育质量的监测而言，意味着用一套陈规不变的体系与指标很难准确反映乡村教育质量发展的真实面貌，也难以将乡村发展对教育提出的新需求和新目标进行及时的反馈与改进。因此，与时俱进是对乡村教育质量监测的必然要求，发展性也自然是乡村教育质量监测的显著特点。任何事物都具备发展性，之所以乡村教育质量监测要特别强调，是因为与城市相较，中国乡村及乡村教育的发展处于特殊的历史时期。就我国城市而言，已然成型的城市教育体系为质量监测提供了稳定的对象与环境。而我国乡村教育，底子薄、形式散、稳定性差，发展变化的轨迹必然更加明显。由是，乡村教育质量监测也必然随着农村社会与教育的大发展而相应变化。

（四）经验性

传统的质量观强调质量的客观性和统一性，在这种观念指导下的教育质量监测追求一致的、稳定的、绝对的指标和结论。监测对象的范围越广、视角越宏观，越适合运用这种质量观进行监测。再以基础教育质量监测为例，世界范围内几乎都运用学业水平测验的方式进行监测，如 PISA、TIMSS，这些测试结果具有普适性，不同国家地区的学生学业水平可以运用同一套标准进行比较，质量水平高下立判。而经验性的质量观则认为质量是在具体的情境和条件中主观建构的。同样的产品，某些情况下它很适合，某些情况又不适合，某些人会认为质量好，某些人会认为质量差。因此，经验性的质量观的核心是环境互动和自主生成。我国农村教育质量监测便具备这种特点。如前所述，我国乡村教育质量监测具有本土性和发展性的特点，每个乡村及乡村教育的发展定位、目标、现实环境和速度都不一致，很难、可能也无必要用统一性的质量监测方法进行要求。相反，那些根据乡村自身特点，在乡村教育发展和质量监测过程中摸索和积累出的地区性的方法和经验可能更具效果。不过，经验性特点并不否认乡村教育质量监测在一定时期内的相对稳定，而是强调在当下乡村大发展的历史背景下，必然会有为数众多符合当地特色的监测体系生成。同样，经验性也不否认一套普适性的乡村教育质量监测体系的合理性，但也强调在标准监测体系下的地方生成。

三、乡村教育质量监测的功能

乡村教育质量监测并非站在乡村教育之外，用一种"鸟瞰"的视角"客观"地描绘和审视乡村教育，而是将质量监测作为参与并改进乡村教育的重要部分和手段，深度地融入乡村教育的体系之中。总体而言，乡村教育质量监测主要具有记录、评价、诊断、反馈、指导、导向、管理、研究等功能。

（一）记录功能

通过质量监测，可以对乡村教育质量的发展轨迹进行记录。历史研究是人类认识事物的重要方法。对事物发展来龙去脉的把握是否完整清晰，很大程度上决定了人们对事物现存状态能否准确认识，对事物未来发展方向能否准确预计。监测，就是对事物发展过程的记录，为人们对监测对象进一步的认识和改造提供原始资料。由是，记录乡村教育的发展过程，特别是乡村教育质量的变化历史，是乡村教育质量监测的重要功能。与传统的文字、文献的历史记录不同，乡村教育质量监测是通过科学的方法对乡村教育质量发展进行综合性的记录，既可以包含传统的文字描述，更多地却是运用数学方式，从更抽象的角度、更多的维度来描绘乡村教育质量的整体图景。实际上，我国乡村教育的资料文献并不丰富，而科学数据尤其匮乏。与西方国家最多可达几百年的数字记录相比，我们的乡村教育数据可谓"凤毛麟角"。而为数不多的数据，也是从教育行政部门角度进行的记录，很难反映乡村教育质量发展的"全貌"。从这种意义上说，乡村教育质量监测是乡村教育走向科学化必不可少的内容与环节，而教育质量监测的记录功能则是乡村教育科学化发展的起点。

（二）评价功能

评价功能是指通过监测对乡村教育质量的发展程度进行价值判断。如果说质量监测的记录功能更多偏重于对"量"的准确把握的话，那么评价功能则是对"质"进行合理的判断（这绝不是抛开"量"谈"质"，"量"是"质"的前提，判断"质"是在判断"量"的基础上）。它是人们认识乡村教育质量必要的环节，反映的是乡村教育质量处于何种状态、达到什么样的程度、能否充分满足主体的需要。准确地对乡村教育进行判断和定位，既是教育质量监测的功能，也是教育质量监测的目标。不过，要做到"准确"并非易事。一方面，评价自身的类型和内容繁多，结论性评价、形成性评价、发展性评价等每一种评价方式，都是选取某一或某些方面来进行解读和判断，给出的结论很难完整地涵盖整个对象。另一方面，评价涉及价值判断，难免会受到标准选择、参照比较与主观因素等方面的干扰。乡村教育具有显著的地方性特点，如何在乡村教育自身发展的纵向过程和与其它地方乡村、乃至城市地区的横向比较过程中做到"准确"，也是需要面对的难题。但即便如此，评价功能也是乡村教育质量监测最为重要的功能之一，是其它功能展开的基准面。

（三）诊断功能

寻找乡村教育中存在的问题并进行分析，这是乡村质量监测的诊断功能。此功能以评价为基础，有意识、有针对性地对乡村教育进行扫描，发现病灶并进行分析。诊断功能的重要性不言而喻，它将质量监测这一活动从旁观式的客观反映引向积极的主动改造。记录和评价固然重要，是乡村教育质量监测的起点，但很难说它们就是最终目的，因为乡村教育质量发展是一个长期性的历史过程，虽会经历一个个阶段，但不会达到一个静态的、完成了的终点。由是，发展便从过程转化成了最终目的，而诊断则是推动发展的坚实一步。当然，有别于出现问题后的应激性诊断，教育质量监测的诊断功能更大的价值在于对隐蔽问题的发现与挖掘。特别是现阶段，找到那些未被人们发现、甚至早有觉察却并未引以重视的问题并加以剖析，对乡村教育质量发展更为关键。但是，在我国乡村教育质量监测体系与机制尚未成熟完善的情况下，这本身就是一个困难的任务，也促使我们更加迅速地投入监测工作的建设中去。

（四）反馈功能

反馈是将监测的结果和结论提供给需求方的活动，其目的是通过信息传递促进监测对象的发展。反馈是乡村教育质量监测不可或缺的中间环节。通过反馈，评价与诊断的结果信息传递给乡村教育的各方主体（政策制定者，教育管理者，教学执行者等），引导各方主动采取相应的措施，推动乡村教育更好地发展。一般而言，反馈分为正反馈与负反馈两个方面。正反馈传递乡村教育已取得的成果，能够鼓励乡村教育各方主体的积极性，强化已有的正确做法；负反馈则突出不足和缺点，有利于各方主体改进今后的工作。对乡村教育的发展而言，质量监测发出的正负反馈需要辩证看待。两者应当协调，任何一方过分突出或缺乏，都可能影响乡村教育质量的提升。正反馈多固然可喜，但过分突出会导致对乡村教育的传统做法墨守成规，虽强化了发展的稳定性但可能影响发展的速度与深度；负反馈貌似恼人，实则可以弥补缺陷、激励创新，迸发出更多智慧与力量推动乡村教育快步向前。可见，信息传送看似简单，实在意义非凡，反馈作为乡村教育质量检测的一大功能需要引起足够的重视。

（五）指导功能

通过教育质量监测，乡村教育主体能够从反馈的信息中总结规律，用以指导并改进自己的教育工作。可见，指导功能以评价、诊断和反馈三个功能为基础，是将教育质量监测的成果落实到教育实践中的关键，它指向乡村教育的主体并直接影响他们的方法与行为。站在宏观层面的乡村教育政策制定者，可以通过对监测信息的规律性认识，制定更为合理的政策影响乡村教育的整体发展方向。中观层面的乡村教育管理者，通过反馈的信息，调整与创新自己的管理策略与方法。而微观层面的教师和学生，则可以利用反馈来改进自己的教学和学习方法。当然，教育质量监测的指导功能是间接的，它需要教育主体对监测结果进行深刻的分析和认识，并将之转化为一系列的策略、方法和行为。因此，指导功能最大的作用是为教育者提供科学的参考，避免行为的盲目性。

（六）导向功能

所谓导向功能，是指通过质量监测，可以对乡村教育未来的发展方向进行判断和选择。一般而言，乡村教育的发展方向受内外两个方向的作用力影响。外部作用力，主要来自国家或地区的宏观政策调控，要求乡村教育的发展与国家或地区的发展保持一致，它是一种显性力量。内部作用力，则是乡村教育发展的历史积累与现实条件的结合，是乡村教育发展隐性的、惯性的力量。这两种力量，皆可由教育质量监测的导向功能诱发。外部力量通过对监测目标、内容和评价等要素的要求或权重的改变来引导教育发展方向产生变化，内部力量则通过对历史发展轨迹的判断来预测教育发展的未来方向。

（七）管理功能

乡村教育质量监测本身也是一种对乡村教育进行管理的方法与手段。通过指标体系的建立，乡村教育的各个要素及整体的运行情况可以及时地向相关参与主体进行反馈，从而达到管理的目的。传统的乡村教育管理，从目标制定、过程管控、结果评定再到调整和制定新目标，往往周期漫长。有甚者可能管理的目标、方法年年如一、循环往复、毫无变化。而乡村教育质量监测的管理功能，让管理从静态走向动态。对于乡村教育管理者而言，管理的目标可以及时进行调整，缩短了乡村教育管理的周期，增加了管理的准确度；管理过程中，管理方法的有效性能够更快地反馈，提高了管理的应变能力，也增加了管理行为的准确性，让管理行为不再是完全不可预见的随机性活动；而对于管理的效果，除了一直沿用的"事后总结"以外，能够更快地反映出管理进行中的实时效果，也可以增加对未来效果的预测。可以看出，乡村教育质量监测实质上是一种通过加强及时互动能力而提高管理有效性的新型乡村教育管理工具，对现有管理机制与模式的加强和升级，起到重要的推动作用。

（八）研究功能

对乡村教育质量的监测，其本身也是一项重要的教育和社会研究工作。所谓研究工作，既可指狭义范围内以科研人员为主体的科学研究，也可指广义上乡村教育工作参与者的各项研究。对科研人员而言，乡村教育质量监测工作及其产生的宝贵数据，为进一步在理论与实践上发展乡村教育，振兴乡土社会的文化与经济提供了科学支持。数据化已是科学研究发展的重要方向，利用数据及其规律能够更准确把握事物，在 21 世纪大数据建立的背景下，乡村教育发展需要利用质量监测来完成自身的数据化发展。当然，数据不是科学研究的全部，对监测系统的构建、维护与更新，本身也是一项重要的科学实践内容。而更有意义的是，乡村教育质量监测能够为更多的参与者打造研究入口并提供技术支持。对于非专业研究人员而言，他们的研究可以是个体化的、经验性的，直接为研究者提升本人的工作能力与效果提供支持。如前所述的管理功能，如何利用监测来提升管理能力、开发新管理工具、创新管理方法等问题，都极具研究价值，管理者通过监测平台提供的数据和自身的实践经验，完全可以获取一套属于自身的科研成果。因此，乡村教育质量监测的科研功能，就是利用监测本身，为乡村教育工作者提供一个共享的科研平台，为乡村教育的科学化发展助力。

第二节　乡村教育质量监测体系建构

乡村教育是一个综合性的教育实践。从目的上看，乡村教育除了育人，还要推动乡村社会的发展。从主体上看，除了传统意义上的教育工作者和学生，乡村中的所有人都可能是乡村教育的潜在对象。从内容上看，乡村教育包括乡村的基础教育、职业教育与成人教育三大板块。因此，有别于专门领域或专门层次的教育质量监测，乡村教育更需要构建一个跨领域、多层次、项目完备的质量监测体系。

一、乡村教育质量监测体系建构原则

乡村教育质量监测体系建构原则，是根据教育质量监测的目的和基本规律提出的监测体系构建及监测工作开展过程中必须遵守的基本要求。我国乡村教育质量监测体系尚未成熟的基本背景下（目前，我国大多数地区的乡村教育质量监测体系建设尚在起步阶段，还不能开展连续有效的监测工作，甚至部分偏远地区乡村还没有质量监测系统），把握工作原则对监测体系的顺利建设和日常性监测工作的有效开展具有较强的指导意义。总体而言，乡村教

育质量监测体系的构建，须把握科学性、继承性、层次性、引导性与过程性五项原则。

（一）科学性原则

科学性原则，是指在乡村教育质量监测体系构建和监测工作的开展过程中，要坚持运用科学的知识和方法，做到"知行"合一。所谓"知"，是指理论知识基础；"行"是指实践工作。"知行统一"，就是乡村教育质量体系建设过程中，要将相关理论知识运用于实际工作之中，同时也要善于总结工作中的经验与教训，进一步地提高质量监测工作的效率与推动乡村教育的理论发展，其目的是要着力避免将乡村教育监测体系的建构以及监测工作的开展简单化。

从表面上看，搭建乡村教育质量监测体系的组织结构并不困难。但"好建成"不代表"能建成"，"能建成"不等于"能建好"。要做到监测体系的有效运行，科学地发挥预期功能，需要结合教育学、统计学、质量学、管理学、社会学等学科的相关知识对监测体系的组织结构及其运作机制进行科学的设计与执行。例如质量学中的"全面质量管理"（Total Quality Management）"理论，从商业、生产等部门的应用扩展到教育领域，对教育质量提升起到了积极的推动作用。"全面质量管理"是指"一个组织以质量为中心，以全员参与为基础，通过让顾客满意和本组织所有成员及社会收益达到长期成功的途径"。该理论将生产过程中的社会系统、管理系统和技术系统统一起来，提出"全成员参与""全方面工作""全过程活动"的"三全管理"，将质量管理从产品最后阶段由专业人员进行的"出口"质量检测和把关，引向生产的全流程。我国的乡村教育质量监测，正需要这种质量管理方法及其背后的"质量观"作基础，把质量监测作为抓手，突破乡村教育底子薄、经费缺、组织散等现实困境，实现乡村教育质量的不断提升。同样，质量监测指标的开发，离不开教育学与统计学相关知识的指导，社会学、管理学等理论也在质量监测体系的开发和运作过程中发挥重要作用。

运用各学科的理论知识科学地建设与运行监测系统是"知行统一"的一方面，在监测过程中不断地积累经验和发展教育是同等重要的另一方面。毕竟，建立和运用乡村教育质量监测体系只是手段，其最终目的是保证与促进乡村教育不断地科学发展，教育质量不断地提升。因此在质量监测过程中，也要不断地完善、发展与创新包括质量监测在内的乡村教育理论知识与实践方法，走上一条利用理论知识推动实践与凭借实践创新理论循环往复的良性发展道路。

（二）继承性原则

继承性原则，是指在乡村教育质量监测体系建设过程中，对原有不足的改革创新与已有基础的继承之间要保持必要的张力。虽说我国乡村教育发展落后，教育质量的管理和监测工作不尽完善，但乡村教育质量监测体系建设，并不是毫无基础的"平地起高楼"，已有的乡村教育质量的评价、管理等理论与实践仍发挥巨大的影响，如何继承其中财富、改革不足是质量监测体系构建的重要方面。

对"改"而言，要求在现有条件的基础上，紧跟时代发展潮流，遵循社会经济发展与教育发展的规律，从教育质量监测的目标、主体、内容、方法等方面进行大胆的创新，以适应农村教育改革发展的要求。比如，在强调结果的传统教学质量观影响下，培养出的"高学历人才"的数量成了乡村教育质量的重要指标。但事实却是，这些"人才"可能离开乡村之后一去不返，教育质量未能转化成乡村发展质量。而那些不是"人才"的年轻人，虽学历不高，但也凭一技之长和奋斗为家乡创造财富。在这种情况下，乡村教育质量监测就应该摒弃"绝对数量"观，以更全面、更本土的方式来构建监测的指标体系。又如人们常把教育质量监测理解为"专业人员"或"专管人员"的工作，如何调动更多的教育者在监测过程中发挥作用，也是需要"改革"的重要工作。乡村教育对质量监测还不熟悉，这样需要"改"的例子不胜枚举，改什么、如何改，都需要在实践中不断摸索前进。

同时，"改"也不是完全的推倒重建，已有的举措，也不尽是"破壁残垣"。在理论方面，关于乡村教育发展的研究丰富，理论比较成熟；在资料方面，既有上级教育管理部门的直接数据，也有地方文献的相关历史文献；在实践方面，譬如相关长期性或临时性的质量调查、评估也会涉及乡村教育层面，这些都为质量监测体系的建设提供了宝贵的原料与经验。而教育中其它领域的质量监测，比如基础教育质量监测，也是乡村教育质量监测可为利用的资源——一方面，乡村教育的基础教育层次就是全国基础教育质量监测的组成部分；另一方面，基础教育质量监测的方法与经验为乡村教育质量监测提供了丰富且宝贵的参考。因此，在乡村教育质量监测体系建设过程中，在"改"的趋势下也要做好"承"的工作，充分利用已有资源。

（三）引导性原则

引导性原则是指对乡村教育质量监测进行督导过程中，侧重于引导而不是管理。"督导"一词，指对某些工作进行监督和指导，其目的是通过管理和指导的方式促进对象的发展。"督"侧重于检查、督促，强调上级对下级的管理，"导"侧重于教育、引导，强调专业人士对非专业人士的帮助。从"督"和"导"的辩证关系看，"督"是基础，"导"是目的。

乡村教育质量监测体系在督导制度中的身份较为特殊，有两层含义。第一层，是监测体系外部力量对监测体系进行的督导，其目的是优化乡村质量监测体系，促进其有效运行与良性发展。第二层，是利用质量监测的结果，对乡村教育系统的工作进行督导，其目的是促进乡村教育质量的不断提高。无论是针对哪个层面，"督导平衡"原则都指督导工作的开展都要并驾齐驱，缺一不可，督导作用的发挥要两相适宜，不可偏颇倾斜。

一方面，质量监测本身就是教育督导的组成部分，对乡村教育整体工作进行评价、判断和引导。经由监测体系提供的数据和结论，是乡村教育督导发挥作用最有力的武器之一，监测体系所反映的情况和挖掘出的问题，极大地影响着督导工作的方向。因此，建立科学的监测指标体系和开展监测工作就显得尤为重要。

另一方面，对乡村教育质量监测体系自身而言，也需要外部力量对其工作进行督导。从"督"来说，首先要完善乡村教育质量监测的督导体制，建立专门的督导机构，发挥综合协调作用，既为质量监测的上级管理单位反馈信息与决策参谋，又对监测体系的工作进行监督；还可以建立质量监测的专门督导机制，通过定期检查、材料审阅、专题汇报、专家会诊、个别跟踪、实地考察等方式，真实全面地获取督导信息，落实对质量监测体系进行有效管理的目的。从"促"来讲，聘请教育评估、教育测量的专家作为督导员，对于乡村教育质量监测体系的工作方向、内容、方法，指标体系的完备性和科学性等方面提供专业的指导，引入先进的监测方法和经验，促进监测体系自身的动态发展。

（四）层次性原则

层次性原则，是指乡村教育质量监测体系的构建，既要考虑监测对象的单个乡村（点），也要辐射区域间的多个乡村（面）。如前文所述，乡村教育质量监测具有地区性的特点，乡村之间不同的村情与教情，质量监测的侧重点都有不同。不过，临近村落之间，也会体现出较大的相似性。这让我们在构建乡村教育质量监测体系时，特别需要注意个别与普遍的关系，既突出每个村落的教育特点，又把握区域间乡村的共同特征。这就要求乡村教育质量监测体系是一个具有多层次的纵深结构。

宏观层次，农村教育质量监测应是一项全局性的工作，要符合国家、地区对乡村教育，乃至乡村社会发展的基本规划与要求。相较城镇，乡村社会结构更加简单，乡村教育承担的乡村社会功能也就相应地更多，产生的影响也更明显。因此，乡村教育质量监测除了反映教育的基本情况外，还要为乡村社会发展的评估提供参考。这必然促使乡村教育质量监测体系在面上涵盖更多的要素，除了基础教育阶段之外，成人教育、职业教育都应囊括其中。中观层次，乡村教育质量监测体系将单个村落作为基本点。在这一层次，质量监测体系要准确反映乡村教育的独特性，要求监测指标根据实际情况调整内容与权重。此时，不能将宏观层面的统一性要求作为评价的标准。比如，在以职业教育为特点的乡村，基础教育的"升学率"就不应该按照地区的统一标准进行要求。微观层次，乡村教育质量监测要落实到校、年级、班级甚至师生上，从学校规划、课程设置、教学计划、教学目标、教学方法等方面对乡村教育质量的细节准确把握。值得一提的是，在微观层次的教育监测也可有所侧重。比如基础教育低年龄阶段，对学生"行为养成"的要求比"知识获取"可能更为重要，监测体系对此类需求应该有所回应。

综上所述，根据"层次性"原则，不难构建出宏观看整体、中观看特色、微观看细节的乡村教育质量监测体系。

（五）过程性原则

过程性原则是指乡村教育质量监测以过程监测作为其价值取向。一般而言，教育质量监测和评价通常有三种价值取向，分别是完成性、主体性和过程性取向。

完成性取向又称目标取向，它将监测视作将监测对象最终形成的结果与最初设定的目标之间的比对。对教育质量高低的判断，仅取决于预定教育目标的达成度，以"量化"作为监测方法的核心。这种监测方法的优点是简明直观，容易测量和把控，但其问题在于以"目标"和"成果"作为监测和评价的全部内容，基本忽视了对过程的监测。这种监测取向适用于一次性的项目，对于需要长期进行跟踪的乡村教育质量监测来说，过于简单武断。

主体性取向受后现代主义去标准化的影响较大，认为质量监测活动是参与主体共同构建意义的过程。它反对将质量监测视作由与监测系统相独立的外部力量对监测对象进行的"客观"判断，而提倡让与监测对象相关的所有主体都参与质量监测与评价中去。如对课堂教学质量的监测，授课的教师与学生不应仅被当作"客体"而被课堂外的"专业人员"所监测，他们也应该是这项监测工作的参与者，对监测的过程和结果提出自己的意见。主体性取向对乡村教育质量监测具有一定的启发意义，即乡村教育的各方参与者是质量监测工作应该且必须要利用的重要资源，缺少他们声音的质量监测工作是不完整的，监测所得的结论也是不准确的。

过程性取向则强调对乡村教育工作开展过程中的全部情况都纳入监测的范围。与完成性取向强调获取成果不同，这种取向以促进监测对象本身的发展为最终目的。过程性监测并非不设目标，而是不把结果符合目标作为监测和评价的终点。通过过程监测，可以获取在过程中涌现的，具有超出监测目标预期的、新的成果。而这些成果往往更具价值。过程性监测以乡村教育工作的全过程为对象，能够更好地发现问题和分析原因，而这是仅看成果的完成性监测所难以实现的。过程性取向要求乡村教育质量监测具有连续性。一方面，在一个监测周期内进行连续的监测，对过程进行记录以描绘监测对象的变化轨迹。另一方面，乡村教育质量监测应是长期性的，一个周期紧接一个周期，新的监测周期在总结上一周期的基础上提出进一步发展的目标。

二、乡村教育质量监测体系开发

一个完整的乡村教育质量监测体系，由监测主体、监测内容和监测方法组成。

（一）监测主体

现在的乡村教育体系中，监测（评价）的各方面工作都不完善，存在监测（评价）主体缺位失位现象。就主体来说，存在两个问题。第一，临时性的监测多于常规监测。临时性监测来自于国家或者省级、市级的教育质量评估或调研项目，也有教育科研单位的科研项目，往往进行一次性的调查后便结束。第二，常规性的评价多在县一级。评价人员来自县级教育管理单位，乡村自身的评测人员不足。显然，现有的监测主体参与的程度和数量都无法满足乡村教育质量监测的需要。与城镇的教育质量监测不同，乡村教育质量监测涉及内容众多，要求参与的监测主体也更多，而乡村地理位置普遍较远，固定的、来自乡村外部的专业人员难以长期、及时地跟踪整个监测过程。因此，乡村本地的主体资源也应该充分利用，与外部的监测人员共同组成监测主体网络。

1. 乡村外部监测主体

乡村外部监测主体在监测的理论知识和工作经验上更加丰富，主要负责重要监测节点的监测、数据分析、质量监督等工作。

（1）县级行政管理人员

由县政府或县委任命相关领导成立县级教育质量监测工作组，从政策引导、行政力量和经费支持等方面推动质量监测工作。

（2）县级教育管理机构人员

县级教育行程机构的人员，由专管干部和相关科室的工作人员组成。其主要工作分为两部分内容：一是负责县域内乡村教育质量监测的总体设计和数据总结与分析；二是负责乡村教育质量监测体系的总体管理工作。

（3）县级教育科研机构人员

一般而言，是县级教师进修学校（院）或教研室相关人员。教研机构应该成立专门的监测科室，指派专人负责监测工作。作为教育行政机构的智囊型机构，县级教研机构主要负责具体的监测任务设计和监测的过程管理，并在重要的监测节点组织相关专家下乡进行数据的收集和统计工作，提供监测结果的评价报告。另外，各学科方向的教研员也可以作为学科教育质量监测人员。

(4) 高校教育科研单位人员

高校教育科研单位为乡村教育质量监测提供智力服务：一是用科学方法进行监测系统的设计，包括监测内容和指标的评判与修正；二是提供专业的数据分析服务和方法指导；三是监测结果的评定、评价，提供科学的咨询报告及相关的对策研究；四是科研单位的教育和监测专家下乡进行实地的监测和方法指导；五是建立以高校为中心的乡村教育质量监测网，联动和共享地区乡村教育质量监测结果。

2. 乡村内部监测主体

乡村内部监测主体以乡村教育工作人员为主。他们并非专业的教育评价和测量的工作者，主要承担日常性和过程性的监测工作。

(1) 乡村基础教育学校校长

主要是乡镇中学、小学，村小和村教学点等的校长或负责人。他们是乡村教育的骨干，既了解乡村教育的实际情况，又具有一定的教学能力和教育学知识，还兼具较强的行政能力。因此，他们负责监测过程的具体管理工作，如分配任务、综合数据、处理应急情况等。

(2) 乡村教师

乡村教师既是乡村教育的执行者，也应是教育的监测者。在规模较大的办学点，可以选取教师代表作为监测员，在规模小的办学点，教师数量较少，则可都作监测员。教师的监测任务不应加重教师的负担，因此应在与其本职工作密切相关的领域内开展，如其所承担教学的学科教学质量，其所带班级的学生学校质量等。

(3) 乡村干部

乡村干部在稍宏观的层次上对乡村教育质量进行监测。比如对村内的文化站点工作进行记录，从侧面反映成人教育的总体情况，乡村的就业等情况也能反映出职业教育的成效。

(4) 乡村学生家长代表

学生家长代表是乡村教育质量监测主体的一个重要的补充。虽然家长并不一定能准确客观地认识和反映教育质量，但家长的意见也应该作为监测的内容。家长代表的主要监测工作是对教育质量的满意度进行反馈。不同于调查时的受访者身份，作为监测者的家长代表应该更关注子女受教育的整体质量。由于部分乡村青壮年流失严重，家长由老人或知识程度较低的中年人组成，鉴于这种情况，家长代表作为监测员也不是必须的。

（二）监测内容

监测内容是监测体系的核心部分，是监测指标体系制定的基础。总体上看，乡村教育质量监测可分为规划、硬件、办学和效果四个层面。

1. 乡村教育规划监测

教育规划监测的主要目的是判断乡村教育决策的制定和实施情况。通常，具体的乡村教育规划由县域和乡域的行政和教育机关制定，是对整个乡村地区的教育事业发展做出的统筹规划，是引导乡村教育布局和乡村教育发展路径的关键性内容。

（1）乡村教育发展战略规划

发展战略规划是乡村教育的纲领性文件，集中体现对乡村教育发展的目的、定位、目标、方法、途径等整体性、基本性、长期性问题的思考和设计。乡村教育发展战略规划具有严肃性和长期性，对其监测主要体现在两方面：一是科学性，规划的制定是否符合国家和地区经济、文化与教育发展的要求，是否符合乡村的实际情况，能否满足乡村的发展需要，能否满足受教育者的需求等；二是稳定性，乡村教育是否按照规划的既定方向前进。乡村教育发展战略规划的制定，需要对农村教育的背景指标进行监测，如农村人口受教育水平——劳动力平均受教育年限、每万人大中专及以上文化程度人口、辖区内教育机构基本情况、终身和远程体系教育情况、社会文化生活等。

（2）乡村教育发展目标

相比于发展战略规划，发展目标更加具体。因此，教育发展目标的监测，主要集中在合理性和可行性两方面。合理性主要监测乡村教育发展目标是否周到准确，要对乡村教育各方面的发展都预定目标，并且目标应该符合乡村的实际情况和发展需求。可行性主要判断发展目标的实现计划和达成难度，保证教育资源效率最大转化，预防贪多冒顶，造成计划无法顺利完成，同时也预防目标过于简单，造成资源浪费。

（3）乡村教育发展促进政策

政策是政府为实现其目标而制定的计划，它发挥引导性和保障性的作用。乡村教育发展战略规划和发展目标的实现，离不开相关的政策"保驾护航"。对乡村教育发展促进政策进行监测，首先判断政策的价值导向，能否有效地引导乡村社会力量和教育工作者将"追求质量"作为教育发展的核心；其次分析政策执行主体的责任、政策利益主体的利益分配是否清晰、合理；最后监测政策是否具备可操作性，能否顺利地落到实处。

（4）乡村教育经费

乡村教育经费一直是教育管理和监测的重要内容。国家出台了很多政策来保障农村教育经费，例如《关于深化农村义务教育经费保障机制改革的通知》自颁布以来，农村义务教育阶段的经费从来源上得到了较好的保障。但乡村教育的范围远不止义务教育，保障经费的充足与科学使用是监测工作的重要任务。经费监测主要从来源、去向和使用三方面进行监测：对于来源，监测内容主要是经费的预算，是否实现了增长，预计了哪些用途等；对于去向，主要监测经费去向是否与预算的计划一致，防止经费挪作他用；对于使用，监测经费的管理和使用情况，保证经费充分、安全，防止使用中的腐败。

2. 乡村教育硬件监测

乡村教育办学所用的设施、设备等物质资源都属于教育硬件。虽然经过大量的投资，乡村教育的硬件水平已获大幅提升，但与城镇相比差距仍然明显，特别是部分偏远地区，办学条件仍然十分艰苦。虽然教育硬件设施与教育成果的最终质量不一定成正相关，但它仍能反映出教育的发展水平。因此，乡村教育硬件发展应该作为监测的重要内容。

（1）办学条件

对办学的监测首要是在乡村学校的布局上，除基础教育的中小学以外，还包括职业教育学校和成人教育的学校（教学点）。学校的设置需要符合乡村的实际需要，学校的数量、规模需要满足不同学生的需求。对于较为偏远的学校（教学点），不能盲目地撤并；对于中心地区的学校，要考虑当地的人口密度、地理交通、学生入学难度等问题，不能贪多求大，一味地建设大型学校。职业学校要较好地承担分流和培养的功能，成人学校（教学点）应该能较好地覆盖整个乡村地区。

乡村教育发展至今，基本以公办学校为主。随着教育改革的不断推进，办学主体的多元化是一条重要的出路。一方面，是办学的投资主体，充分挖掘外界经济实体的办学潜力，将民办学校引入乡村教育体系中，在幼儿教育、职业教育和成人教育等领域开发新的办学体制，丰富乡村教育的资源。对办学的监测，则可以从主体、政策、计划、方法等多方面进行。另一方面，农村教育的培养模式创新也是监测的内容之一。现在许多乡村都已经开始探索适应地方特点的特色培养模式，如"3＋1"模式，分流教育模式等，使学生能够根据各自的具体情况合理地选择高中教育或者职业教育。

办学条件还要监测校园硬件、教学设备和图书资料。校舍是校园最基本的基础设施，包括学校的整体面积、教学用房、办公用房、学生宿舍、活动用房等内容，监测的重点是生均、师均教学用地和生活用地面积和质量。校园环境是另外一个监测内容，包括校园的卫生、绿化、文化布置等。教学设备则以教具，特别是信息化教具为主，例如电视、电脑、投影仪等。另外，针对乡村教育的特点，还应该对职业学校的生产实践基地，成人学校（教学点或教学基地）的特殊教学仪器进行监测。图书资料则是乡村教育最应重视的硬件资源，从量上来说，乡村学生人均图书占有量低，除了教材和辅导书外，知识拓展用的其它书籍严重不足；从质上来说，存在图书内容陈旧、知识更新不足、体系不全等问题。

（2）周边环境与安全

学校的周边环境虽不是教育部门和教育工作者直接负责管理和维持的内容，但对教育工作产生着不可忽视的影响。从大了讲，它可以包括乡村的社会风气、对教育的重视程度、对教师行业的尊重程度等；从小了讲，它是学校周边的环境和治安水平，例如校园周围的小摊点、网吧等。周边环境对教育的影响主要在对学生，特别是义务教育阶段的学生的安全问题上，应引起足够重视。在安全问题上，最为重要的一项内容是学生的交通问题：一是有校车接送的学校，对校车质量和接送人数要严格把控；二是没有校车接送的学校，特别是偏远地区，学生上学沿线的危险路段和恶劣天气的预警要做到实时监测和反馈。

3. 教学实施监测

教学实施是提升乡村教育质量的中心环节。乡村学校教学的质量，很大程度上决定了乡村教育的总体质量。教学实施涉及的内容广泛，主要包括师资、课程、教学、管理几个方面。

（1）师资

师资水平是影响乡村教育质量最为关键的因素。受乡村经济和地理条件的限制，乡村学校很难吸引到优秀的年轻师资加入，部分偏远地区长期依靠代课教师（现在虽已取消）和志愿者教师授课。因此，对乡村师资力量的监测，重点应放在教师队伍和能力的建设上。

教师队伍建设，主要对教师队伍的数量、结构和稳定程度进行监测。一是对教师队伍的结构进行监测，如教师的数量、学科背景、学历背景、性别比例、年龄比例等，对乡村教师的整体情况和流动情况进行了解，争取年轻优秀的师范毕业生加入工作。二是教师的教学能力，包括教学水平、学生喜爱程度、教师性格、情绪等。三是对教师的待遇进行监测，如教师工资水平的提高、工作环境的改善、教师成绩的奖励等。四是对教师的工作量进行监测，一方面了解教师的真实状况，及时解决教师的需要，另一方面掌握教师的动态，保障教师队伍的健康稳定。五是教师的流动机制，配合城乡统筹的教育协调发展，优化教师资源配置，对乡村教师的轮岗，城乡教师的对口支援等进行监测。

发展教师能力实际上也是教师队伍建设的组成部分，但因其重要性将之单独提出并与建设队伍建设并列。客观条件限制使得乡村教育很难利用"外部引援"的方式提升师资水平，利用教师的继续培训进行"内生创造"才是正道。一是对教师培训参与度进行监测，保证每个教师在固定的周期内都能获得学习深造的机会。二是对教师培训项目进行监测，确保培训内容符合乡村教师的需要，确保培训项目形式（脱岗、在职等）的适切性等。三是对教师参加培训的效果进行跟踪监测，防止培训流于形式地既增加了教师的工作量又未能取得实际效果。

（2）课程

课程主要决定学生学习的内容。乡村教育的课程监测，主要从基础教育、职业教育和成人教育三方面进行。

基础教育的课程监测，要注重国家课程、地方课程和校本课程的结合。对国家课程，主要对学校教务处的教学计划进行监测，确保国家课程的课时充足。对地方课程和校本课程，一是监测校本课程开设的数量，确保能有足够的选修课供学生选择；二是监测校本课程开发的质量，挖掘和促进地方课程和校本课程中的精品课程；三是监测校本课程的本土性和民族性，使校本课程突出地方特色。

职业教育的课程监测，要注重预见性、实用性和地方性。第一，监测职业教育的科目和课程数量，其反映的是职业教育的规模。但是，对于乡村的职业教育课程，不应该盲目地求多求全，数量不一定能反映质量。第二，在监测规模的同时，还要对核心课程的编制、开发和内容进行监测，判断课程的实效性。第三，监测课程的实施，如实践性课程和理论性课程的分配比例等。

成人教育的课程监测，要体现全员参与。首先，监测成人教育的课程对象的覆盖面，是否较好地将乡村地区的成人都纳入课程体系之中。其次，监测成人教育课程内容，是否对成人的教育需求有准确的反映。第三，监测成人教育课程的社会性和文化性，是否能够引导乡村社会文化良性发展。

（3）教学

教学是教师与学生在教学场所中的双边活动，它既包括教师的教，也包括学生的学。对乡村教育的教学进行监测，包括教学环境、教学方法、教学研究等几个主要方面。

这里的教学环境与学校环境不同，特指教室内的教学环境。首先教室的物理空间，包括门窗、空间、亮度、温度、湿度等。其次是教学的规模，课堂的学生数和师生比，每个学生占有的空间等。第三是教学设备，包括黑板、讲台、课桌椅、电视、电脑、投影仪等。第四是教学的文化环境，包括教室中的文化布置，如标语，黑板报等。

教学方法可以从两个层面进行监测。一是宏观层面，监测教师对新的教育理念的吸收和转化，比如教学活动中是否用到了合作学习、探究式学习、差异教学、情景教学等方法，这个层面的教学方法也可以理解为教学模式。

二是微观层面，监测教师对基本教学技术的掌握，比如讲授、展示、引导、提问、多媒体运用等。教学方法的另一侧面是学生的学习方法。教学过程中学生的学习方法由教师的教学方法所带动，比如自主学习、小组讨论、结论展示等。对学生学法的监测也是反映课堂教学过程质量的重要组成部分。

教学研究是发展教师教学能力、提升教学质量的重要手段。与高校等科研单位的教学研究不同，乡村教师的教研应该聚焦日常教学活动中遇到的问题，比如对某课程更好地进行教学设计，教学方法的探索，师生教学管理中遇到的难题等。教学研究的监测来自两方面，一是乡村教师的集体教研，主要是教研室（以学科或者项目）的集体教研活动，如备课、讨论、学习等。二是乡村教师的个人教研，包括申请课题、发表科研文章等。当然，乡村教师的教研不一定要求成果，教研本身对教师能力的提升更为重要，因此监测也应侧重于教师的科研过程，而非成果数量或质量。

（4）管理

对管理的监测目的是了解学校的运作情况是否健康高效。对管理的监测可以分为学校、年级、班级三个层面。学校层面的管理，一是行政、一是教学。行政方面，主要监测学校的发展规划，行政资源的运用和行政日常工作的实效性等；教学方面，主要监测学校的教学管理制度、教学计划的制定、学校层面教学活动的开展、校长的教学领导等；年级层面，监测主要围绕班主任管理、教师管理、学生管理和日常活动管理三方面；班级层面，监测主要围绕教师和学生的行为展开。

4. 乡村教育效果监测

效果监测是一种结果性监测，它是对一段时间乡村教育发展所产生的变化进行的判断。一般而言，效果监测有两种方式：一种是对照目标进行判断，另一种是将监测的最终结果与初始数据进行比较，其绝对值就是增长和变化的效果。对乡村教育效果监测，主要从社会、学校、教师（包括校长等教育工作者）、学生四个方面。由于效果监测在内容上与前一小节基本重复，故仅简单论述。社会效果主要监测社会文化和风气的变化，比如乡村居民的精神面貌，乡村社会的文化生活，乡村居民的自我认知等。学校发展效果，主要监测乡村学校的整体发展和具体学校的个别发展，包括乡村教育的布局、学校数量规模的变化，学校的声望等。教师发展效果，主要监测教师的个人发展，如能力、工资、工作积极性等。学生发展效果，主要监测学生的学习成绩和综合素质，成绩如毕业率、升学率、就业率，综合素质包括知识、技能、心理等因素。

三、乡村教育质量监测体系构建策略

（一）颁布法规政策保障乡村教育质量监测

近年来我国在教育法制领域取得了突破性的成就，既明确地在《宪法》中规定了公民受教育的权利，也出台了《教育法》等诸多法律规章以细化公民权利。但由于这些法律和规章多考虑宏观层面，缺乏对农村地区的针对性和可操作性，使得许多对乡村教育发展有利的办法在实行过程中被各种各样的困难所阻遏。鉴于此，应尽快修改和出台相关专项立法，以法律方式明确农村教育改革的发展战略并将农村教育质量监测涵盖其中。各地方应遵照法律要求，作出符合地区实际情况的具体、清晰和可操作的规定，并颁布各项教育政策为乡村教育质量监测保驾护航。

（二）保障乡村教育质量监测经费

一直以来，我国农村教育投资并不充足。过去我国政府对城市和农村教育建设的重视程度各不相同。据统计资料显示，2002 年社会教育投资各项总和为 5800 亿元，其中应用于城市学校教育投入的约 4466 为亿元，约占全部教育投资总额的 77％，而用于支付农村教育的经费投入仅为 23％。《义务教育法》颁布之后，规定了义务教育的经费投入实行国务院和地方各级人民政府根据职责共同负担，省、自治区、直辖市人民政府负责统筹落实的体制，农村义务教育经费得到了基本保障。但除义务教育外，农村职业教育、成人教育的经费仍然严重不足，基本处于"自负盈亏"的状态，而农村教育需要的其它专项经费更少。农村教育质量监测需要充足的经费作为保障。我国农村地区教育改革和发展的关键出路仍需建立在政府转变施政理念的基础之上。一方面，对农村教育要有全面的认识，在继续加大对农村教育的经济投入，提高农村教育在教育经费结构中的比例的同时，对基础教育、职业教育与成人教育应统筹兼顾。另一方面，对诸如农村教育科研、教育质量监测等专项

经费提供保障。对农村质量监测的经费使用建立由上及下的教育经费流向监管机制，在各级政府部门建立教育经费的专项监管部门，确保质量监测经费不被挪用和滥用。

（三）运用科学的教育质量监测技术

乡村教育质量监测是一个逻辑严密的科学系统，运用科学的监测技术手段是保证监测科学性的基础。从宏观上讲，乡村教育质量监测方法应包括"质量标准""监测方法""监测方案"和"保障制度"四个基本环节。"质量标准"是监测的基础，它是监测指标的集合。对监测指标的设计，既要考虑城乡内外部因素的影响，还要从县、乡、村、校各个层面来对监测内容进行科学的分析和评判，力求简洁明晰、突出重点，真实反映乡村教育的全貌。"监测方法"则是监测所使用的模式或具体的方法。现在常用的有"泰勒模式""CIPP"模式"目标游离模式""应答模式"等。例如，"CIPP"模式，将教育监测过程分为了背景、输入、过程和结果四个阶段，其基本观点是监测和评估最重要的目的不在证明而在改进，每一个评估过程都是在为决策服务的。具体的方法，则包括整体抽样、问卷调查、试卷测试等方法。"监测方案"是监测的整体设计，直接关系到监测工作的可行性，它从目标、内容、过程、方法、预期结果等方面勾画出监测的时间表和路线图。"保障制度"则是从法律、经费、组织等各个方面为监测工作提供支持。

（四）提高乡村教育质量监测服务水平

乡村教育质量监测不应该是仅以结果获取为目的而进行的自上而下的检查和监督，更应该是以改进乡村教育、体现教育发展与服务功能为己任的乡村自我改进运动。这就要求乡村教育的监测系统不断提高管理和服务水平，加强与高校等科研单位合作，积极为乡村各学校提供优质的监测、评估和督导工具，在对乡村学校进行了监测活动之后，为其提供科学有效的监测报告，并向相关学校提供丰富的诊断信息和指导、发展建议。同时，提升监测队伍水平，为监测人员提供理论和技术服务。质量监测是一项技术含量很高的科研活动。乡村教育质量监测不仅要求多领域的专家共同参与，还需要一大批在监测和督导范围中的教育行政部门、教育科研部门、中小学管理者与教师，乃至部分普通村民都参与其中。这些非专业人士的对监测的理论知识和技术储备都大大不足。因此，加强相关人员的培养、培训尤其必要。教育管理部门和科研单位应该肩负起这个重要责任，一方面，举行定期培训，邀请监测专家对监测人员进行系统教学，另一方面，强调监测的过程指导，确保监测过程的规范及监测数据的准确。

（五）构建乡村教育质量监测网

乡村教育质量监测网是以区域性教育科研单位组织的，将众多乡村质量监测站点联系在一起的监测网络。从性质上看，乡村教育质量监测网是以科学研究和决策建议为主要目的的非政府性机构。从组织上看，它需要一所区域性的教育科学研究单位作为组织者，并在各个乡村设立相对应的监测站点。教育科研单位所覆盖的面越广，乡村教育质量监测网的站点便越多。从功能上看，乡村教育质量监测网是利用教育科研单位的综合科研能力，构建区域乡村教育质量监测的大数据库，从更高的层次对各个乡村的教育质量数据进行分析和研判。乡村教育质量监测网能够更有效地提升乡村教育质量监测的效率，其优势有三：第一，将科研单位直接与乡村监测站点关联，节省了中间环节，极大方便了乡村教育一线监测者、教育工作者与相关理论和技术专家的沟通；第二，各乡村站点监测的数据交由科研单位统一处理，保证了数据的真实性和分析的科学性；第三，科研单位除了对各个站点直接反馈建议外，还可以掌握更宏观的县域、市域乃至省域的乡村教育发展情况，为相应的教育决策和行政部门提供参考建议，形成高效的"科研－决策－执行"体系。

主要参考文献

（一）著作

[1] 白寿彝，陈其泰. 中国史学史：近代时期（1840－1919）[M]. 上海：上海人民出版社，2006.

[2] 白寿彝. 中国通史（第1卷）[M]. 上海：上海人民出版社，2015.

[3] 陈遇春. 当代中国农民职业教育研究 [M]. 榆林：西北农林科技大学出版社，2005.

[4] 陈锟. 中国乡村教育战略 [M]. 北京：中共中央党校出版社，2006.

[5] 陈拥贤. 湖南农村职业教育发展研究 [M]. 长沙：湖南科技技术出版社，2008.

[6] 戴伯韬. 解放战争初期苏皖边区教育 [M]. 北京：人民教育出版社，1982.

[7] 丁钢. 近世中国经济生活与宗族教育 [M]. 上海：上海教育出版社，1996.

[8] 狄成杰. 成人教育发展论 [M]. 长春：吉林大学出版社，2005.

[9] 费正清，罗德里克·麦克法夸尔. 剑桥中华人民共和国史（1949—1965）[M]. 上海：上海人民出版社，1991.

[10] 费正清. 美国与中国 [M]. 北京：世界知识出版社，1999.

［11］费孝通. 江村经济［M］. 呼和浩特：内蒙古人民出版社，2010.

［12］费孝通. 乡土重建［M］. 长沙：岳麓出版社，2011.

［13］费孝通. 乡土中国［M］. 北京：北京大学出版社，2012.

［14］扈中平. 教育目的论［M］. 武汉：湖北教育出版社，1997.

［15］扈中平. 教育人学论纲［M］. 北京：高等教育出版社，2015.

［16］冯俊. 开启理性之门：笛卡尔哲学研究［M］. 北京：中国人民大学出版社，2005.

［17］姜兴雷. 中国革命史［M］. 北京：人民出版社，1990.

［18］李建兴. 中国社会教育发展史［M］. 台北：三民书局股份有限公司，1986.

［19］李少元. 农村教育概论［M］. 南京：江苏教育出版社，1996.

［20］李金铮. 近代中国乡村社会经济探微［M］. 北京：人民出版社，2004.

［21］李宁. 全球化视野下中国农村教育问题研究［M］. 长春：东北师范大学出版社，2008.

［22］李森. 现代教学论纲要［M］. 北京：人民教育出版社，2005.

［23］李森. 教师职业技能训练教程［M］. 北京：高等教育出版社，2009.

［24］李森，陈晓端. 现代教育学基础［M］. 上海：华东师范大学出版社，2009.

［25］梁漱溟. 乡村建设理论［M］. 上海：上海人民出版社，2006.

［26］柳海民. 教育原理［M］. 长春：东北师范大学出版社，2006.

［27］雷世平. 新农村建设与农村职业教育创新研究［M］. 长沙：湖南科学技术出版社，2008.

［28］刘娅. 解体与重构：现代化进程中的"国家—乡村社会"［M］. 北京：中国社会科学出版社，2004.

［29］刘铁芳. 乡土的逃离与回归：乡村教育的人文重建［M］. 福州：福建教育出版社，2008.

［30］毛礼锐，沈灌群. 中国教育通史（第二卷）［M］. 济南：山东教育

出版社，1986.

［31］茅仲英，唐孝纯. 余庆棠教育论著选［M］. 北京：人民教育出版社，1992.

［32］马镛. 中国教育制度通史（第五卷）［M］. 济南：山东教育出版社，2000.

［33］苗春德. 中国近代乡村教育史［M］. 北京：人民教育出版社，2004.

［34］庞守兴. 困惑与超越　新中国农村教育忧思录［M］. 桂林：广西师范大学出版社，2003.

［35］钱理群，刘铁芳. 乡土中国与乡村教育［M］. 福州：福建教育出版社，2008.

［36］阮承发，富康. 农村初中校本课程开发研究［M］. 兰州：甘肃文化出版社，2006.

［37］孙绵涛. 教育管理学［M］. 北京：人民教育出版社，2006.

［38］孙元涛. 研究主体：体制化时代教育学者的学术立场与生命实践［M］. 上海：华东师范大学出版社，2015.

［39］苏连营. 中国通史［M］. 沈阳：辽海出版社，2009.

［40］宋林飞. 乡土课程理论与实践［M］. 上海：上海教育出版社，2011.

［41］田静. 教育与乡村建设：云南一个贫困民族乡的发展人类学探究［M］. 北京：中央编译出版社，2013.

［42］王志民，黄新宪. 中国古代学校制度考略［M］. 北京：首都师范大学出版社，1996.

［43］王坤庆. 现代教育哲学［M］. 武汉：华中师范大学出版社，1996.

［44］王先明. 近代绅士：一个封建阶层的历史命运［M］. 天津：天津人民出版社，1997.

［45］王肃元，姚万禄，付泳. 当代中国农村教育发展研究［M］. 兰州：兰州大学出版社，2006.

［46］王道俊，郭文安. 教育学［M］. 北京：人民教育出版社，2009.

［47］王炳照，李国均，阎国华. 中国教育通史（先秦卷上）［M］. 北京：北京师范大学出版社，2013.

［48］邬志辉. 中国农村教育评论：教师政策与教育公正［M］. 北京：北京师范大学出版社，2013.

［49］邬志辉，秦玉友. 中国农村教育发展报告（2015）［M］. 北京：北京师范大学出版社，2016.

［50］熊川武. 实践教育学［M］. 上海：上海教育出版社，2001.

［51］项蕾. 论农村教育与"三农"问题［M］. 贵阳：贵州教育出版社，2007.

［52］徐辉，黄学溥. 中外农村教育的发展与改革［M］. 重庆：西南师范大学出版社，2000.

［53］徐莹晖，徐志辉. 陶行知论乡村教育［M］. 成都：四川教育出版社，2010.

［54］喻谟烈. 乡村教育［M］. 北京：商务印书馆，1927.

［55］杨世君，王继华. 发展农村职业教育与解决"三农"问题研究［M］. 哈尔滨：黑龙江人民出版社，2009.

［56］袁桂林. 中国农村教育发展指标研究［M］. 北京：经济科学出版社，2009.

［57］袁桂林. 西部农村基础教育行动研究［M］. 北京：人民教育出版社，2011.

［58］叶敬忠，吴惠芳，孟祥丹. 中国农村留守人口：反思发展主义的视角［M］. 北京：社会科学文献出版社，2016.

［59］赵质宸. 乡村教育概论［M］. 北京：京城印书局，1933.

［60］赵秀玲. 中国乡里制度［M］. 北京：社会科学文献出版社，1998.

［61］朱有献. 中国近代学制史料（第2辑上册）［M］. 上海：华东师范大学出版社，1987.

［62］朱新山. 乡村社会结构变动与组织重构［M］. 上海：上海大学出版社，2004.

［63］朱宇. 中国乡域治理结构：回顾与前瞻［M］. 哈尔滨：黑龙江人

民出版社，2006.

　　［64］张传燧. 中国农村教育学［M］. 重庆：西南师范大学出版社，1994.

　　［65］张岱年. 文化与价值［M］. 北京：新华出版社，2004.

　　［66］张大凯. 职业教育与社会主义新农村建设［M］. 成都：四川大学出版社，2009.

（二）论文

　　［1］包圣高. 基于社会主义新农村文化建设现状的思考［J］. 大众文艺，2015（5）.

　　［2］陈东林. "文化大革命"时期　国民经济状况研究述评［J］. 当代中国史研究，2008（3）.

　　［3］陈全功，李忠斌. 努力办人民满意的乡村教育：湖北长阳土家族自治县乡村教育支持体系的调查［J］. 教育与经济，2009（1）.

　　［4］陈秀. 教育公平主体的哲学意蕴［J］. 贵州社会科学，2014（8）.

　　［5］陈牛则，邱露. 推进教育治理体系和治理能力的现代化［J］. 中小学管理，2015（2）.

　　［6］蔡志良、孔令新. 撤点并校运动背景下乡村教育的困境与出路［J］. 清华大学教育研究，2014（2）.

　　［7］褚宏启. 教育治理与教育善治［J］. 中国教育学刊，2014（12）.

　　［8］褚宏启. 关于教育治理的几个关键问题［J］. 人民教育，2014（22）.

　　［9］杜寿松，何睿. 社会主义新农村文化建设的意义和任务［J］. 改革与开放，2015（6）.

　　［10］傅松涛，张扬. 论教育资源的深度开发［J］. 河北师范大学学报（教育科学版），1998（1）.

　　［11］扈中平. "人的全面发展"内涵新析［J］. 教育研究，2005（5）.

　　［12］范方，桑标. 亲子教育缺失与"留守儿童"人格、学绩及行为问题［J］. 心理科学，2005（4）.

[13] 冯建军. 向着人的解放迈进——改革开放 30 年我国教育价值取向的回顾 [J]. 高等教育研究，2009 (1).

[14] 丰箫、丰雪. 近十年中国现代乡村教育国内研究综述 [J]. 河北师范大学学报（教育科学版），2013 (2).

[15] 高水红. 乡村学校教育变迁与时空意识的变革 [J]. 北京大学教育评论，2012 (4).

[16] 耿涓涓. 乡村教育研究的转向 [J]. 广西师范大学学报（哲学社会科学版），2015 (2).

[17] 黄济. 教育价值与人的价值 [J]. 教育研究与实验，1989 (3).

[18] 郝锦花，王先明. 从新学教育看近代乡村文化的衰落 [J]. 社会科学战线，2006 (2).

[19] 贾学政. 近代私塾教育与宗族社会 [J]. 理论月刊，2005 (3).

[20] 李森. 新型城镇化进程中我国乡村教育可持续发展的现实困境与战略选择 [J]. 西南大学学报（社会科学版），2015 (4).

[21] 李森，崔友兴. 新型城镇化进程中乡村教师专业发展现状调查研究——基于对川、滇、黔、渝四省市的实证分析 [J]. 教育研究，2015 (7).

[22] 李森，崔友兴. 新型城镇化进程中乡村教育治理的困境与突破 [J]. 西南大学学报（社会科学版），2016 (2).

[23] 李琴，张伟. 官意与民意之间：1930 年代广西的村街民大会 [J]. 史学月刊，2006 (8).

[24] 李文道，孙云晓. 我国男生“学业落后”的现状、成因与思考 [J]. 教育研究，2012 (9).

[25] 李学容，蔡其勇. 迷失与回归：农村教育的发展路向 [J]. 辽宁教育，2014 (6).

[26] 蓝志勇，魏明. 现代国家治理体系：顶层设计、实践经验与复杂性 [J]. 公共管理学报，2014 (1).

[27] 刘旭东. 论教育价值取向 [J]. 青海师范大学学报（社会科学版），1992 (1).

[28] 刘长发. 建设学习型乡村的对策研究 [J]. 中共郑州市委党校学

报，2004（2）.

[29] 刘晓红. 继续教育应成为社区教育的中坚力量 [J]. 继续教育，2006（12）.

[30] 刘铁芳. 乡村教育的人文重建：起点与路径 [J]. 湖南师范大学教育科学学报，2008（9）.

[31] 刘铁芳：回归乡土的课程设计：乡村教育重建的课程策略 [J]. 现代大学教育，2010（6）.

[32] 刘宏伟. 中国乡村基层自治变迁的历史轨迹及启示 [J]. 东南学术，2012（2）.

[33] 刘月红. 论城乡一体化背景下我国农村教育价值取向的迷失与重塑 [J]. 教育理论与实践，2013（22）.

[34] 刘云杉. "悬浮的孤岛" 及其突围——再认中国乡村教育 [J]. 苏州大学学报教育科学版，2014（1）.

[35] 雷家军，刘晓佳，宋立华. 关于新时期乡村文化建设的几点思考 [J]. 江汉大学学报（社会科学版），2015（2）.

[36] 雷家军. 二十世纪中国乡村文化中坚力量变迁问题论纲 [J]. 文化学刊，2015（2）.

[37] 马凤歧. 教育价值的理论问题 [J]. 北京师范大学学报（社会科学版），1994（6）.

[38] 庞丽娟，韩小雨. 我国农村义务教育教师队伍建设：问题及其破解 [J]. 教育研究，2006（9）.

[39] 孙扬，朱成科. 新世纪以来我国农村基础教育研究价值取向研究综述 [J]. 教育学术月刊，2011（12）.

[40] 沈洪成. 教育下乡：一个乡镇的教育治理实践 [J]. 社会学研究，2014（2）.

[41] 宋乃庆，范涌峰. 农村小学校本课程建构的实践探索 [J]. 课程·教材·教法，2015（9）.

[42] 唐松林. 城乡教师平等对话的可能性思考 [J]. 教师教育研究，2007（5）.

［43］唐晓腾. 从经济发展史看近代以来中国乡村治理结构的变迁［J］. 中共宁波市委党校学报，2007（5）.

［44］唐鸣，赵鲲鹏，刘志鹏. 中国古代乡村治理的基本模式及其历史变迁［J］. 江汉论坛，2011（3）.

［45］谭深. 中国农村留守儿童研究述评［J］. 中国社会科学，2011（1）.

［46］谭净. 教育政策主体分类说［J］. 教育理论与实践，2015（10）.

［47］苏刚，曲铁华. 现代化进程中我国农村教育价值取向的嬗变及重构［J］. 教育发展研究，2014（1）.

［48］杨卫安，邬志辉. 中国古代乡村初等教育供给制度解析［J］. 华南农业大学学报（社会科学版），2014（1）.

［49］翁有为，徐有威. "近代中国乡村社会权势国际学术研讨会"综述［J］. 史学月刊，2004（11）.

［50］翁有为. 从 20 世纪三四十年代乡村的生存与出路看社会转型问题［J］. 史学月刊，2013（11）.

［51］王钧林. 近代乡村文化的衰落［J］. 学术月刊，1995（10）.

［52］王卫东. 教育价值概念的历史考察与理论分析［J］. 北京师范大学学报（社会科学版），1996（2）.

［53］王嘉毅. 发展西部教育的若干政策建议［J］. 教育研究，2000（6）.

［54］王先明. 中国近代乡村史研究及展望［J］. 近代史研究，2002（2）.

［55］王先明. 从《东方杂志》看近代乡村社会变迁——近代中国乡村史研究的视角及其他［J］. 史学月刊，2004（12）.

［56］邬志辉. 大城市郊区义务教育的空间分异与治理机制［J］. 人民教育，2014（4）.

［57］邬志辉. 乡村教育现代化三问［J］. 教育发展研究，2015（1）.

［58］邬志辉. 破解乡村教育发展症结的良药［J］. 中国农村教育，2015（8）.

［59］邬志辉. 综合设计瞄准乡村教育薄弱环节［J］. 中国农村教育，2016（9）.

［60］徐贵权. 论价值取向［J］. 南京师范大学学报（社会科学版），1998（4）.

［61］肖正德. 城镇化进程中乡村教师生存境遇与改善策略［J］. 中国教育学刊，2011（8）.

［62］许耀桐、刘祺. 当代中国国家治理体系分析［J］. 政治学研究，2014（1）.

［63］俞可平. 治理和善治引论［J］. 马克思主义与现实，1999（5）.

［64］俞可平. 治理和善治：一种新的政治分析框架［J］. 南京社会科学，2001（9）.

［65］俞可平. 推进国家治理体系和治理能力现代化［J］. 前线，2014（1）.

［66］闫守轩. 乡村教育"悬浮态势"的困境与出路［J］. 教育科学，2013（2）.

［67］袁桂林. 农村基础教育发展的需求、推力与阻力［J］. 华南师范大学学报（社会科学版），2013（1）.

［68］袁桂林. 中国农村教育发展问题［J］. 社会科学论坛，2013（3）.

［69］袁桂林. 农村教师生活补助是美好的政策开端［J］. 中国农村教育，2014（4）.

［70］袁桂林. 如何防止城乡教师交流轮岗制度空转［J］. 探索与争鸣，2015（9）.

［71］郑新蓉，韦小满. 我国中小学生学习与发展的性别差异的调查分析［J］. 现代中小学教育，2000（5）.

［72］朱启臻，梁栋. 村落教育价值与乡村治理秩序重构［J］. 人民论坛，2015（5）.

［73］周谷平，陶炳增. 20世纪乡村教育思想形成的历史回顾与思考［J］. 河北师范大学学报，2004（9）.

［74］张济洲. "离农"？"为农"？——农村教育改革的困境与出路［J］.

河北师范大学学报（教育科学版），2006（3）.

［75］张济洲. 农村中小学信息技术教师职业倦怠现象调查与分析［J］. 中国远程教育，2011（7）.

［76］张济洲. 农村"特岗教师"政策实施：问题与对策［J］. 教育理论与实践，2012（3）.

［77］张济洲. 农村教师的文化困境及公共性重建［J］. 教育科学，2013（1）.

［78］张中文. 我国乡村文化传统的形成、解构与现代复兴问题［J］. 理论导刊，2010（1）.

［79］赵鑫. 论统筹城乡教育发展中的思维误区及其对策［J］. 教育发展研究，2015（7）.

图书在版编目（CIP）数据

社会变迁中的乡村教育 / 李森，崔友兴主编. －福州：福建教育出版社，2017.5
ISBN 978-7-5334-7634-2

Ⅰ. ①社… Ⅱ. ①李…②崔… Ⅲ. ①乡村教育－教育史－中国 Ⅳ. ①G725-092

中国版本图书馆 CIP 数据核字（2017）第 025136 号

Shehui Bianqian Zhong De Xiangcun Jiaoyu

社会变迁中的乡村教育

李森　崔友兴　主编

出版发行　海峡出版发行集团
　　　　　　　福建教育出版社
　　　　　　（福州市梦山路 27 号　邮编：350025　网址：www. fep. com. cn
　　　　　　　编辑部电话：0591－83779615
　　　　　　　发行部电话：0591－83721876　87115073　010－62027445）
出 版 人　江金辉
印　　刷　福州万达印刷有限公司
　　　　　　（福州市仓山区橘园洲工业园仓山园 19 号楼　邮编：350002）
开　　本　720 毫米×1000 毫米　1/16
印　　张　17.75
字　　数　262 千字
插　　页　2
版　　次　2017 年 5 月第 1 版　　2017 年 5 月第 1 次印刷
书　　号　ISBN 978-7-5334-7634-2
定　　价　39.00 元

如发现本书印装质量问题，请向本社出版科（电话：0591－83726019）调换。